1

最新 社会福祉士養成講座

一般社団法人 日本ソーシャルワーク教育学校連盟　編集

福祉サービスの組織と経営

中央法規

刊行にあたって

　このたび、新カリキュラムに対応した社会福祉士と精神保健福祉士養成の教科書シリーズ（以下、本養成講座）を一般社団法人日本ソーシャルワーク教育学校連盟の編集により刊行することになりました。本養成講座は、社会福祉士・精神保健福祉士共通科目13巻、社会福祉士専門科目8巻、精神保健福祉士専門科目8巻の合計29巻で構成されています。

　社会福祉士の資格制度は、1987（昭和62）年に制定された社会福祉士及び介護福祉士法により創設されました。後に、精神保健福祉士法が制定され、精神保健福祉士の資格制度が1997（平成9）年に創設されました。それから今日までの間に両資格のカリキュラムは2度の改正が行われました。本養成講座は、2019（令和元）年度の両資格のカリキュラム改正に伴い、刊行するものです。

　新カリキュラム改正のねらいは、地域共生社会の実現に向けて、複合化・複雑化した課題を受けとめる包括的な相談支援を実施し、地域住民等が主体的に地域課題を解決していくよう支援できるソーシャルワーカーを養成することにあります。地域共生社会とは支援する者と支援される者が一体となり、誰もが役割をもって生活していくことができる社会です。こうした社会を創り上げる担い手として、社会福祉士や精神保健福祉士が期待されています。

　そのため、本養成講座の制作にあたって、❶ソーシャルワーカーとしてアセスメントから支援計画、モニタリングに至るPDCAサイクルに基づく支援ができる人材の養成、❷個別支援と地域支援を一体的に対応でき、児童、障害者、高齢者等のさまざまな分野を横断して包括的に支援のできる人材の養成、❸「講義―演習―実習」の学習循環をつくることで、実践現場に密着した人材養成をする、を目的にしています。

　社会福祉士および精神保健福祉士になるためには、ソーシャルワークに必要な五つの科目群について学ぶことが必要です。具体的には、①社会福祉の原理・基盤・政策を理解する科目、②複合化・複雑化した福祉課題と包括的な支援を理解する科目、③人・環境・社会とその関係を理解する科目、④ソーシャルワークの基盤・理論・方法を理解する科目、⑤ソーシャルワークの方法と実践を理解する科目です。それぞれの科目群の関係性と全体像は、次頁の図のとおりです。

　これらの科目を本養成講座で学ぶことにより、すべての学生がソーシャルワークの基盤を修得し、社会福祉士ならびに精神保健福祉士の国家資格を取得し、さまざまな領域でソーシャルワーカーとして活躍され、ソーシャルワーカーに対する社会的評価を高めてくれることを願っています。

社会福祉士養成教科書の全体像

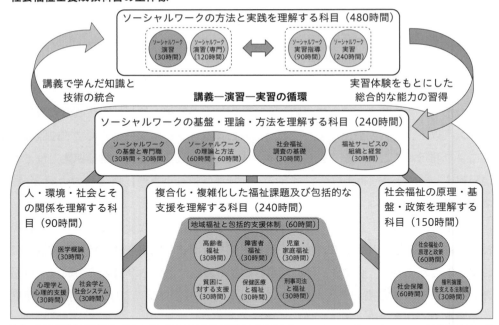

出典：厚生労働省「（別添）見直し後の社会福祉士養成課程の全体像」（https://www.mhlw.go.jp/content/000604998.pdf）より本連盟が改編

精神保健福祉士養成教科書の全体像

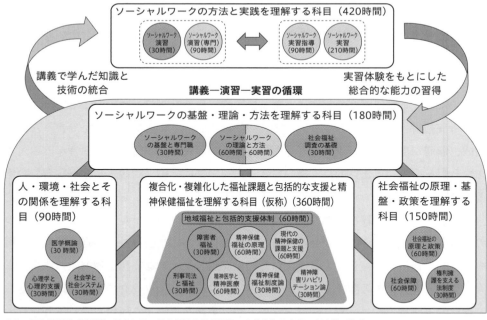

出典：厚生労働省「（別添）見直し後の社会福祉士養成課程の全体像」を参考に本連盟が作成

2020（令和2）年12月1日

一般社団法人日本ソーシャルワーク教育学校連盟
会長　白澤政和

はじめに

　本書は、社会福祉士養成を目的とした「福祉サービスの組織と経営」の教科書である。

　社会福祉士養成になぜ組織と経営が必要なのかと疑問に思われる方もいらっしゃるかもしれない。事実、社会福祉士国家試験の受験生のなかには、当該科目を苦手とする人が少なくないと聞く。

　経営というと、個人や組織の金儲けだけを目的としたものと思われがちだが、本来、経営とはよりよき社会をつくるため、さらには well-being の実現のためにあるといえる。

　そんなことはきれいごとと笑われるだろうか。たとえばウェーバー（Weber, M.）によれば、18～19 世紀の西ヨーロッパの経済活動の主体はプロテスタントであり、確かに彼らは利益を追求する。しかし、それは隣人愛を実践し、本業によって社会貢献をするという目的達成のための手段であった。日本においても日本初の銀行など約500 の企業を設立し、近代日本の資本主義を牽引した渋沢栄一が、「正しい道理の富でなければその富は永続することができない」などと訴えた『論語と算盤』を著すだけではなく、実際に論語（道徳）と算盤（経営）を融合させ、よりよき社会を目指した。三方よしで知られる近江商人の数々の逸話からも、中世から近代にわたる商人が利益追求のみに生きたのではなく、公益に配慮し、ときには私財を投げ打って地域に尽くした様子がうかがわれる。

　近年、行きすぎた資本主義経済が環境破壊、格差問題など、さまざまな問題を引き起こしているが、本来のあるべき経営が、社会をよりよくするため、well-being の実現のためにあることは、上述のように決して机上の空論ではなく現実に実践されてきた事実といえよう。要は経営の目的を何に据えているかが問われているのである。

　さて、社会福祉士にとって、誰もが住み慣れた地域において存在意義を発揮できるよう支援するためには、直接的な利用者へのサービス提供の方法、関係する制度・政策が重要だが、これとは別な視点も求められる。

　現代において福祉サービスの大半が個人だけの力によって提供されるケースはほとんどなく、さまざまな組織体や必要に応じて編成されたチームによって提供されている。たとえ社会福祉士が個人で開業した事務所であっても、サービスの対象となる個々の利用者のためには、関係機関や関係する専門職との連携は欠かせない。

　社会福祉士がかかわる組織やチームで福祉サービスを提供する際、支援する力を高

めるためには、組織・チームの使命や目的を明確にし、それらの働きを活性化して、ときにコントロールし、内外で起こる環境変化に適切に対応し、組織・チームのもっている、もしくは関係する限りのある資源（人材や財源等）を有効に、効率的・計画的に活用することが必要となる。これがよいマネジメント（経営）である。よいマネジメントがなければ、組織は正しく機能できず、その結果、必要なサービスの継続や、新しいサービス、よりよいサービスの創出はできない。

　一方、現代は、東日本大震災（2011（平成23）年）、熊本地震（2016（平成28）年）、九州北部の集中豪雨（2019（令和元）年）、房総半島台風（2019（令和元）年）と、歴史に残る災害が頻発する時代であり、さらに2020（令和2）年からは新型コロナウイルス感染症（COVID-19）が拡大した。

　社会不安が人心の荒廃を招きやすく、デマの流布や差別、テロや軍国主義、戦争への引き金になるおそれもあることは、歴史を紐解けば明白である。感染症、自然災害、経済不況による社会問題。困難なことが続き、社会不安が起きやすい今こそ、福祉を充実させ、地域に安心を提供する体制の構築が急務である。

　あるべき理想と現実の隔たりを乗り越え、ジェットコースターのように急激な人口減少社会下で地域の福祉を維持・向上させるには、地域住民と福祉の価値を共有し、創発し、地域住民や多様な地域企業を包含した形でともに支えあう関係の構築が求められる。その中心となり、黒子となるのが社会福祉士ではないだろうか。

　利用者と地域をつなぎ、地域の包摂力を高め、地域をつくる福祉のマネジメント能力が期待される。その実践のための基礎教養の一つが、この「福祉サービスの組織と経営」であると、私たち編集委員は心密かに自負している。

　「福祉サービスの組織と経営」を学んだ社会福祉士が、地域住民らとともに豊かな地域福祉を実現する未来に期待したい。

編集委員一同

目次

第3章　福祉サービス提供組織の経営と実際

第4章　福祉人材のマネジメント

本書では学習の便宜を図ることを目的として、以下の項目を設けました。

・学習のポイント……各節で学習するポイントを示しています。
・重要語句…………学習上、特に重要と思われる語句を色文字で示しています。
・用語解説…………専門用語や難解な用語・語句等に★を付けて側注で解説しています。
・補足説明…………本文の記述に補足が必要な箇所にローマ数字（ⅰ、ⅱ、…）を付けて脚注で説明しています。
・Active Learning……学生の主体的な学び、対話的な学び、深い学びを促進することを目的に設けています。学習内容の次のステップとして活用できます。

第1章

福祉サービスに係る
組織や団体の概要と
役割

　社会福祉士が所属する、あるいは業務上連携が必要な、
福祉サービス提供組織の事業主体について、その法人や組
織の特徴について理解を深める。また、それらの組織や団
体は、福祉サービスの歴史のなかでどのような役割をとり
発展してきたのか、その法制度の変遷を学ぶ。最後に、近
年重視されている組織間の連携のあり方についてその基本
的な知識を養う。

福祉サービスを提供する組織

学習のポイント

● 現在の福祉サービス提供組織の多様性の動向を把握する
● 福祉サービス提供組織を捉える視点を理解する
● 各法人や団体の特徴とガバナンスの仕組みを理解する

1 福祉サービスを提供する組織を どう捉えるか

1 多様な組織と「法人」制度

❶福祉サービス提供組織の多様性

　少子高齢化社会のなかで、今や誰もが利用し、また利用する可能性のある社会福祉施設や福祉サービス事業所。これらは、どのような組織によって運営されているのだろうか。

　施設種別によって特徴はあるが、社会福祉施設の総数でいえば、戦後から 1980 年代までは、都道府県・市町村など自治体が経営する施設の割合が徐々に高まり、その後、社会福祉法人などによる経営が増加していった。2000（平成 12）年以降は在宅福祉サービスが急拡大して、営利法人が担い手として大きな役割を果たしている。

　たとえば、高齢福祉分野でいえば、厚生労働省「平成 30 年介護サービス施設・事業所調査」によると、介護老人福祉施設の場合は社会福祉法人による経営が 95.1％を占め、また介護老人保健施設は医療法人による経営が 75.6％となっている。一方、訪問介護や訪問入浴介護などの訪問系のサービスでは、平均して 6 割を超える事業所が営利法人（会社）によって担われている。さらに、制度的なサービスのみならず、制度によらない支援を行う主体として、特定非営利活動法人が果たす役割も見逃すことができない。

　以上のように、現代日本において福祉サービスを提供する組織はさまざまな形態をなしている。本章では、これらの組織のさまざまな形態や運営の特徴について、詳しく説明する。

❷「器」（うつわ）としての法人・組織

　ところで、「法人」とは何だろうか。『広辞苑 第七版』において「法人」

の項目を引くと、次のように記されている。[1]

> 人ないし財産から成る組織体に法人格（権利能力）が与えられたもの。理事その他の機関を有し、自然人と同様に法律行為を含むさまざまな経済活動をなしうる。←→自然人。

通常、権利能力★は生身の人間である「自然人」に与えられたものである。これを、一定のルールに基づいて設立され行動する「組織」に権利能力を付与するために、法にのっとり人格を与えたものが、法人である。

たとえば、このような「法人」という社会制度がなかったらどうなるだろうか。社会福祉事業を行うには、実はさまざまな外部環境と約束（契約）を取り交わすことが必要である。一般的に、事業を行うための土地や建物の購入や賃貸には、地権者や地主・大家との売買契約や賃貸契約、建物を建てる際の建設事業者との請負契約、自治体などとの委託（受託）契約、働く労働者との雇用契約などを行うこととなる。

個人事業主であれば、創業した個人が、自然人としてこれらの契約の主体となる。しかし、契約主体である個人に何らかの事故があった場合、すぐにその事業の継続が困難になる可能性がある。事業休止や中断、廃止が発生すると、一番困るのはその事業を利用している人々だろう。さまざまな生活上の課題を抱えた利用者に対して支援を行う福祉サービスでは、このようなことはできるだけ避けなければならない。

一方、「法人」であればどうだろうか。後に述べるように「法人」にはさまざまな種類があるが、それぞれ根拠となる法律があり、その法律には当該法人の設立方法や組織運営の仕組み、認可・認証や監督を行う行政機関（所轄庁★）の関与の内容などが定められている。また、株式会社や合同会社を除き、さまざまな人々によって組織的に運営することが法律によって課せられており、たとえその代表者に何らかの事故や交代があった場合でも、事業を維持・継続することや責任をもって他の事業体に譲渡を行うことなどが可能である。さらには、権利能力が発生し契約主体となることができることも相まって社会的信用を得やすい。

それゆえ、福祉サービスを提供するために、自治体等より事業者として委託や指定を受けるにあたって、法人であることが要件となっていることが多い。また、社会的信用という点からは、寄付や助成金獲得などの資金調達や、さまざまな人々による協力の申し出も得やすくなる。このように、法人をつくるということは、いわば「器」（うつわ）をつくる

★権利能力
法律上の権利や、義務の主体となることができる資格や法的な地位を指す。

★所轄庁
ここでは、法人の認可・認証や認定、そして監督権限をもつ行政機関を指す。後述するように法人格の種類や事業の実施範囲、事務所の設置形態によって所轄庁も異なる場合がある。

ことにたとえることができるだろう。何らかの法人を設立することにより、この器の中にさまざまな資源を取り入れて事業・活動を行い、継続的・発展的な運営が可能になるのである。

なお、法人格をもたないボランティア団体・任意団体も、福祉サービスの提供や福祉活動を行う重要な担い手である。本節の最後にこれらの団体についても取り上げる。

▎2 法人や組織の特徴

福祉サービスを提供する組織や法人を理解するためには、いくつかの点で分類・整理しておくとその性格や特徴を捉えやすい。ここでは「組織の成り立ちの違い」「行政による関与の程度による違い」「組織に出入りする資金の流れの違い」についてみておこう。

❶「成り立ち」の違い：財団と社団

法人は、その成り立ちの違いによって「財団法人」と「社団法人」に分類できる。まず「財団法人」とは、資産家や資産を持ち寄った集団が、自分の「財産」を集め特定の目的をもつ権利の主体となり、何らかの事業や活動を行うことを念頭に設立する法人である。社会福祉法人、医療法人財団、一般財団法人、公益財団法人がこれにあたる。

一方、「社団法人」とは、同じ目的や理念をもった「人々の集まり」が、権利の主体となって何らかの事業や活動を行うことを念頭に設立する法人である。特定非営利活動法人、医療法人社団、一般社団法人、公益社団法人、株式会社、農業協同組合、生活協同組合などがこれにあたる。

この「財産」か「人々の集まり」かによる違いは、各法人制度の根拠法において、法人設立・運営にかかわる財産要件や意思決定機構*の特徴に反映されている。

❷行政による関与の程度による違い

行政による関与の相違も、組織や法人を理解するうえで重要である。行政等の関与を受けない組織でも、「任意団体」として、地域の福祉活動などを行うことができる。一方、「法人」は、各法律に基づいて権利能力を与えられることから、後述するように設立にあたって行政機関に申請書や定款などを提出する。そして、認可（文書や手続きなどの正当性を踏まえ行政機関が設立に同意する）や認証（文書や手続きなどに正当性があれば認める）を踏まえ、登記などを行うことによって、成立する。

本節で示している社会福祉法人や医療法人は「認可」であるのに対し、特定非営利活動法人は「認証」であり、後者よりも前者のほうが審査等

★意思決定
意思決定とは、一般に、組織が目標達成のためにさまざまな代替案のなかから適切なものを選ぶことを指す。本節では法人の種類と意思決定機構の違いについて後述する。

も厳しく行われ、設立後の行政機関による関与も強いといえる。

❸「資金の流れ」による違い：営利組織と非営利組織

組織に出入りする資金の流れの違いも、法人や組織の特徴を押さえるうえで重要な視点である。まず前提として、どのような組織も継続・発展するためには、「利益」を上げて次の事業に活用していくことが求められる。そしてこの「利益」を、次の事業の遂行のみに活用していく組織が「非営利組織」と呼ばれる。一方、利益を次の事業の遂行に充てるとともに、事業実施にあたり投資した者に対して配当を行うのが、「営利組織」である。つまり、投資したものに利益を配分するのが「営利」であり、利益を次の事業のためのみに使用するのが「非営利」である。

図1-1 は、この営利組織・非営利組織の分類から、後に取り上げるさまざまな法人を整理した図である。

以上のような行政による関与の違い、資金の流れによる違いは、**図1-2** のいわゆる「福祉トライアングル」を通じても理解することができるだろう。まだ社会保障制度が確立していなかった時代には、もっぱら世帯・家族を含むコミュニティによって支援が行われるのみであった。しかし、制度の発展とともに公共機関によるサービス提供が増加し、ま

Active Learning

福祉サービス提供組織の特徴、なかでも中核となっている社会福祉法人と他の各組織との違いを調べてみましょう。

図1-1 社会福祉にかかわる法人のバリエーション

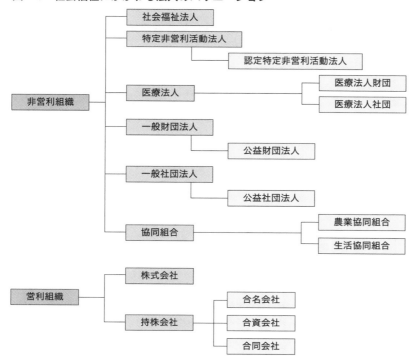

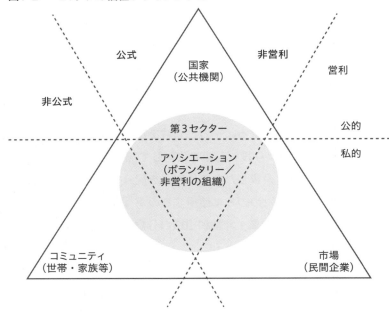

図1-2　ペストフの福祉トライアングル

公式　　　　国家　　　非営利
　　　　　（公共機関）　　　営利

非公式

　　　　　　　第3セクター　　　　　　公的

　　　　　　アソシエーション　　　　　私的
　　　　　　（ボランタリー／
　　　　　　　非営利の組織）

コミュニティ　　　　　　　　　　市場
（世帯・家族等）　　　　　　　　（民間企業）

出典：Pestoff, Victor A., *A Democratic Architecture for the Welfare State*, Routledge, p. 9, Figure 1.2 The third sector in the welfare triangle, 2009. をもとに筆者作成

た「公式」かつ「非営利」ではあるが公共機関の影響が強い組織（社会福祉法人や医療法人）が発展していった。近年では、地域のニーズを掘り起こしたりしながら、よりコミュニティに根ざした活動を行う組織（特定非営利活動法人）や、民間企業のサービス提供組織も多くなっている。

■3 社会環境のなかにある福祉サービス提供組織とガバナンス

　これまで述べてきた法人や組織は、サービスの利用実績に基づく介護給付費等を受けて運営するものや、地方自治体や助成財団などから委託料・指定管理料・補助金・助成金を受けて実施する事業、自ら資金をつくりながら行う自主活動などの形態で、福祉サービスの提供や福祉活動を行っている。このように、地域住民に広く法人や組織の存在価値を認

---

i　福祉サービス提供組織にとって、さまざまな団体から資金を集めることが重要な課題である。このような助成金を拠出する団体を総称して助成団体という。なお、活動のための資金をさまざまな方法で集める行為を総称してファンドレイジング（fund-raising）という。

ii　指定管理料とは、指定管理者制度に基づく指定に伴って拠出される資金のことを指す。指定管理者制度とは、地方自治体やその外郭団体に限定していた公共施設の管理・運営を、営利企業・非営利企業など法人その他の団体に代行させることができる制度である。福祉サービスにおいても徐々に広がりつつある。

識してもらい、サービスを行う資格や権限を取得し、利用者はもちろんのこと、運営に必要な資金・資材・人材を集めるためには、組織を取り巻く社会環境（外部環境）との調和を図っていく必要がある。

そのためにまず必要なのは、組織の内部環境をしっかり整えることである。法人に限っていえば、各法人の根拠法には、定款に定めるべき事項や、所轄庁はどこなのか、代表権をもつ者をどのような話し合いの場でどのように選任するのか、日々の事業運営の方向性をどのように決めるのか…などの「運営の仕組み・ルール」（ガバナンスの仕組み）が定められている。次項より各法人制度の概要をみていくが、この内部環境の整え方の特徴に注意しながら、そして今後の課題についても考えながら、理解を進めていく必要があるだろう。

2　社会福祉法人

1 社会福祉法人の定義と沿革

❶社会福祉法人とは何か

社会福祉法人は、社会福祉法に規定された法人である。同法第22条には、「社会福祉事業を行うことを目的として、この法律の定めるところにより設立された法人をいう」と定められており、社会福祉法人以外の者は「社会福祉法人」や紛らわしい文字をその名称に用いてはならない。

❷社会福祉法人制度の成立と発展

第二次世界大戦終結以前の日本においても、1929（昭和4）年の救護法などに基づき公立や私立の救護施設に収容やその委託を行い、国や自治体から補助金を出す仕組みがあった。しかし、その規模は大きくはなく、民間の慈善団体や個人の篤志家が、私財を投じたり寄付を募集したりしながら資金を集めて運営するものが多かった。

しかし終戦後、援護が必要な人々が増大していたことから、国をあげて社会福祉事業を実施することが求められた。そのため民間団体の資源も有効に活用していく必要があったが、日本国憲法第89条には公の支配に属しない民間社会福祉事業に対する公金支出禁止規定があった。これを回避することなどを目的として、公の支配に属する特別な法人制度を創設して民間団体に取得させ、助成などを行うと同時に、健全に社会福祉事業を実施するよう指導や監督を行うこととなった。

こうして1951（昭和26）年の社会福祉事業法（現・社会福祉法）に

★ ガバナンス
（governance）
日本語では「統治」であるが、「望ましい組織のあり方」という文脈で議論される際には、一般にさまざまな関係者の相互作用によって協働しながら意思決定や行動するという意味で用いられる。

★救護法
1929（昭和4）年に成立した公的救済制度。それまでの恤救規則に代わり、貧困で生活が困難な者を公的に救護する目的で制定されたが、保護請求権が認められず、制限扶助主義（労働能力のある者は保護しない）がとられていた。

★社会福祉事業法
1951（昭和26）年制定。社会福祉法人に関する規定のほかに、社会福祉事業、福祉事務所、社会福祉協議会、共同募金などについて規定され、戦後の社会福祉の基礎構造を規定した。

規定されたのが社会福祉法人である。その後、日本の社会福祉事業の中核的な担い手として法人数は増加し、たとえば1980（昭和55）年は9471法人であったが、2017（平成29）年においては2万665法人となっている。2000（平成12）年以降、介護保険制度の創設や障害福祉制度改革等により措置制度から契約制度へ移行するなかにあっても、多くの法人が福祉サービスの量的拡大や質の向上に向けて取り組んできた。現在では、制度の垣根を超え、各地域のニーズを踏まえた新たな事業やサービスを創造する主体として、さらなる期待が向けられている。

■2 実施する事業

❶社会福祉事業

ところで、社会福祉事業には第一種社会福祉事業と第二種社会福祉事業があり、事業内容や経営主体などについては要件が定められている。

第一種社会福祉事業は、支援が必要な人々の生活全般を支える、主に入所施設サービスが該当し、利用者への影響が大きいため、安定した経営による利用者の保護の必要性が高い事業である。経営主体は国・都道府県・市区町村とともに社会福祉法人であることが原則で、経営する際には都道府県知事等への届出をし、許可を得ることが求められる。

第二種社会福祉事業は、主に在宅サービスや通所サービスなどがこれにあたる。経営主体に第一種社会福祉事業のような制限はなく、都道府県知事等に届出をすることにより事業運営が可能となる。

このように社会福祉法人は、特に第一種社会福祉事業を行う主体として明確な位置づけが与えられており、また歴史的にも保育所など第二種社会福祉事業の担い手としても大きく発展してきた。

❷公益事業

社会福祉法人は、社会福祉法第26条の規定により、社会福祉事業の経営に支障がない限り、公益事業および収益事業を行うことができる。

公益事業は、社会通念上公益性が認められ、社会福祉と関係があるが社会福祉法上の社会福祉事業以外の事業である。相談援助や連絡調整、生活支援やスポーツ・文化活動・就労・住環境調整等の支援、入所施設からの退院・退所支援、子育て支援、福祉用具や住環境に関する情報収集や提供、ボランティア育成、福祉人材の養成事業、社会福祉に関する調査研究等が挙げられる。

なお、以上のような公益事業の実施によって、社会福祉事業の遂行を妨げないこと、当該法人の行う社会福祉事業に対し従たる地位にあるこ

と、社会通念上は公益性が認められるものであっても社会福祉とまった
く関係のないものを行うことは認められないこと、公益事業において剰
余金が生じたときは、当該法人が行う社会福祉事業または公益事業に充
てること、などが実施の際の要件とされている。

❸収益事業

　社会福祉法人は、社会福祉事業または公益事業を行うための財源に充
当するために、収益事業を行うことができる。事業内容は法人の社会的
信用を傷つけるおそれがあるものまたは投機的なものは適当ではないと
される。事業収益は社会福祉事業または公益事業の経営に充当すること
とされ、また社会福祉事業の円滑な遂行を妨げるおそれのないこと、当
該法人の行う社会福祉事業に対し従たる地位にあること、社会福祉事業
を超える規模の事業を行うことはできないなどの制限がある。

❹地域における公益的取組と社会福祉充実計画

　近年さまざまな観点から社会福祉法人制度改革の議論が行われたが、
そのなかで重視されたテーマの一つが、「地域における公益的な取組」で
ある。社会福祉法人が事業を行う地域のさまざまなニーズをキャッチし
ながら、既存の制度にとらわれず独自の創意と工夫をもって地域社会に
貢献することが、すべての社会福祉法人の責務とされた。また、社会福
祉法人がもつ資産の有効活用という観点から、社会福祉充実残額の算定、
社会福祉充実計画の策定が求められている。

---

iii 公益事業のなかには、事業規模の要件を満たさないため社会福祉事業に含まれない
　 ものや、介護保険法に基づく事業のうち社会福祉事業ではないもの、有料老人ホー
　 ムの経営、社会福祉協議会等が経営する社会福祉協議会活動等に参加する者の福利
　 厚生のための宿泊・保養所・食堂等、公益的事業実施団体への事務所や集会場の貸し
　 出しを行う会館等の経営なども含む。

iv ここで述べる「社会福祉法上の収益事業」と、「法人税法上の収益事業」とは考え方
　 が異なる。社会福祉法上の収益事業は、社会福祉法人が実施することのできる事業
　 の種類の一つとして、「社会福祉事業」「公益事業」とともに位置づけられ、法人設立
　 の主目的である社会福祉事業との関係性に焦点が当てられた定義・規定である。一
　 方、「法人税法上の収益事業」は、社会福祉事業に限らず、すべての法人等のなかで
　 納税義務者や課税する所得の範囲などを定義するために定められたものである。

v 「法人の社会的信用を傷つけるおそれがあるもの」とは、社会福祉法人審査基準によ
　 ると、風俗営業および風俗関連営業、高利な融資事業、そしてこれらの事業に対する
　 不動産貸付事業などである。

vi 「社会福祉事業の円滑な遂行を妨げるおそれ」とは、社会福祉法人審査基準によると、
　 社会福祉施設の付近で騒音やばい煙等を著しく発生させるような事業や、社会福祉
　 事業と収益事業とが同一設備を使用して行われる場合などが示されている。そのう
　 えで、事業の種類としては、貸ビル・駐車場経営・公共施設等での売店経営など、安
　 定した収益が見込める事業が適当であるとされている。

図1-3　社会福祉法人のガバナンスの体制

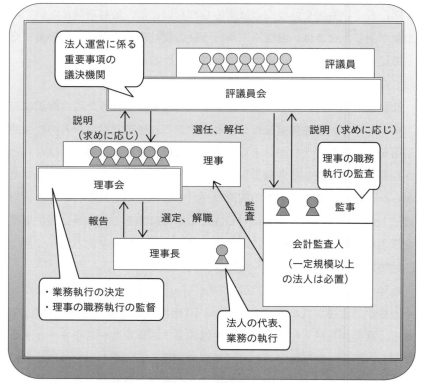

出典：厚生労働省ホームページ「社会福祉法人制度：社会福祉法人の経営組織」

3 ガバナンス

●ガバナンスの概要

　社会福祉法人には、**評議員、理事、監事**を置かなければならない。また、**会計監査人**を定款の定めによって置くことができ、一定規模以上の社会福祉法人（特定社会福祉法人*）は必置となっている。これらの評議員、理事、監事、会計監査人は、社会福祉法人から業務に関する意思決定・執行・監督を委任され、**善管注意義務**（善良な管理者の注意をもって、委任事務を処理する義務）を負うことになる。以上のガバナンスの体制は**図1-3**のとおりである。それぞれの役割については、第3章第2節を参照のこと。

4 設立および運営の方法

❶設立の準備

　社会福祉法人の設立には、一定の資産の規模が要件としてあり、実施する社会福祉事業の認可や、その事業を行うための施設整備補助等の認

★特定社会福祉法人
収益や負債が一定基準以上の大規模な法人を特定社会福祉法人と呼び、一般企業並みの財務等の信頼性が求められるようになった。基準は当初、「収益30億円を超える法人、または負債60億円を超える法人」とされたが、段階的に基準金額は引き下げられ、対象法人を拡大する予定となっている。

可も必要となる。一般的には法人設立準備会（準備委員会）を組織化し、所轄庁・事業の認可・指定や施設整備補助を行う行政機関と事前協議、認可申請に必要な連絡調整や各種人員の選任、書類作成を行う。

設立にあたっての資産要件とは、次のようなものである。まず社会福祉事業を行うために直接必要なすべての物件について、所有権を有するか、国や地方公共団体から貸与ないし使用許可を受けていることのいずれかが必要である。また社会福祉施設を経営する法人はその不動産を有していること（不動産すべてを貸与・使用許可を受けて実施する場合には、1000万円以上に相当する基本財産を有すること）、社会福祉施設を経営しない法人は原則1億円以上相当の基本財産を有していることが要件である。[vii]

❷所轄庁への申請

申請に必要なものは、表1-1の事項を定めた定款★、設立者等の氏名・住所、法人の名称・主たる事務所の所在地、設立の趣意、評議員や役員（理事・監事）となるべき者の氏名などを記載した申請書、設立当初の財産目録・設立当初年度および次年度の事業計画書・収支予算書、設立者や評議員・役員の履歴書や就任承諾書、理事就任予定者からの委任状などの添付書類である。これらを法人設立準備会などで協議のうえ整備

★定款
法人の組織・活動について定めた基本的規則であり、またそれを記した書面のことを指す。

表1-1　定款に記載すべき事項（社会福祉法第31条）

① 目的
② 名称
③ 社会福祉事業の種類
④ 事務所の所在地
⑤ 評議員および評議員会に関する事項
⑥ 役員（理事および監事）の定数その他役員に関する事項
⑦ 理事会に関する事項
⑧ 会計監査人を置く場合には、これに関する事項
⑨ 資産に関する事項
⑩ 会計に関する事項
⑪ 公益事業を行う場合には、その種類
⑫ 収益事業を行う場合には、その種類
⑬ 解散に関する事項
⑭ 定款の変更に関する事項
⑮ 公告の方法

---

vii 社会福祉法人は財団法人であるので、これらの資産要件が定められているが、このような大きな財産をもつ人が設立する特別な法人であるという理解は間違いである。たとえば、障害福祉施設を運営する法人などは、自らの家族の健康と発達を願って、街頭募金をはじめとして寄付を集め、またバザーや物販を行うことで資産を生み出し、法人設立に至ったところも数多い。

し、所轄庁へ申請を行う。

　社会福祉法人の所轄庁は、基本的には、❶その主たる事務所の所在地の都道府県知事である。ただし、地方分権が進展している現在にあっては、❷主たる事務所が市の区域内で、その行う事業が当該市の区域を超えないものは、市長（特別区の区長）、❸主たる事務所が指定都市の区域内にあり、その行う事業が一つの都道府県の区域内において２以上の市町村の区域にわたるものと、地区社会福祉協議会の場合には、指定都市の長、❹実施する事業が二つ以上の地方厚生局の管轄区域にわたり、厚生労働省令で定めるものの場合には、厚生労働大臣が所轄庁になる。

❸「認可」の通知以降の手続き

　申請を受けた所轄庁は、申請した社会福祉法人の資産が要件に該当しているか、定款の内容や設立手続きに法令違反がないかどうかを審査し[viii]、その定款の認可を決定する。また、すでに別法人の理事長が設立代表者や法人理事長へ就任予定の場合には、既存法人の組織運営状況等を確認し、異なる事業体設立の必要性が認められるものでなければならない。

　所轄庁は定款の認可を決定した場合は、当該社会福祉法人に対して認可書を交付する。そして、交付を受けた社会福祉法人は、主たる事務所においては認可書が到達した日から２週間以内に、従たる事務所においては３週間以内にその設立の登記を行う必要がある。また、主たる事務所においては認可を受けた定款を備え置き、従たる事務所においても定款を備え置くなどして、評議員・債権者や一般の人々が定款の閲覧等を請求した場合には、正当な理由がない限り拒んではならない。

　このほかにも、財産の移転および報告、貸借対照表の作成、財産目録等の作成と備置・閲覧への対応を行う必要がある。

❹社会福祉事業等の運営と所轄庁等への報告

　設立された社会福祉法人が、第一種社会福祉事業の社会福祉施設を経営する場合、事業開始前に必要事項（施設の名称・種類、設置者の氏名・名称・住所・経歴・資産状況、定款、建物等の規模や構造、事業開始予定年月日、施設管理者等の氏名や経歴、利用者への処遇方法など）を定め、都道府県知事に届出を行う。また、施設を必要としない第一種社会

---

viii　この審査は所轄庁において法人認可担当や施設整備担当以外の関係各課が参画して内部牽制体制を確保した合議制によって行われ、施設整備の必要性とは別に独立した判断が行われる。必要に応じて施設整備補助金や独立行政法人福祉医療機構の融資の審査とも連携を図り、補助金等の交付が確実になった後でなければ設立は認められない。

福祉事業や、第二種社会福祉事業を開始したときには、事業開始の日から1か月以内に、経営者の名称・主たる事務所の所在地、事業の種類および内容、定款を都道府県知事に届出を行う。その他、法人税法上の収益事業を実施する際には、税務署への届出も求められる。[ix]

5 社会福祉法人への支援や規制・監督

　社会福祉法人は、他の法人形態では実施不可能な福祉事業を行っている。すなわち、特別養護老人ホームや児童養護施設、障害者支援施設の施設入所支援など、第一種社会福祉事業は社会福祉法人か国・地方公共団体によって原則運営されることとなっている。また、財務の面では、社会福祉法人が新たに実施する第一種社会福祉事業の入所系施設整備にあたって、国や地方公共団体からの補助、独立行政法人福祉医療機構からの融資などが行われている。さらに、法人税、固定資産税、寄付について税制上の優遇措置が講じられている。そして、社会福祉法人の経営する社会福祉施設の職員等を対象に、退職手当共済制度が設けられている。

　このような支援がある一方で、適正な事業運営・組織運営を確保するために、次のような規制・監督を受ける。

・法人設立時の情報公開：必要な資産の保有、法人の組織運営・財務諸表・現況報告書・役員報酬基準などの公表。

・運営状況の透明性の確保：事業報告書・財産目録・貸借対照表などの情報を、備置して閲覧できるようにする（ホームページによる公開も可能）。

・事業収入の使途制限：社会福祉事業の収入は原則として社会福祉事業に充てられ、配当することや収益事業のために使用することはできない。

・財産の取扱いの制限：法人へ寄付された財産の持分はなく、事業の廃

---

ix　法人税法第2条第13号の「収益事業」の定義は、「販売業、製造業その他の政令で定める事業で、継続して事業場を設けて行われるもの」とされており、同法施行令において34の事業が示されている。社会福祉法人においても、これらの事業を継続して事業場を設けて実施する場合に法人税が課税される。ただし、例外的に社会福祉法人の行う次のような事業は収益事業から除外されている。❶身体障害や知的障害・生活保護受給者が従業員の半数以上を占め、その事業がこれらの者の生活の保護に寄与している事業、❷母子及び父子並びに寡婦福祉法による福祉資金貸付金の貸し付けを受けた事業で、その償還が終わっていない事業や公共施設内での売店等の事業、❸福祉用具貸与以外の居宅サービス事業・居宅介護支援事業・施設サービス事業など社会福祉法人が行う医療保健業。

止や法人解散時の残余財産は、他の社会福祉法人または国庫に帰属する。

・所轄庁による監督や命令：立ち入り検査、改善勧告、理事等の解職請求、法人解散命令など。

3　特定非営利活動法人

1　特定非営利活動法人の定義と沿革

❶特定非営利活動法人とは何か

　特定非営利活動法人[x]は、特定非営利活動促進法に基づいて設立された法人を指す。同法第1条には、目的と対象を次のように規定している。「この法律は、特定非営利活動を行う団体に法人格を付与すること並びに運営組織及び事業活動が適正であって公益の増進に資する特定非営利活動法人の認定に係る制度を設けること等により、ボランティア活動をはじめとする市民が行う自由な社会貢献活動としての特定非営利活動の健全な発展を促進し、もって公益の増進に寄与することを目的とする」。そして同法第2条においては、「特定非営利活動」を、「不特定かつ多数のものの利益の増進に寄与することを目的とするもの」と定め、別表において活動の範囲を定めている。

　表1-2は、別表に定められた活動の種類と、2020（令和2）年3月31日現在の定款に定められた法人の活動の種類の累計を示したものである。

❷特定非営利活動法人制度の成立背景とこれまでの経過

　1995（平成7）年1月に発生した阪神・淡路大震災の被災地には、全国からたくさんの人々が集まり、ボランティアによる救援および復旧・復興活動が行われた。「ボランティア元年[xi]」などといわれたこの年を契機に、市民による自発的で非営利による社会貢献活動を広めるために、活動を行いやすく取得しやすい法人格について検討が行われるようになった。こうして1998（平成10）年に特定非営利活動促進法が制定さ

---

x　NPOはnon-profit organizationの略称であるが、特定非営利活動法人を一般的に「NPO法人」と呼ぶことがある。しかし、non-profitの意味に照らし合わせれば、社会福祉法人や医療法人、学校法人などもNPOである。したがって、ここでは、「NPO法人」という表記は用いず、「特定非営利活動法人」を用いる。

xi　阪神・淡路大震災には、全国から延べ約137万人ものボランティアが被災地などで支援活動を行い、復旧・復興に大きな力を果たした。

表1-2　定款に記載された特定非営利活動の種類（2020年3月31日現在）

号数	活動の種類	法人数	％
第1号	保健、医療または福祉の増進を図る活動	29,835	58.2%
第2号	社会教育の推進を図る活動	24,342	47.5%
第3号	まちづくりの推進を図る活動	22,407	43.7%
第4号	観光の振興を図る活動	3,044	5.9%
第5号	農山漁村または中山間地域の振興を図る活動	2,604	5.1%
第6号	学術、文化、芸術またはスポーツの振興を図る活動	18,129	35.4%
第7号	環境の保全を図る活動	13,371	26.1%
第8号	災害救援活動	4,131	8.1%
第9号	地域安全活動	6,117	11.9%
第10号	人権の擁護または平和の活動の推進を図る活動	8,582	16.7%
第11号	国際協力の活動	9,161	17.9%
第12号	男女共同参画社会の形成の促進を図る活動	4,713	9.2%
第13号	子どもの健全育成を図る活動	23,893	46.6%
第14号	情報化社会の発展を図る活動	5,591	10.9%
第15号	科学技術の振興を図る活動	2,758	5.4%
第16号	経済活動の活性化を図る活動	8,909	17.4%
第17号	職業能力の開発または雇用機会の拡充を支援する活動	12,658	24.7%
第18号	消費者の保護を図る活動	2,966	5.8%
第19号	前各号に掲げる活動を行う団体の運営または活動に関する連絡、助言または援助の活動	23,602	46.0%
第20号	前各号で掲げる活動に準ずる活動として都道府県または指定都市の条例で定める活動	278	0.5%

（注1）一つの法人が複数の活動分野の活動を行う場合があるため、合計は51,261法人にはならない。
（注2）第14号から第18号までは、平成14年改正特定非営利活動促進法（平成14年法律第173号）施行日（平成15年5月1日）以降に申請して認証された分のみが対象。
（注3）第4号、第5号および第20号は、平成23年改正特定非営利活動促進法（平成23年法律第70号）施行日（平成24年4月1日）以降に申請して認証された分のみが対象。
出典：内閣府NPOホームページ「定款に記載された特定非営利活動の種類（2020年3月31日現在）」を一部改変

れ、特定非営利活動を行う市民団体が、定款等を整備して申請し、所轄庁による認証を受け、登記により成立する法人制度が確立した。

2011（平成23）年に同法は改正され、活動分野が拡大されたほか、後述する税制優遇措置がある「認定制度」の基準が緩和された。さらに2016（平成28）年の改正によって、認証申請時の添付書類の縦覧期間が短縮され、貸借対照表の公告の義務づけなどが規定された。

制度創設以来、認証法人数は順調に増加してきたが、2017（平成29）年度をピークに、その後減少傾向に転じている。[xii]

---

xii 特定非営利活動法人の認証数は、1998（平成10）年度の23法人からスタートし、2002（平成14）年度に1万法人を、2014（平成26）年度には5万法人を超えた。しかし2017（平成29）年度末の5万1868法人をピークに、2018（平成30）年度は5万1605法人、2019（令和元）年度は5万1261法人と、減少に至っている。

2 実施する事業

表1-2 にみたように、特定非営利活動法人が実施している活動のうち最も多いのが、「保健、医療または福祉の増進を図る活動」であり、全体の6割近くの法人が定款に掲げている。「社会教育の推進を図る活動」「子どもの健全育成を図る活動」「まちづくりの推進を図る活動」などの構成比も高く、その他についても、特に第19号のようないわゆる「中間支援機能[xiii]」などは、地域における社会福祉を推進する活動として大きな役割を果たしている。

3 ガバナンス

❶ガバナンスの概要

特定非営利活動法人には、法人の日常的な意思決定と業務を遂行する理事、法人の最高意思決定機関としての社員総会、理事の業務・財務の状況を監査する監事、という三つの機関からなる。図1-4 は特定非営利活動法人のガバナンスの体制である。

❷社員・社員総会

特定非営利活動法人は「社団法人」の一種である。社団法人の構成員を「社員」といい、特定非営利活動法人の場合は法によって10人以上の社員の存在が要件となっている。この社員が集まり法人の最高議決機関

図1-4　特定非営利活動法人のガバナンスの体制

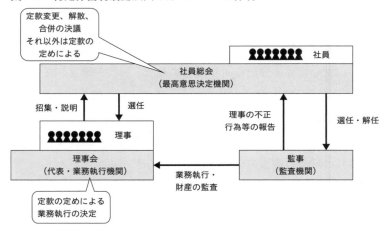

---

xiii 中間支援機能とは、さまざまな情報や資金、そして人材と民間団体との仲介やコーディネートをするものであり、各都道府県や大きな自治体を中心として、この中間支援機能を担う団体が形成され、さまざまな市民活動の支援を行っている。

となるのが「社員総会」であり、法人業務は定款で理事その他の役員に委任したものを除き、すべて社員総会の決議によって行う。特に理事や監事の選任、定款変更、解散、合併等の決議は社員総会を開催しなければならないが、日常的業務の意思決定は、定款の定めにより理事会にて行われる。

　社員総会は、少なくとも年1回通常社員総会として開催し、理事が必要とした場合や、社員総数の5分の1以上の請求があった場合（この割合は定款において定めることが可能）にも開催することが求められる。[xiv]

❸理事・理事会および監事

　特定非営利活動法人には、役員として理事を3人以上、監事を1人以上置かなければならず、親族制限が設けられている。役員は一般的には設立時には設立総会によって、また退任があった場合には社員総会の議決によって選任される。役員の任期は2年以内において定款で定める期間となっており、再任は妨げない。

　各理事は法人の全業務について代表権を有するが、たとえば代表理事（理事長）のみに代表権を制限し、意思決定や業務執行の責任を明確にする場合、定款の定めと登記の限定により代表権を制限することができる。

　理事によって構成される理事会は、法律上は明記されていないが、多くの法人で定款にその構成・機能・開催方法等を定めている。たとえば、事業計画・報告や収支予算・決算などの社員総会における協議事項、総会で議決した事項の執行に関する事項、その他の業務執行に関する事項であり、当該法人がどのような事業を行うかによって協議内容は異なる。

　監事は、理事の業務執行状況や法人の財産の状況を監査し、意見を述べる役割である。また、業務や財産に関し不正行為や法令違反・定款違反があることを発見した場合には、その内容を社員総会や所轄庁に報告することが義務づけられ、必要に応じて社員総会を招集する権限を有する。このように、監事は理事や法人全体の業務遂行を監督する立場であることから、理事および職員と兼職してはいけないこととなっている。

★**特定非営利活動法人の役員の親族制限**
それぞれの役員について、その配偶者もしくは三親等以内の親族が1人を超えて含まれ、または当該役員ならびにその配偶者および三親等以内の親族が役員総数の3分の1を超えてはならない。

---

xiv 社員総会の開催にあたっては、招集にあたり目的を示した通知を開催の5日前までに行うことや、各社員の表決権は平等とすること、社員欠席の場合は書面や代理人による表決が可能なこと、電子メールなどでの表決が可能なことなどが法に定められている。

▌4 設立および運営の方法

❶設立の準備

　特定非営利活動法人を設立する際にまず重要なのは、当該組織が地域社会に対しどのような社会的利益をもたらしたいのか、「設立準備会」などを開いて設立当初の社員（会員）などと十分協議を重ねていくことである。すなわち、それが団体のミッション（mission：社会的使命）であり、組織運営の土台となる。これらとともに、役員や事業計画・予算の案を作成し、「設立総会」を開いて所轄庁への認証申請書類を作成する。

❷所轄庁への申請

　認証申請書類には、申請書、定款、役員名簿、役員の就任承諾書、役員の住民票、社員 10 人以上の者の名簿、設立趣旨書、設立総会の議事録、2 年間分の事業計画書、収支予算書などがあり、これらを整え所轄庁に申請する。なお、特定非営利活動法人の所轄庁は主たる事務所のある都道府県知事であるが、主たる事務所所在地が政令指定都市の場合で、その市内にのみ事務所がある場合には、政令指定都市長が所轄庁になる。

❸所轄庁からの「認証」の通知と法務局への「登記」

　認証申請書類を受け取った所轄庁は、公告またはインターネットの利用により申請年月日と法人の名称、代表者氏名や主たる事務所の住所、定款に記載された目的などを公表する。また、定款、役員名簿、設立趣旨書、事業計画書、活動予算書を 1 か月間縦覧し、市民の点検を受ける。

　その後、所轄庁は、認証申請書類の受理日から 3 か月以内に、認証・不認証の決定をして通知を行い、通知を受けた申請者は 2 週間以内に主たる事務所の所在地にて登記を行う。この登記をした日が、法人の設立日ということになる。そして最後に、設立登記完了の届出書類（設立登記完了届出書、登記事項証明書、設立当初の財産目録）を所轄庁に提出する。そのほか、法人税法上の収益事業を実施したり、従業員を雇用する場合には、税務・就業にかかわる手続きも行う必要がある。

❹日常的な運営業務と所轄庁等への報告

　法人は、設立当初の財産目録・役員名簿・定款等を事務所に備え置かなければならない。また、毎事業年度初めの 3 か月以内に、事業報告書、

---

xv 特定非営利活動法人をはじめとする非営利組織は、自らの社会的使命を明確に示すことが重要である。そのことにより、法人のスタッフや会員の参加意欲を高め、また対外的にも PR することで協力を得やすくなるなどの効果が見込まれる。また、ミッションを達成して目指す社会的な変化を構想し、「ビジョン」として取りまとめる組織も徐々に増えてきた。

活動計算書、貸借対照表、財産目録、前事業年度の役員および氏名住所と報酬の有無、前年度の社員 10 人以上の者の名簿を作成し、所轄庁に提出するほか、事務所に 5 年間備え置く必要がある。また、これらについては、社員や利害関係人からの閲覧請求があった場合には、正当な理由がある場合を除き、閲覧させなければならない。また、貸借対照表を官報、日刊新聞紙、内閣府ポータルサイトや公衆の見えやすい場所への掲示などを通じて、公告を行う必要がある[xvi]。

5 特定非営利活動法人に対する支援と規制・監督

政府も、そして地方自治体においても、市民の自発的な活動を育成・支援していくことは重要な政策課題となっており、特定非営利活動法人に対する支援もさまざまなものがある。まず、内閣府や地方自治体のNPO・市民活動部局、そして中間支援組織などにおいて、特定非営利活動法人の設立や運営、助成金等に関する情報提供や相談事業が行われている。また、ウェブサイトなどで法人データベースを一般公開して事業内容を広く市民に伝えており、各団体の活動への協力を促している。

税制面では、当該法人が法人税法上の収益事業を実施しない場合には、法人税および事業税は課税されない。ただし、消費税、固定資産税、都道府県民税・市町村民税の一部については原則課税され、所轄庁から認証された通常の法人であれば、税制上の優遇はあまりない。

一方、所轄庁に申請して**認定特定非営利活動法人**ないしは**特例認定特定非営利活動法人**になると、特に当該法人に寄付を行う個人や法人が税制上の優遇を受けることができ、寄付金を得やすくすることができる。認定特定非営利活動法人であれば、収益事業の利益を特定非営利活動に係る非収益事業に使用した場合、この分を寄付金とみなし、一定の範囲で損金に算入できる（「みなし寄付金制度」）。

認定または特例認定を受けようとする法人は、申請書を提出し、実態確認などを踏まえ一定の基準を満たしていれば、所轄庁より認定・特例認定が受けられる。一定の要件とは、**表 1-3** のとおりである。★

特定非営利活動法人が適正に事業を行っているかについて、所轄庁は

★**特例認定制度**
特例認定制度は、設立後 5 年以内の特定非営利活動法人が税制上の優遇措置を受けたい場合に申請するもので、一定の基準に適合した場合に 1 回限り受けることができるものである（有効期間 3 年）。この場合、設立初期は財政基盤が弱い法人も多いことから、パブリック・サポート・テスト（PST）は免除されている。

---

xvi 特定非営利活動法人の合併については、定款に定めがある場合を除き、社員総会で 4 分の 3 の同意を得て議決をし、所轄庁の認証を経て合併が成立する。また、社員総会の決議、目的とする事業の成功の不能、社員の欠亡、合併、破産手続きの開始の決定、所轄庁からの設立の認証の取り消しを受けた場合には、所定の手続きを経て解散する。

表1-3 認定特定非営利活動法人に申請するための要件（特定非営利活動促進法 第45条）

- パブリック・サポート・テスト（PST）に適合すること（特例認定は除く）
- 事業活動において、共益的な活動の占める割合が、50％未満であること
- 運営組織および経理が適切であること
- 事業活動の内容が適切であること
- 情報公開を適切に行っていること
- 事業報告書等を所轄庁に提出していること
- 法令違反、不正の行為、公益に反する事実がないこと
- 設立の日から1年を超える期間が経過していること

報告書等により確認を行う。そのうえで所轄庁は、法人に改めて業務・財産等の報告をさせ、立ち入りによる業務・財産・帳簿類の検査や、改善命令を出すことができるほか、法人の認証を取り消すことができる。

4 医療法人

1 定義と沿革

❶医療法人とは何か

医療法人は、医療法において規定さている法人制度で、同法第39条には、「病院、医師若しくは歯科医師が常時勤務する診療所、介護老人保健施設又は介護医療院を開設しようとする社団又は財団は、この法律の規定により、これを法人とすることができる」と規定されている。医療法人でない者はその名称中に医療法人という文字を用いてはならない。

❷医療法人制度の背景と発展

1948（昭和23）年に医療法が制定され、医療施設に関することが定められた後、1950（昭和25）年に医療法人制度が創設された。それまでの医療が医師などの個人によって運営されているなかで、経営主体に法人格を与えることにより、経済的困難を緩和し、安定的な医療の提供ができるようにすることがその目的であった。

医療法人制度は現在まで制度改正がたびたび行われている。たとえば

---

xvii パブリック・サポート・テスト（PST）とは、幅広い市民から支援を受けているかどうかを判断するにあたっての基準であり、❶総収入に占める寄付金収入の割合が5分の1以上であること（相対値基準）、❷3000円以上の寄付金を年平均100人以上から受けていること（絶対値基準）、❸事業所所在地の自治体の条例で個別指定を受けていること（条例個別指定）、のいずれかの基準を申請時に選択する。認定の有効期間は、認定の日から5年間である。

1985（昭和60）年の第一次改正では、それまでの医療法人の要件であった「医師・歯科医師が常時3人以上勤務していること」について、1人または2人でも認めることとなった。また、2006（平成18）年の第五次改正では社会医療法人が、2015（平成27）年の第七次改正では地域医療連携推進法人が創設されたほか、それぞれ財務・ガバナンス改革が行われた。

このうち社会医療法人は、全国の自治体医療機関において医療従事者不足や運営コストの増大を背景として医療供給体制の確保が困難となっていることを背景に創設された。救急医療、へき地医療、周産期医療などの重要な医療の提供を行うため、運営体制の非営利性と強固な運営体制を備える医療法人を社会医療法人として認可している。地域医療にとって重要な取り組みを行うことが義務づけられ、また、一部の社会福祉事業を実施することも可能である。このような公益性の高い法人制度であるため、医療保健業は法人税非課税であり、収益事業も実施可能でこの法人税も軽減税率が適用されるなどの優遇措置がとられている。

2 実施する事業

医療法人が実施できる事業は、病院、診療所、介護老人保健施設、介護医療院のほか、本来業務に支障がない限り、定款の定めるところにより保健衛生に関する業務、第二種社会福祉事業、有料老人ホームなどの附帯業務、売店や駐車場運営などの附随業務を行うことができる。また、社会医療法人は、これに加えて、厚生労働大臣の定める収益事業や、特別養護老人ホームなどを除く第一種社会福祉事業を経営することができる。

3 ガバナンス

医療法人には社団と財団があり、それぞれガバナンスの仕組みも異なる。医療法人社団の場合には、社員総会、原則3人以上の理事、理事会および1人以上の監事を置き、医療法人財団には、評議員、評議員会、原則3人以上の理事、理事会および1人以上の監事を置かなければならない。理事のうち1人は理事長として原則医師または歯科医師である理事のうちから選出する。社員総会や評議員会では、役員の選任、定款等の変更や事業計画・収支予算および決算の決定、解散や合併などの重要

★地域医療連携推進法人
地域医療連携推進法人は、地域社会において医療・介護事業を行う複数の医療法人や社会福祉法人等の非営利法人が参画した一般社団法人を都道府県知事が認定する制度である。医療・福祉・介護の事業を相互に連携させ、質の高いサービス提供体制の確保が目指されている。2020（令和2）年10月1日現在、全国で20法人が地域医療連携推進法人として認定されている。

第1章 福祉サービスに係る組織や団体の概要と役割

---

xviii 社会医療法人は、2020（令和2）年1月1日現在、全国で314法人である。

な議案を議決する。理事会では理事長の選出や解職、業務執行の決定、理事の職務執行の監督を行い、監事は業務や予算決算を監査する。

4 設立の方法

医療法人の設立にあたっては、法人の目的・名称、病院等の名称や開設場所、事務所の所在地、役員構成などを決めた定款（医療法人社団の場合）や寄付行為★（医療法人財団の場合）を作成し、設立総会を経て設立認可申請書の作成と所轄庁への申請を行う。そして、所轄庁において審査が行われた後、認可されれば、主たる事務所の所在地において設立登記を行うことで成立する。

医療法人の所轄庁は、基本的には主たる事務所の所在地の都道府県知事であるが、一つの政令市に主たる事務所を置き、その政令市のみに病院等を開設する場合には、当該政令市長が所轄庁となる。

5 その他の法人や団体

1 営利法人

❶営利法人の概要と社会福祉事業

営利法人は一般に「会社法」に基づく法人（会社）を指し、商行為（商法の適用される営利的行為）の事業を目的に設立する法人である。株式会社と持分会社（合名会社、合資会社、合同会社の総称）の種類がある。

代表的な株式会社は、株式を保有する株主から資金を調達して、株主から委任を受けた経営者が事業を行い、そこで得られた利益を株主に配当する仕組みをとる組織である。事業を行う経営者と株主（出資者）は分離しており、株主は保有株式の価格（出資した金額）を限度として責任を負い、債権者は株主の財産にする債権行使はできない（有限責任）。

これに対し、2006（平成18）年に創設され、急激にその数を増やしている合同会社は、出資者と経営者が同一の組織で、やはり出資者は有限責任である。株式会社より容易に設立でき、意思決定がしやすく、出資者の合意で利益配分を自由に決めることができるところに特徴がある。

このような営利法人は、特に在宅福祉サービスを提供する組織としては欠かせない存在となっている。しかし過去には、営利企業が経営する保育所が突然休止し、利用者が混乱するといったことがニュースとなったこともあった。社会福祉法人や特定非営利活動法人よりも比較的容易

★寄付行為
「寄付行為」とは、一般的には金銭等の提供を指すが、この場合は医療法人財団や学校法人などを設立するにあたり作成した規則やそれを記載した書面のことを指す。「定款」と同義と考えてよい。

に設立が可能な反面、社会福祉サービスを行う以上、安定的な経営を行うことが経営者に求められる。[xix]

❷ガバナンスと設立の方法

株式会社は、取締役、会計参与、監査役といった役員、会計監査人などの役員を置くことができ、取締役会を構成する。役員は株主総会にて選任される。なお、取締役1人でも設立は可能であり、取締役会を設置しない場合には、監査役や会計参与を置かなくてもよい。株主総会では、定款の変更や解散・合併、役員の選任や解任と報酬、そして予算決算の承認などが行われる。取締役や取締役会は、業務執行の決定や監督、代表取締役の選定・解職などを担う。

株式会社の設立にあたっては、事業目的、商号、本店の所在地、資本金額、発起人の氏名と住所などを定めた定款を作成し、法務省が管轄する公証役場で認証を受け、法務局にて登記をすることにより成立する。

合同会社は、出資者と経営者が同一な組織であり、社員の総意で経営を進める性格をもっているが、定款において業務執行社員およびその中から代表社員を置くことを定めることができる。設立にあたっては、目的、商号、本店の所在地、資本金額のほか、この業務執行社員などの体制について定め、法務局に登記することによって成立する。なお、株式会社のように公証役場にて定款の認証を受ける手続きは必要ない。

2 農業協同組合・生活協同組合

農業協同組合や生活協同組合は、農業者や消費者が出資金を出して組合員となり、協同でさまざまな事業の運営と利用を行う組織である。両者ともさまざまな地域において社会福祉事業の重要な担い手となっている。

❶農業協同組合（略称：農協）

農業協同組合の歴史は古く、江戸時代にさかのぼるといわれているが、現在の農協の形は1947（昭和22）年に公布された農業協同組合法に基づく法人制度である。代表的なものに、一般社団法人全国農業協同組合中央会（JA全中）が組織するものがあり、経済事業、共済事業、信用事業、厚生事業、その他事業を行っている。このうち厚生事業を担う全国厚生農業協同組合連合会を全国組織として、都道府県等に組織を設けて

---

xix 帝国データバンクによる2019（令和元）年の調査結果では、2016（平成28）年以降急増している高齢福祉事業者の倒産のうち、2019（令和元）年では営利法人の倒産が9割を占める。

事業を行っている。病院・診療所等の医療施設の設置・運営と健康診断・保健事業のほか、介護老人保健施設などの施設運営、訪問介護、訪問看護、通所介護、グループホーム、居宅介護支援などの訪問・通所サービス等を担っている。特に過疎地域など人口規模が小さな自治体においては、中核的な福祉サービス提供事業者となっているところも多い。

❷生活協同組合（略称：生協）

現在の生活協同組合は、1921（大正10）年に神戸購買組合、灘購買組合、1926（昭和元）年に東京学生消費組合、1927（昭和2）年に江東消費組合などが賀川豊彦らによって設立されたのが源流である。戦後1948（昭和23）年には消費生活協同組合法が制定され、その後も各地でさまざまな生活協同組合が発展していった。現在、宅配や店舗での食品や生活用品の販売などとともに、訪問介護、通所介護、居宅介護支援などの在宅サービスのほか、グループホームやサービス付き高齢者向け住宅、有料老人ホームなどの運営を行っている。また、組合員同士の互助的な活動として、ふれあいサロン、配食サービス、家事援助・生活支援サービス等も行われている。

■3 一般法人および公益法人

民間非営利部門の健全な発展を促進し、公益法人制度の問題点に対応するため、2006（平成18）年に公益法人制度改革が行われた。その結果、一般社団法人及び一般財団法人に関する法律と、公益社団法人及び公益財団法人の認定等に関する法律が制定され、2008（平成20）年12月に施行、2013（平成25）年11月末までに新法人制度へと移行した。

❶一般社団法人・一般財団法人

このうち一般社団法人、一般財団法人は、剰余金の分配を目的としない団体に、事業の制限なく与えられる法人格である。社団・財団の性格に応じて役員体制を整え、定款を定めて公証人の認証を受け、登記することによって成立する。所轄庁の認可・認証を受けることや、決算書類などを提出する必要もない。一般財団法人は設立にあたって300万円以上の財産の拠出が必要であるが、一般社団法人は財産の拠出が不要である。そのため一般社団法人による福祉サービス事業所が増加している。

❷公益社団法人・公益財団法人

また、一般社団法人、一般財団法人のうち、公益目的事業（学術、技芸、慈善その他の公益に関する事業であり、不特定かつ多数の者の利益

に寄与する事業)を行うことを主たる目的としている法人は、申請によって公益社団法人・公益財団法人の認定を受けることができる。2018 (平成 30) 年 12 月現在の公益法人の数は 9561 法人 (公益社団:4169、公益財団:5392) となっている。福祉専門職や社会福祉施設、児童・高齢など領域別の全国団体・都道府県単位の団体がこれらの法人格を取得しており、これらは社会福祉事業の実施を側面的に支援しているといえるだろう。^{xx}

4 町内会・自治会

　市町村内の小地域には、町内会や自治会などの名称の自治組織が組織化されている。その歴史は近世の五人組にもさかのぼり、戦前には政府の伝達を伝え、また住民教育や指導の場として活用され、戦時体制へ移行するなかで行政の末端の補助機関として位置づけられた。敗戦後 GHQ によって町内会活動は禁止されたが、1952 (昭和 27) 年のサンフランシスコ講和条約以降に再組織化され、現在に至っている。

　町内会・自治会はこれまで、市区町村行政や住民相互の情報伝達、環境美化活動、集会施設の維持管理、文化やスポーツ活動、お祭りなどの親睦活動を行ってきたが、支援が必要な住民に対する見守りやサロン活動および健康づくり活動の展開、災害時の避難誘導など、福祉活動の主体としての期待も高まっている。認可地縁団体^{xxi}という法人格を得ることもでき、発展が期待されたところではあるが、現在その加入率は年々低下しており、役員の高齢化なども著しくなっている。

5 その他法人格を有しない団体

　これまで述べてきた法人以外にも、地域にはさまざまな福祉活動を担っている組織・団体・グループが数多く存在する。むしろこのような草の根の組織から、特定非営利活動法人や社会福祉法人などに発展した例も珍しくない。また、法人格をもたなくとも、強い使命感をもった創

---

xx　公益事業の目的として最も多いのが、「地域社会発展」(34.8%)、「児童等健全育成」(21.0%)、「高齢者福祉」(17.7%) が続く。また、公益目的事業の事業種別では、「講座・セミナー・育成」(67.8%) が最も多く、「調査・資料収集」(36.2%)、「相談・助言」(33.3%) が続いている。

xxi　町内会や自治会は従来から会館などの不動産を所有することもあったが、法人制度がなく個人名義や共有名義で登記が行われていた。役員等の変更に際し不都合があったため、1991 (平成 3) 年の地方自治法改正によって認可地縁団体という法人制度が確立された。

設者が先駆的な活動を地道に重ね、その思いを受け継いでいる人々がいる。さらには、子育てを終えたり、定年退職を経た人々が、「何か地域のために活動を行いたい」と考え、新たな団体をつくって活動を行っている。

　しかし、現在、これまで長い間地域のために取り組んできたボランティア団体の構成員が高齢化し、活動の存続が危ぶまれたりする事態も発生している。また、「何か活動を行いたい」という意欲ある人々へ十分なサポートができていない実情もある。社会福祉専門職としては、このような草の根の活動にも目を向け、協働するとともに、さらなる発展のためにともに育ち合うことを目指す必要があるだろう。

　以上、本節では社会福祉施設やサービス事業所を運営している組織について、各組織の特徴を捉える視点について示し、ガバナンスの仕組みなどについて解説した。社会福祉施設やサービス事業所は、これらの法人や組織の事業の一部である。これまでみてきたような知識を活用し、質の高いサービスを提供するとともに、今後の適切な事業運営・組織運営のあり方について、議論を深める力を獲得することを期待したい。

◇引用文献
　1）新村出編『広辞苑　第七版』岩波書店，2018.
◇参考文献
　・Pestoff, Victor A., *A Democratic Architecture for the Welfare State*, Routledge, 2009.
　・北場勉『戦後「措置制度」の成立と変容』法律文化社，2005.
　・「社会福祉法人の認可について（通知）」（平成12年12月1日障第890号・社援第2618号・老発第794号・児発第908号）別紙1「社会福祉法人審査基準」
　・「社会福祉法人の認可について（通知）」（平成12年12月1日障企第59号・社援企第35号・老計第52号・児企第33号）別紙「社会福祉法人審査要領」
　・内閣府「平成30年公益法人の概況及び公益認定等委員会の活動報告」2019.
　・日本NPOセンター編『知っておきたいNPOのこと1【基本編】』日本NPOセンター，2015.
　・「保育園閉鎖、不安と批判」朝日新聞2008年11月14日朝刊.
　・帝国データバンク「老人福祉事業者の倒産動向調査（2019年）」2020.
　・全労済協会監，中川雄一郎・杉本貴志編『協同組合を学ぶ』日本経済評論社，2012.
　・日本農業新聞編『協同組合の源流と未来——相互扶助の精神を継ぐ』岩波書店，2017.
　・日高昭夫『基礎的自治体と町内会自治会——「行政協力制度」の歴史・現状・行方』春風社，2018.

●おすすめ
　・村山昇・若田紗希著『働き方の哲学——360度の視点で仕事を考える』ディスカヴァー・トゥエンティワン，2018.

第2節　福祉サービスの沿革と概況

学習のポイント

● 社会福祉基礎構造改革の内容について理解する
● 公益法人の一類型としての社会福祉法人の概要について学ぶ
● 地域における公益的活動の推進など社会福祉法人制度改革の動向を把握する

1 福祉サービスの歴史

　日本における福祉サービスの萌芽は 1874（明治 7 ）年の恤救規則であるが、家族や隣人等による私的救済が中心であり、「寄る辺なき者」についてのみ公的救済を行うものだった。その後、1929（昭和 4 ）年に公的扶助の原型といえる救護法が制定され、1938（昭和 13）年には社会福祉事業法の前身である社会事業法が制定される。社会事業法では、救貧事業、養老院、育児院などの民間社会福祉サービスに助成が行われ、また施設の濫立や不良施設防止のための規制が行われた。

　戦後になり、国民全体を対象とする本格的な社会福祉制度が整備され、福祉サービスは発展していく。

1 戦後の福祉サービスの基盤整備

❶福祉三法

　戦後、緊急対策として求められたのは引揚者や失業者などを中心とした生活困窮者に対する生活援護施策であった。1946（昭和 21）年には生活保護法が制定され、不完全ながらも国家責任の原則、無差別平等の原則、最低生活保障の原則という三原則に基づく公的扶助制度が確立された。1947（昭和 22）年には、戦災孤児や浮浪児への対策を契機として児童福祉法が制定された。また、1949（昭和 24）年には、戦争による傷痍者への対策を契機として身体障害者福祉法が制定され、身体障害者の職業能力の回復をはじめとする施策の体系が定められた。1950（昭和 25）年には生活保護法が憲法第 25 条の趣旨を明確にするなどの観点から改正された。

　このように、戦後最初に整備された福祉制度である生活保護法、児童

福祉法、身体障害者福祉法は、福祉三法と呼ばれている。

❷民間福祉事業と共同募金

　多数の生活困窮者を救済するには当時の行政によるサービスだけでは大きく不足していた。一方、公私分離の原則により、公の支配に属しない慈善、博愛の事業への公金支出を禁止した憲法第89条により、民間福祉事業に対する公的な財政支援は1947（昭和22）年5月に打ち切られ、民間福祉事業の財政状況は悪化した。このため、1947（昭和22）年11月から国民たすけあい運動として共同募金運動が始まった。同年度の共同募金の総額が約6億円に達したことは国民の善意の大きさを示すものであったが、増大する福祉ニーズのすべてに応えることは難しく、民間社会福祉事業の安定的な財源の確保は課題であった。

❸社会福祉事業法（現・社会福祉法）の成立

　1951（昭和26）年に制定された社会福祉事業法（現・社会福祉法）は、社会福祉事業の範囲や規制監督、社会福祉法人、福祉事務所、共同募金、社会福祉協議会など公私の社会福祉事業に関する規定を有し、社会福祉事業の共通基盤となるものであった。

　民間の社会福祉事業の主体として創設された社会福祉法人は、公の関与が強く、高い公共性をもつ特別な法人として、憲法第89条のいう公の支配の下にあると考えられた。措置制度[★]が確立し、社会福祉施設整備費補助制度が整備され、民間福祉事業の安定化が図られた。

★措置制度
行政が行政処分により
サービス内容を決定す
る制度。

　措置制度が確立したのは、「限られた財源のなかで、福祉サービスの量と提供主体を確保するためには、優先順位を定めてサービスを提供せざるをえない。そこで種々の社会的要請を満たしつつ、公的責任で福祉サービスを確保する方策として、地方自治体が公的な社会福祉事業を委託する方法がとられることになった[1]」ためである。

　一方、社会福祉事業法は行政機関が公的な福祉サービスの必要性や内容を決定する措置制度を基本としたために、利用者という概念はなく、利用者の保護などの規定がなかった。

２ 高度成長期の福祉サービス

　高度経済成長期には福祉サービスも拡充し、知的障害者、高齢者、母子を対象とする法律が制定され、福祉三法と併せて福祉六法と称された。福祉六法はいずれも措置制度を基本としており、社会福祉法人への委託が増加し、法人数も増加した。

　また、経済発展に伴い貧困に苦しむ人が減少するなか、福祉サービス

は低所得者を中心とした限られた者を対象とするサービスから、低所得者に限らず、ハンディキャップを有する者を対象とするサービスに変化をしていった。たとえば、特別養護老人ホームの入所要件は、生活保護法の養老施設とは異なり、経済的要件がなく、要介護状態が要件となった。

3 近年の福祉サービスの改革

❶介護保険の創設

　本格的な高齢社会の到来に備え、高齢者の保健福祉分野のサービス基盤の拡充を図ることを目的として、1989（平成元）年12月に高齢者保健福祉推進十か年戦略（ゴールドプラン）が策定された。これにより、在宅福祉サービスや施設サービスの具体的な目標値を掲げて、1990（平成2）年度から1999（平成11）年度までの10年間に計画的に整備が進められた。さらに中間年の1994（平成6）年度に目標値を引き上げるなど計画の見直しが行われ、1995（平成7）年度からは新・高齢者保健福祉推進十か年戦略（新ゴールドプラン）が実施された。しかし、なお特別養護老人ホームの長い待機者リストが解消されず、介護を行う家族も高齢となる老々介護などが社会問題となっていた。こうしたなか、高齢者の介護を社会全体で支え、利用者本位の総合的な介護サービスを提供するなどの観点から、1997（平成9）年12月に介護保険法が制定された。

　新しい社会保険制度としての介護保険制度の成立は、高齢者の介護が一部の人のニーズではなく、国民に広く共通するニーズとなったことを象徴している。また、高齢者の介護サービスが措置制度から利用者とサービス提供者との間の契約を基本とするサービスに移行したことは福祉サービス全体に大きな影響を与え、後述する社会福祉基礎構造改革にもつながっていく。

❷在宅ケアの重視と地域包括ケアシステム

　日本の福祉サービスは施設における入所サービスを中心に発達した。しかし、デンマークから世界に広まったノーマライゼーションの理念からも、その人らしい生活を送るために在宅サービスも重視されるようになっていった。1990（平成2）年には、いわゆる福祉八法改正によって在宅サービスが法定された。

　日本は欧米諸国を上回るスピードで高齢化が進んでおり、2017（平成29）年の将来推計人口によれば、出生中位仮定では、65歳以上人口は

表1-4　日本の将来推計人口（2017（平成29）年推計）

推計結果の要約（死亡中位推計）

出生率仮定 [長期の合計特殊出生率]	中位仮定 [1.44]	高位仮定 [1.65]	低位仮定 [1.25]	平成24年推計 中位仮定 [1.35]
死亡率仮定 [長期の平均寿命]	死亡中位仮定 [男＝84.95年]　　[女＝91.35年]			男＝84.19年 女＝90.93年
総人口 平成27（2015）年 ↓ 令和22（2040）年 ↓ 令和42（2060）年 令和47（2065）年	12,709万人 ↓ 11,092万人 ↓ 9,284万人 8,808万人	12,709万人 ↓ 11,374万人 ↓ 9,877万人 9,490万人	12,709万人 ↓ 10,833万人 ↓ 8,763万人 8,213万人	12,660万人 ↓ 10,728万人 ↓ 8,674万人 〔8,135万人〕
年少（0～14歳）人口 平成27（2015）年 ↓ 令和22（2040）年 ↓ 令和42（2060）年 令和47（2065）年	1,595万人 12.5% ↓ 1,194万人 10.8% ↓ 951万人 10.2% 898万人 10.2%	1,595万人 12.5% ↓ 1,372万人 12.1% ↓ 1,195万人 12.1% 1,159万人 12.2%	1,595万人 12.5% ↓ 1,027万人 9.5% ↓ 750万人 8.6% 684万人 8.3%	1,583万人 12.5% ↓ 1,073万人 10.0% ↓ 791万人 9.1% 〔735万人 9.0%〕
生産年齢（15～64歳）人口 平成27（2015）年 ↓ 令和22（2040）年 ↓ 令和42（2060）年 令和47（2065）年	7,728万人 60.8% ↓ 5,978万人 53.9% ↓ 4,793万人 51.6% 4,529万人 51.4%	7,728万人 60.8% ↓ 6,081万人 53.5% ↓ 5,142万人 52.1% 4,950万人 52.2%	7,728万人 60.8% ↓ 5,885万人 54.3% ↓ 4,472万人 51.0% 4,147万人 50.5%	7,682万人 60.7% ↓ 5,787万人 53.9% ↓ 4,418万人 50.9% 〔4,113万人 50.6%〕
老年（65歳以上）人口 平成27（2015）年 ↓ 令和22（2040）年 ↓ 令和42（2060）年 令和47（2065）年	3,387万人 26.6% ↓ 3,921万人 35.3% ↓ 3,540万人 38.1% 3,381万人 38.4%	3,387万人 26.6% ↓ 3,921万人 34.5% ↓ 3,540万人 35.8% 3,381万人 35.6%	3,387万人 26.6% ↓ 3,921万人 36.2% ↓ 3,540万人 40.4% 3,381万人 41.2%	3,395万人 26.8% ↓ 3,868万人 36.1% ↓ 3,464万人 39.9% 〔3,287万人 40.4%〕

注：平成24年推計の令和47（2065）年の数値（括弧内）は長期参考推計結果による。
出典：国立社会保障・人口問題研究所「日本の将来推計人口（平成29年推計）」を一部改変

　　　2015（平成27）年の3387万人から2040（令和22）年には3921万人に増加すると見込まれている。**少子化**が長期化したために年少人口も

生産年齢人口も大きく減少することが見込まれることから、65 歳以上人口が総人口に占める比率は 2015（平成 27）年の 26.6％から 2040（令和 22）年には 35.3％へと大きく上昇することが見込まれている。

このように高齢化が進むなか、特に団塊の世代（約 800 万人）が 75 歳以上となる 2025（令和 7）年以降は、医療や介護の需要がさらに増加することが見込まれる。こうした状況のなか、厚生労働省は 2025（令和 7）年を目途に、高齢者の尊厳の保持と自立生活の支援の目的のもとで、可能な限り住み慣れた地域で、自分らしい暮らしを人生の最期まで続けることができるよう、地域の包括的な支援・サービス提供体制（地域包括ケアシステム）の構築を推進している。

地域包括ケアシステムでは在宅サービスが中心となり、医療・介護・予防、生活支援が一体的に提供されるシステムの構築が謳われている。

2 社会福祉基礎構造改革

1 改革の背景

少子高齢化の進展、家庭機能の変化など社会が大きく変化するなか、社会福祉制度には限られた者の保護・救済にとどまらず、国民全体の生活の安定を支えることが期待されるようになった。しかし、社会福祉の基礎構造ともいえる社会福祉事業、社会福祉法人、福祉事務所などは終戦直後の生活困窮者対策を前提としたものであり、戦後 50 年の間、基本的な枠組みは改正されないままであった。このため、現状のままでは増大・多様化する福祉需要に十分に対応していくことは困難であると考えられ、時代と社会の要請に応え、社会福祉の基礎構造を改革する必要があると考えられた。このような問題意識のもとに、1997（平成 9）年 11 月に中央社会福祉審議会に社会福祉構造改革分科会が設置されて 13 回にわたり会議が重ねられ、翌年の 6 月に改革の方向性を示す「社会福祉基礎構造改革について（中間まとめ）」（以下、中間まとめ）が取りまとめられた。

なお、社会福祉基礎構造改革の一環として障害福祉サービスが措置制度から契約に基づくサービスに移行したことから、社会福祉基礎構造改革によって社会福祉サービスは措置制度から契約に基づく制度に変更されたという見方もあるが、社会福祉基礎構造改革の前に介護保険が成立しており、すでに老人福祉サービスは措置制度から契約に基づく制度に

変わっていた。また、保育サービスは措置でありながらも保護者からどの保育所に入りたいか希望を聞く形になっており、利用者の選択という要素が含まれていた。中間まとめでは、改革が必要とされる背景の一つとして「近年、児童福祉法の改正や介護保険法の制定などが行われ、今後の社会福祉の基本的な考え方となる個人の自立支援、利用者による選択の尊重、サービスの効率化などを柱とする取組が進められている」ことを挙げている。

　社会福祉基礎構造改革において利用者が選択する契約に基づくサービスを前提として利用者を保護する規定などが導入されたのは、介護保険導入に対応するためでもあった。

■2 改革の理念

　中間まとめでは、これからの社会福祉の目的は、従来のような限られた者の保護・救済にとどまらず、国民全体を対象として、自らの努力だけでは自立した生活を維持できなくなるような生活上のさまざまな問題が発生した場合に社会連帯の考え方に立った支援を行い、個人が人としての尊厳をもって、家庭や地域のなかで、障害の有無や年齢にかかわらず、その人らしい安心のある生活が送れるよう自立を支援することにあることを指摘したうえで、社会福祉基礎構造改革の理念について、次の七つを挙げている。

---

①　対等な関係の確立

　　個人が尊厳を持ってその人らしい生活を送れるよう支援するという社会福祉の理念に対応し、サービスの利用者と提供者との間に対等な関係を確立する。

②　地域での総合的な支援

　　利用者本位の考え方に立って、利用者を一人の人間としてとらえ、その人の需要を総合的かつ継続的に把握し、その上で必要となる保健・医療・福祉の総合的なサービスが、教育、就労、住宅、交通などの生活関連分野とも連携を図りつつ、効率的に提供される体制を利用者の最も身近な地域において構築する。

③　多様な主体の参入促進

　　利用者の幅広い需要に応えるためにはさまざまなサービスが必要であることから、それぞれの主体の性格、役割等に配慮しつつ、多様なサービス提供主体の参入を促進する。

④　質と効率性の向上

サービスの内容や費用負担について、国民の信頼と納得が得られる
よう、政府による規制を強化するのではなく、社会福祉従事者の専門
性の向上や、サービスに関する情報の公開などを進めるとともに、利
用者の選択を通じた適正な競争を促進するなど、市場原理を活用する
ことにより、サービスの質と効率性の向上を促す。

⑤　透明性の確保

利用者による適切なサービスの選択を可能にするとともに、社会福
祉に対する信頼を高めるため、サービスの内容や評価等に関する情報
を開示し、事業運営の透明性を確保する。

⑥　公平かつ公正な負担

高齢化の進展等により増大する社会福祉のための費用を公平かつ公
正に負担する。

⑦　福祉の文化の創造

社会福祉に対する住民の積極的かつ主体的な参加を通じて、福祉に
対する関心と理解を深めることにより、自助、共助、公助があいまっ
て、地域に根ざしたそれぞれに個性ある福祉の文化を創造する。

3 改革の概要

社会福祉基礎構造改革の内容は多岐にわたるが、その全体像は**図 1-5**
のとおりである。

社会福祉基礎構造改革の中核を成すのは社会福祉事業法から社会福祉
法への全面改正であり、そのポイントは以下の 3 点である。

❶利用者の利益の保護

社会福祉法の目的規定（第 1 条）に「福祉サービスの利用者の利益の
保護」が謳われた。社会福祉基礎構造改革の主な目的の一つに、従来の
「要援護者」「被援護者」という位置づけから、福祉サービスの「利用者」
を「事業者」と対等な立場として位置づけることがあった。

一方、福祉サービスの利用者は自立した生活を営むうえで身体面、精
神面などで何らかの支援が必要であることから、利用者の利益を守る必
要がある。このため、民法の成年後見制度の活用に加えて**地域福祉権利
擁護事業**が創設され、苦情処理の仕組みが設けられ、利用契約の成立時
に重要事項を書面で交付することの義務化、誇大広告の禁止などが規定
された。

❷地域福祉の推進

社会福祉法の目的規定（第 1 条）には地域福祉の推進を図ることも盛

図1-5　社会福祉基礎構造改革の全体像

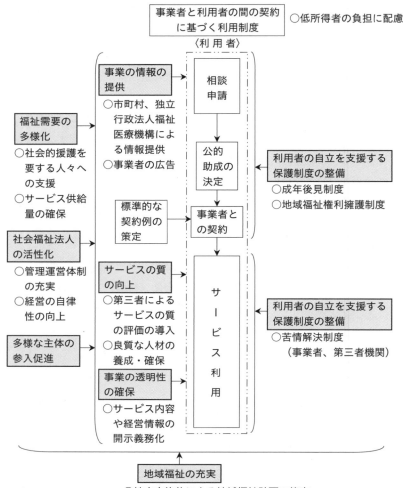

出典：厚生労働省資料

り込まれており、地域福祉が社会福祉基礎構造改革で重視されていることがわかる。「地域福祉」という言葉はこれまで法律の条文では使われておらず、この条文で初めて使われた。

　また、社会福祉法第4条では地域住民を地域福祉を推進する主体とされており、地域住民は受け身としてだけの存在ではなく、担い手でもあると位置づけられた。社会福祉基礎構造改革の主導者の一人である古都賢一は、「地域福祉そのものは地域住民自身の問題でもある。地域住民自身が社会福祉事業者から「理解」を求められる存在ではなく、地域福祉の担い手のひとりとして積極的に位置づけられたことに大きな意味が

ある[2]」と指摘している。

さらに、社会福祉法では第 10 章として「地域福祉の推進」の章が設けられ、地域福祉計画が導入され、社会福祉協議会を「地域福祉の推進を図ることを目的とする団体」として位置づけることなどが規定された。

❸社会福祉を目的とする事業の健全な育成

社会福祉事業法は社会福祉事業の公明かつ適正な実施の確保を目的としていたが、社会福祉法では社会福祉事業の外側にある「社会福祉を目的とする事業」の健全育成も視野に含まれている。社会福祉事業は福祉サービスのなかでも国民生活に与える影響が特に大きく、事業の開始や経営に関して行政が監督する。また、社会福祉法人は社会福祉事業を行うことを目的とする法人である。社会福祉事業が公明かつ適正に実施されることは社会福祉法でも重視されているが、国民の多様かつ増大するニーズに対応するためには、社会福祉事業以外の福祉サービスである社会福祉を目的とする事業も重要である。このため、都道府県社会福祉協議会は社会福祉事業を目的とする事業を経営する者の支援に取り組み、社会福祉を目的とする事業の従事者の養成、研修を行うこととされた。

3 社会福祉法人制度改革

社会福祉法人制度は、社会福祉基礎構造改革以降、大きな見直しは行われなかったが、社会福祉法人を取り巻く環境は大きく変化し、社会福祉法人制度の意義・役割を問い直す厳しい指摘もなされたことから、2016（平成 28）年に社会福祉法の一部改正が行われ、公益的な活動の推進や法人運営の透明性の確保などの社会福祉法人制度改革が実施された。

1 社会福祉法人制度改革の経緯

2014（平成 26）年 7 月に、厚生労働省の「社会福祉法人の在り方等に関する検討会」は、地域における公益的な活動の推進、法人組織の体制強化、法人運営の透明性の確保等について「社会福祉法人制度の在り方について」を取りまとめ、社会福祉法人制度の改革に向けた方向性と論点を示した。

また、2014（平成 26）年に閣議決定された規制改革実施計画は、社会福祉事業や公益法人のあり方の変容を踏まえ、他の経営主体とのイコー

Active Learning

社会福祉基礎構造改革（1990 年代後半）から 2016（平成 28）年の社会福祉法改正にいたる一連の流れについて、その背景と意味を考えてみましょう。

ルフッティング等の観点から、社会福祉法人制度の改革を求めた。経営
組織の強化、情報開示の推進、内部留保の位置づけの明確化と福祉サー
ビスへの投下、社会貢献活動の義務化、行政による指導監督の強化など、
社会福祉法人が備えるべき公益性・非営利性を徹底し、本来の役割を果
たすことが求められた。

　さらに、当時、一部の社会福祉法人において、法人の内部統制による
牽制が働かずに理事・理事長の専断を許したり、いわゆる内部留保（利
益剰余金）を過剰に蓄積するなどの不適正な運営が明らかとなった。こ
のため、2015（平成27）年2月に公表された社会保障審議会福祉部会
報告書「社会福祉法人制度改革について」では、「昨今、一部の社会福祉
法人による不適正な運営が指摘され、社会福祉法人全体の信頼を失墜さ
せる事態に至っている。社会福祉法人が今後とも福祉サービスの中心的
な担い手としてあり続けるためには、その公益性・非営利性を徹底する
観点から制度の在り方を見直し、国民に対する説明責任を果たすことが
求められる」と指摘されている。

２ 2016（平成28）年の社会福祉法人制度改正の概要

　2016（平成28）年3月、社会福祉法等の一部を改正する法律が可決
され、社会福祉法人制度の改革が行われた。この制度改革は、社会福祉
法人の公益性・非営利性を確保する観点から制度を見直し、国民に対す
る説明責任を果たし、地域社会に貢献する法人のあり方を徹底すること
を目的としており、そのポイントは図1-6のとおりである。

　以下、社会福祉法人制度の改革について、より詳しくみていくことと
する。

❶経営組織のガバナンスの強化

　社会福祉法人について、一般財団法人・公益財団法人と同等以上の公
益性を担保できる経営組織とすることを目的とした。

　具体的には、まず、改正前は理事会による理事・理事長に対する牽制
機能が制度化されていなかったことから、理事会を業務執行に関する意
思決定機関として位置づけ、理事・理事長に対する牽制機能を働かせる
こととして、併せて理事等の義務と責任を法律上規定した。

　次に、改正前は評議員会は任意設置の諮問機関であり、理事・理事長
に対する牽制機能が不十分であったことから、評議員会を法人運営の基
本ルール・体制の決定と事後的な監督を行う機関として位置づけ、必置
の議決機関とした。

図1-6　社会福祉法人制度の改革の主な内容

○　公益性・非営利性を確保する観点から制度を見直し、国民に対する説明責任を果たし、地域社会に貢献する法人の在り方を徹底する。

1．経営組織のガバナンスの強化 □　理事・理事長に対する牽制機能の発揮 □　財務会計に係るチェック体制の整備	○　議決機関としての評議員会を必置　※理事等の選任・解任や役員報酬の決定など重要事項を決議 　（注）小規模法人について評議員定数に係る経過措置を設ける。 ○　役員・理事会・評議員会の権限・責任に係る規定の整備 ○　親族等特殊関係者の理事等への選任の制限に係る規定の整備 ○　一定規模以上の法人への会計監査人の導入　等
2．事業運営の透明性の向上 □　財務諸表の公表等について法律上明記	○　閲覧対象書類の拡大と閲覧請求者の国民一般への拡大 ○　財務諸表、現況報告書（役員報酬総額、役員等関係者との取引内容を含む。）、役員報酬基準の公表に係る規定の整備　等
3．財務規律の強化 ①　適正かつ公正な支出管理の確保 ②　いわゆる内部留保の明確化 ③　社会福祉事業等への計画的な再投資	①　役員報酬基準の作成と公表、役員等関係者への特別の利益供与を禁止　等 ②　純資産から事業継続に必要な財産（※）の額を控除し、福祉サービスに再投下可能な財産額（「社会福祉充実残額」）を明確化 　※①事業に活用する土地、建物等　②建物の建替、修繕に必要な資金 　　③必要な運転資金　④基本金、国庫補助等特別積立金 ③　再投下可能な財産額がある社会福祉法人に対して、社会福祉事業又は公益事業の新規実施・拡充に係る計画の作成を義務づけ 　（①社会福祉事業、②地域公益事業、③その他公益事業の順に検討）　等
4．地域における公益的な取組を実施する責務 □　社会福祉法人の本旨に従い他の主体では困難な福祉ニーズへの対応を求める	○　社会福祉事業又は公益事業を行うに当たり、日常生活又は社会生活上支援を要する者に対する無料又は低額の料金で福祉サービスを提供することを責務として規定　※利用者負担の軽減、無料又は低額による高齢者の生活支援等
5．行政の関与の在り方 □　所轄庁による指導監督の機能強化 □　国・都道府県・市の連携を推進	○　都道府県の役割として、市による指導監督の支援を位置づけ ○　経営改善や法令遵守について、柔軟に指導監督する仕組み（勧告等）に関する規定を整備 ○　都道府県による財務諸表等の収集・分析・活用、国による全国的なデータベースの整備　等

出典：厚生労働省「社会福祉法人制度改革について」

　そのほかに、監事の権限、義務（理事会への出席義務、報告義務等）、責任を法律上規定し、一定規模以上の法人への会計監査人による監査を法律上義務づけた。

❷運営の透明性の確保について

　社会福祉法人の高い公益性に照らし、公益財団法人以上の運営の透明性を確保することとし、以下の事項を法令上明記した。
・定款、事業計画書、役員報酬基準を新たに閲覧対象とすること
・閲覧請求者を利害関係人から国民一般にすること
・定款、貸借対照表、収支計算書、役員報酬基準を公表対象とすること
　また、すでに通知により公表を義務づけている現況報告書（役員名簿、補助金、社会貢献活動に係る支出額、役員の親族等との取引内容を含む）について、規制改革実施計画を踏まえ、役員区分ごとの報酬総額を追加

したうえで、閲覧・公表対象とすることが法令上明記された。

　さらに、国民が情報入手しやすいホームページを活用して公表することとされた。このように運営の透明性を確保することは、社会福祉法人が国民に対する説明責任を果たすことにつながると考えられる。

❸社会福祉法人の財務規律について

　社会福祉法人が保有する財産については、事業継続に必要な財産（控除対象財産）を控除したうえで、再投下対象財産（社会福祉充実財産）を明確化することとされた。

　また、社会福祉充実財産が生じる場合には、法人が策定する社会福祉充実計画に基づき、既存事業の充実や新たな取組に有効活用する仕組みを構築することとされた。社会福祉充実計画は、地域の福祉ニーズ等を踏まえつつ、社会福祉充実財産を計画的かつ有効に再投下するためのものである。社会福祉充実計画に盛り込むべき社会福祉充実財産の使途については、第1順位：社会福祉事業、第2順位：地域公益事業、第3順位：公益事業の順に検討を行い、既存事業の充実または新規事業の実施（例：職員の処遇改善、新規人材の雇入れ、建物の建替等）に係る費用に活用すべきこととされている。

　ここでいう地域公益事業とは、社会福祉充実財産を活用して行う事業であって、公益事業のうち、日常生活または社会生活上の支援を必要とする事業区域の住民に対し、無料または低額な料金で、その需要に応じ

図1-7　社会福祉法人の財務のあり方

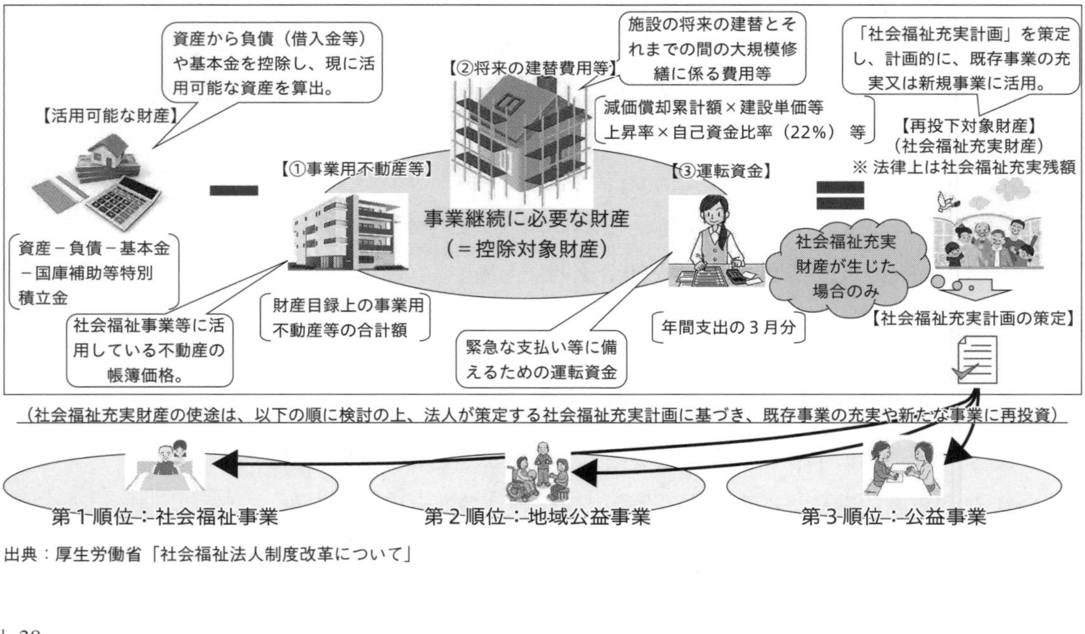

出典：厚生労働省「社会福祉法人制度改革について」

た福祉サービスを提供するものをいう。

　また、社会福祉充実計画を策定する必要がある法人は、毎会計年度終了後3か月以内（6月30日まで）に、計算書類等と併せて所轄庁へ申請する必要がある。

❹地域における公益的な取組について

　2016（平成28）年に改正された社会福祉法において、社会福祉法人の公益性・非営利性を踏まえ、法人の本旨から導かれる本来の役割を明確化するため、「地域における公益的な取組」の実施に関する責務規定が創設された。

社会福祉法（昭和26年法律第45号）（抄）

第24条（略）

2　社会福祉法人は、社会福祉事業及び第26条第1項に規定する公益事業を行うに当たっては、日常生活又は社会生活上の支援を必要とする者に対して、無料又は低額な料金で、福祉サービスを積極的に提供するよう努めなければならない。

---

❺行政の関与のあり方

　社会福祉法人に対する指導監督については、国・都道府県・市それぞれの機能と役割を明確に位置づけたうえで、国は制度を所管し、その適正な運用を確保する観点から、都道府県は広域的な地方公共団体として管内の所轄庁の連絡調整や支援を行う観点から、重層的に関与することとされた。

　また、指導監査については所轄庁ごとに独自の観点から指導が行われ、その内容に差異があるとの指摘があったことから、指導監査ガイドラインが策定され、所轄庁が行う一般監査について、その監査の対象とする事項（監査事項）、当該事項の法令および通知上の根拠、監査事項の適法性に関する判断を行う際の確認事項（チェックポイント）、チェックポイントの確認を行う際に着目すべき点（着眼点）、法令または通知等の違反がある場合に文書指摘を行うこととする基準（指摘基準）ならびにチェックポイントを確認するために用いる書類（確認書類）が定められた。

4　公益法人制度改革

　公益法人制度は、1896（明治29）年の民法制定以来、100年以上に

わたり抜本的な見直しは行われてこなかったが、民間非営利部門の活動の健全な発展を促進し、公益法人制度にみられるさまざまな問題に対応するため、2006（平成18）年に公益法人制度改革が行われ、従来の公益法人である「社団法人」「財団法人」は、「一般社団法人」「一般財団法人」と、公益性の認定された「公益社団法人」「公益財団法人」に分離されることとなった。

■1 公益法人制度改革の経緯

2003（平成15）年6月に「公益法人制度の抜本的改革に関する基本方針」が閣議決定された。この基本方針では、特別法による法人制度を除き、近年に至るまで、一般的な非営利法人制度がなかったため、時代の変化に対応した国民による非営利活動の妨げになってきたとの指摘があり、特に公益法人は公益性の判断基準が不明確であり、営利法人類似の法人や共益的な法人が主務大臣の許可によって多数設立され、税制上の優遇措置や行政の委託、補助金、天下りの受け皿等についてさまざまな批判、指摘を受けていることを指摘している。そして、公益法人制度は法人格の取得と公益性の判断や税制上の優遇措置が一体となっているため、さまざまな問題が生じていることから、法人格を一定の優遇措置と分離し、公益性の有無にかかわらず新たに非営利法人制度を創設することとした。

この基本方針を受けて、公益法人制度改革に関する有識者会議において議論が行われ、2004（平成16）年11月に公益法人制度改革に関する有識者会議報告書が提出された。この報告書を受けて、2004（平成16）年12月の閣議決定「今後の行政改革の方針」のなかに、公益法人制度改革の抜本的改革が盛り込まれた。そのポイントは以下のとおりである。

1　現行の公益法人の設立に係る許可主義を改め、法人格の取得と公益性の判断を分離することとし、公益性の有無にかかわらず、準則主義（登記）により簡便に設立できる一般的な非営利法人制度を創設すること。

2　各官庁が裁量により公益法人の設立許可等を行う主務官庁制を抜本的に見直し、民間有識者からなる合議制機関の意見に基づき、一般的な非営利法人について目的、事業等の公益性を判断する仕組みを創設すること。

図1-8 公益法人制度改革の概要

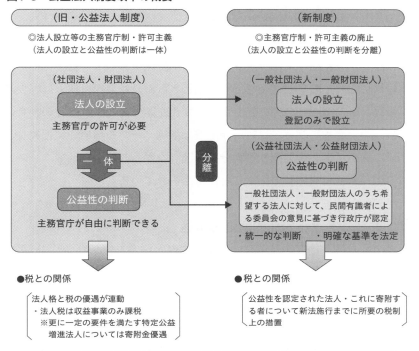

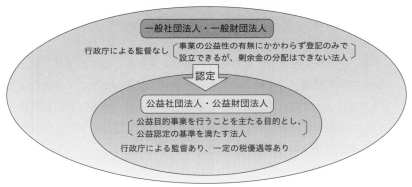

出典：行政改革推進本部「公益法人制度改革の概要」を一部改変

2 2006（平成18）年の公益法人制度改革の概要

　2006（平成18）年5月に公益法人制度改革関連三法案が可決され、翌月に公布された。これにより、従来の公益法人である「社団法人」「財団法人」は「一般社団法人」「一般財団法人」と「公益社団法人」「公益財団法人」に分離されることとなった。一般社団法人、一般財団法人については登記のみで設立することができ、行政庁による監督がない。一方、公益社団法人、公益財団法人については公益性について認定を受け、行政庁による監督を受けるが、一定の税優遇等が受けられる。

5 ▶ 公益的活動の推進

　2016（平成 28）年に改正された社会福祉法において、社会福祉法人は地域における公益的活動を行うこととされた。社会福祉法人は、少子高齢化、人口減少社会等の社会情勢の変化を踏まえつつ、既存の社会保障制度や社会福祉制度では対応が困難な地域ニーズを積極的に把握し、地域の関係機関との連携や役割分担を図りながら、新たな地域ニーズに対して積極的に対応していくことが求められている。

■1 地域における公益的活動の推進

　社会福祉法人制度の改革に向けた方向性と論点を示した 2014（平成26）年の「社会福祉法人制度の在り方について」は、社会福祉法人制度見直しにおける論点の最初に「地域における公益的な活動の推進」を挙げ、以下のような指摘を行っている。

「地域における公益的取組」について、社会福祉事業と比較してどのような違いがあるのか考えてみましょう。

○社会福祉法人は、社会福祉事業を主たる事業とする非営利法人であり、制度や市場原理では満たされないニーズについても率先して対応していく取組（以下「地域における公益的な活動」という。）が求められている。

○本来、社会福祉法人は、こうした取組を実施することを前提として、補助金や税制優遇を受けているものであり、経営努力やさまざまな優遇措置によって得た原資については、主たる事業である社会福祉事業はもとより、社会や地域での福祉サービスとして還元することが求められることを改めて認識する必要がある。

　このため、上述したように、2016（平成 28）年に改正された社会福祉法において「地域における公益的な取組」の実施に関する責務規定が創設され、2018（平成 30）年 1 月の厚生労働省社会・援護局福祉基盤課長通知「社会福祉法人による「地域における公益的な取組」の推進について」（平成 30 年 1 月 23 日社援基発 0123 第 1 号）において、「地域における公益的な取組」は、法第 24 条第 2 項に規定するとおり、次の①から③までの三つの要件のすべてを満たすことが必要であるとされている。

---

①　社会福祉事業または公益事業を行うにあたって提供される福祉サービスであること

---

② 対象者が日常生活または社会生活上の支援を必要とする者であること

③ 無料または低額な料金で提供されること

図1-9 「地域における公益的な取組」通知のポイント

○平成28年改正社会福祉法においては、全ての社会福祉法人に対して、「地域における公益的な取組」の実施に係る責務が課せられたところであるが、地域共生社会の実現に向けた地域づくりを進めていく上で、法人の専門性やノウハウ等を活かした多様な取組が求められている一方、現状、当該取組の範囲が曖昧で、所轄庁における指導にもバラツキが生じ、当該取組の推進に当たっての障壁となっているとの指摘もあることから、次のとおり改めてその解釈を明確化する。

※社会福祉法第24条第2項

社会福祉法人は、①社会福祉事業及び第26条第1項に規定する公益事業を行うに当たっては、②日常生活又は社会生活上の支援を必要とする者に対して、③無料又は低額な料金で、福祉サービスを積極的に提供するよう努めなければならない。

事項	これまでに生じていた主な誤解	解釈の明確化	具体的な事例
「社会福祉事業又は公益事業を行うに当たって」の解釈	社会福祉に直接的に関連するもの以外は不可	直接的に社会福祉に関連しない場合であっても、間接的に社会福祉の向上に資するものであれば可	・行事の開催、環境美化活動、防犯活動等の地域住民の参加・協働の場の創出を通じた地域のつながりの強化
「福祉サービス」の解釈	福祉サービスの直接的な実施以外は不可	福祉サービスの充実を図るための環境整備に資する取組も含む	・災害時の福祉支援体制づくり ・関係機関との連携強化のためのネットワークづくり
「日常生活又は社会生活上の支援を必要とする者」の解釈	現に支援を必要とする者に対する取組以外は不可	現に支援は必要としていなくても、将来的に支援を必要とする可能性の高い者に対する予防的な支援も含む	・現に要介護状態にはないものの、地域から孤立している閉じこもりがちな高齢者に対する見守り
	直接的にこれらの者を対象とした取組以外は不可	間接的にこれらの者が利益を受ける場合も含む	・地域住民を対象とした介護技術に関する研修 ・ボランティアの育成
「無料又は低額な料金」の解釈	公費を受けている場合は一切該当しない。	公費を受けていても、法人による資産等を活用した上乗せ・横出しサービスや利用料の減免等が行われていれば可	
所轄庁の役割	3要件を満たさない取組は要件を満たすよう指導	取組内容が社会福祉関係法令に明らかに違反するものでない限り、指導は不要。法人が地域ニーズを円滑に把握できる場の提供などを通じて法人の取組を促す環境整備に努める	

出典：厚生労働省「社会・援護局関係主管課長会議資料」（平成30年3月1日）

なお、地域の実情等を踏まえ、より弾力化すべきといった指摘を受け、**図1-9**のとおり、間接的に社会福祉の向上に資すれば可であり、「無料又は低額な料金」については、公費を受けていても、法人資産による利用料の減免等が行われていれば可であることなどが示されている。

■2 地域における公益的な取組の具体例

　厚生労働省社会・援護局は、地域における公益的な取組の具体的な事例を**表1-5**のようにまとめている。

表1-5　各地で取り組まれている「地域における公益的な取組」の実践事例

○「地域における公益的な取組」については、地域の実情に応じて現に多様な取組が行われているが、例えば以下のような取組事例がある。（各法人の実際の取組事例から参照。）

	高齢者の住まい探しの支援	障害者の継続的な就労の場の創出	子育て交流広場の設置	複数法人の連携による生活困窮者の自立支援	ふれあい食堂の開設
地域が抱える課題	加齢により転居を希望する高齢者の存在	商店街の閉鎖、障害者の就労の場の確保	子育てで孤立する母親の存在	雇用情勢の悪化による生活困窮者の増加	地域で孤立する住民の増加
対象者	高齢者	障害者や高齢者	子育てに悩みを抱える母親	生活困窮者	社会的に孤立する者
取組内容	高齢者の転居ニーズと、不動産業者のニーズをマッチングし、法人が転居後も生活支援を継続することにより、不動産業者が安心して高齢者に住まいを賃貸できる環境づくりを実施。	行政や市場関係者の協力を得て、スーパーマーケットを開設するとともに、そこで障害者等が継続的に就労。	施設の地域交流スペースを活用し、保育士OBや民生委員等のボランティアと連携することにより、子育てに関する多様な相談支援を行うとともに、近隣の子どもに対する学習支援を実施。	複数の法人が拠出する資金を原資として、緊急的な支援が必要な生活困窮者に対し、CSWによる相談支援と、食料等の現物給付を併せて実施。	地域住民が気軽に集える「ふれあい食堂」を設置するとともに、管理者として介護支援専門員を配置し、相談支援や地域の子育てママと子どもの交流会、ボランティアに対する学習会などを実施。
取組による主な効果	高齢者が地域で安心して暮らせる環境の整備、空き家問題の解消	障害者の就労促進、「買い物難民」問題の解消	子育てママの孤立感の解消、地域交流の促進	生活困窮者の自立促進	地域で孤立する住民の孤独感の解消、住民相互の支えあいによる取組の促進

出典：厚生労働省「社会福祉法人制度改革について」

◇引用文献
　1）生活福祉研究機構編『わがまちの地域福祉計画づくり』中央法規出版，p.11, 2003.
　2）同上，p.25

第3節 組織間連携と促進

学習のポイント

● 組織間連携とは何かを理解し、その意義について学ぶ
● 組織間関係論の基礎知識を応用し、分析していく能力を養う
● 組織間連携における連携コンピテンシーの内容を理解する

　本節では、福祉サービスの組織にとっての他の組織・機関（以下、組織）との連携（組織間連携）の定義、意義や背景になる理論について解説する。併せて、その運営や課題についても基礎的な理解を深めたい。

1 組織間連携とは何か

1 連携の単位としての組織

　ここでいう「組織」とは、必ずしもいわゆる福祉サービス提供組織に限定されない。近接領域の医療機関（病院、診療所など）、裁判所、警察や法律事務所などの司法機関、教育機関、ソーシャルビジネスなどを含む企業、NPO 団体、あるいは自治会やボランティア・サークルなども含まれてくる。

　単純に組織間連携といえば、企業間連携（企業グループなど）や行政機関連携のように福祉サービス提供組織がまったく含まれていないケースもある。数の面ではむしろそちらのほうが多いであろう。ここでは、ある福祉サービス提供組織がその必要に応じて築き上げた組織間連携に限定して取り上げていく。あるいは相手から当該福祉サービス提供組織が連携相手として選ばれたケースも含めてもよい。

　なお、福祉サービス提供組織とは、その名の通り、福祉サービスを提供する組織を意味する。しかし、ここでいう福祉サービスとは狭義のそれにとどまらず、福祉サービスの近隣領域（ヘルスケアなど）のサービスも含めている。その意味で福祉サービス提供組織とは、保健・医療・介護・福祉にまたがる対人支援サービス提供組織も含めたものである。

　さて、こうした組織が他組織と接触する場を「インターフェイス」と呼んでいる。[1] 企業組織の場合は、このインターフェイスの一つとして市

場（マーケット）を挙げることができる。さまざまな企業が参加している市場を通して、自己組織に必要な各種財（モノ、カネ、ヒト、情報、技術など）を獲得し、また逆に市場に当該組織の有する財を放出する。

　通常、市場においては売買する相手組織というものは見えてこない状態のままで取引が展開されていく。市場は、こうした意味での相手の顔が見えない、匿名性の高いインターフェイスになる。

　福祉サービス提供組織の場合、市場を介して必要な財を獲得したり、逆に提供したりすることはまったくないとはいえない。ただ、市場だけでは、福祉サービス提供組織の本来の機能を発揮するうえで必要なものが十分に調達できないことが多い。そもそも、福祉サービス提供組織が提供するサービス自体が、市場原理に従って取引されることは不適切であると考えられる。それゆえに福祉サービス提供組織にとって、市場とは異なるインターフェイスである組織間関係、その一様態としての組織間連携は、企業組織以上に必然性、必要性が高いといっても過言ではない。

2 連携とは何か

福祉サービス提供組織における組織間連携の意義と、そのあり方について調べてみましょう。

　「連携」とは、英語の collaboration に相当するものであり、その語源は working together（ともに働く）という意味のラテン語とされる。[2]したがって、同様な意味での「共働」「協働」という用語が使われる場合も多い（例、公私協働）。これらはすべて同じ意味を有する用語として位置づけ、ここでは「連携」で統一しておく。

　さて、ソーシャルワークのなかでは伝統的に対人間（クライエントとソーシャルワーカーの間）、あるいは職種間、そして組織間の協調的な作業を指すものとして、この連携という用語が使われてきた。[3]副田[4]は、対人間の連携をミクロレベル、専門職間の連携をメゾレベル、そして組織間連携をマクロレベルにそれぞれ位置づけている。ゆえに組織間連携（inter-agency collaboration）といった場合は、組織同士による、マクロレベルでの連携ということになる。

　ただし、組織間連携といっても実際に連携に伴う作業（構築、維持など）を行うのはそれぞれの組織のスタッフであり（組織内外の接点に立つことから「対境担当者：boundary personnel」と称される）、かつ福祉サービス提供組織であるがゆえにその多くは専門職であると考えられる。その意味で、福祉サービス提供組織の組織間連携とは、組織の枠を超えて展開されるスタッフ間連携、すなわち多職種連携としての側面を

もつことになる。したがって、組織間連携の種類を考えるにあたっては、専門職間による多職種連携の枠組みが利用できる。

　多職種連携、あるいは専門職連携（inter-professional collaboration）は、近年では医療領域を中心にIPW*（inter-professional work）と称されるようになっているものである。その分類についてよく引用されるのが、ジャーメイン（Germain, C. B.）による区分である。ジャーメインは「公式性」と「相互関係性」という2軸を用いて、以下を連携の種類として例示している。

---

① 打ち合わせ

　公式性は低く、必要に応じて集まって協議しあうが、構成員の相互関係は密である。

② 協力

　公式性、相互関係性のいずれとも中程度であり、一定のルールや方法の下で、ともに仕事を行う。

③ 専門的助言

　公式性は高い（契約など）が、ある専門職から他の専門職への一方向での専門的知識、技術、方法などの提供になるために、相互関係性は弱い。

④ チーム

　公式性、相互関係性も高い。組織化された集合体であり、構成員同士の活発な相互作用が展開される。

　以上は、多職種連携の分類であるが、組織間連携であっても実際的には「対境担当者」間連携の形で展開されることになるために、上記の分類はそのまま組織間連携においても適用でき得る。たとえば、各組織から派遣されてきたスタッフが上記でいうチームの形態でもって連携する場合は、それを多職種連携（多職種チーム）とみることもできる。あくまでも専門性の相違、さまざまな専門職の集まりという点に焦点を置く場合は、多職種連携として捉えていることになるし、各チーム構成員を「組織の代表者」「組織からの派遣者」と位置づけ、構成員＝専門職である以前に、それぞれの組織構成員という点に注目すべき場合は、組織間連携（多機関チーム）としてそれを取り上げていくことになる（組織間

★ IPW
ヘルスケア領域を中心に発展してきた概念であり、より質の高いサービスを提供するために、異なる専門職が共通した目標のために協働することを意味する。近年では、ヘルスケアに限らず、かつ狭義の専門職ではなく民生委員、NPOスタッフ、ボランティア、自治会役員なども含めて考えられるようになっている。

---

i 〔Carel Bailey Germain〕1916-1995.　米国コネチカット大学、コロンビア大学教授、生態学的アプローチの代表的研究者の一人。代表作にギッターマン（Gitterman, A.）との共書 *The Life Model of Social Work Practice*, 1976. がある。

連携の定義は、本節3「1　サービス利用のニーズ充足」参照)。

■3 組織間関係の種類

　組織間関係といっても、その様態はさまざまである。そのすべてが必ずしも協力的、協調的な関係とは限らず、なかには敵対的な関係もある。企業組織でよくみられるようにライバル同士というケースもあり得るだろう。ときには協調から対立、抗争へ、またはその逆の移行も生じ得る。

　組織同士で定期的な接触を維持しているような関係もあれば、一時的、アドホック(特定の目的を果たすためにその都度)に生じるという程度のものもある(「定期的orアドホック的」という軸での分類)。あるいは、法制度に基づく半ば強制的な組織間関係もあれば(検察庁と警察署の関係がその例)、法制度に基づかず、必要に応じて各組織の自発性と合意のもとで組織間関係が展開されているケースもある(「公式・制度的or非公式・非制度的」という軸での分類)。どのような福祉サービス提供組織であっても、こうしたさまざまなタイプの関係を他組織との間で構築し、維持していると考えられる。

　また、組織間関係とは永続するものではなく、解消、消滅することもあり得る。関係している相手組織が廃止、消滅したり、法制度改正のために相手と関係を維持する必要性がなくなったなどの理由で、組織間関係が途切れることも多々ある。一方で、新規に関係を築いたり、一度絶えた以前の関係が復活することもある。

　このように、組織間関係とは不変的、恒常的なものではなく、可変的、流動的なものとして認識すべきものである。そして関係が変化する場合はそこに各組織で何らかの意図が働いていたり、外部環境の変化・圧力(法制度が変わったなど)によって否応なくそうせざるを得なかったなどの理由が存在している。同時に、組織間関係が円滑に展開できるかどうかは、そのマネジメントによって左右されるという側面もある。

　ダビッドソン(Davidson, S.)は、二組織の関係(後述する「組織セットモデル」)で、その相互作用性の強弱にも多様性が認められることを指摘している[5]。それを弱い順に並べると、❶コミュニケーション、❷コーポレーション、❸コーディネーション(またはコンフェデレーション)、❹フェデレーション、そして❺マージャーになる。ただし、各々の境界はあいまいであり、オーバーラップする部分がある。さらに、先の順で左右すぐ隣のタイプに移行することもあり得る。❶から❺に向けての流れは、組織間関係の中央集権化とでもいうべきものであり、その反対の

流れは分権化と称してもよいものである。なお、❺のマージャーは、異なる組織がまとまって一つの組織になることを意味するが、そうなった場合も、新たに統合された組織として再び他組織との間で、最初のコミュニケーションの段階から組織間関係を出発させることになる。いずれの局面であっても、組織間関係のマネジメントが首尾、不首尾なのかによっても、そのパフォーマンスに影響が及ぶことには変わりはない。

　結局、組織間連携とはこうした意味での流動的な組織間関係のあり方の一つである。そして、連携の種類は既述のとおり、さまざまな種類がある。何らかの形で連携をとっているということは、当然、先の意味での内部的な意図や外部圧力の存在が作用した結果であって、かつ組織間関係の円滑な推進の可否は、そのマネジメントによっても左右される側面をもつことには留意しておきたい。

2　基礎となる理論

　組織間関係を分析する場合、個々の組織を取り上げるだけでは説明できない特性と相互パターンがそこにみられ、それゆえに単なる組織論ではなく、組織間の関係そのものを学術的に問う必要性が生じてくる。こうした事情を背景に、1950 年代後半から 1960 年代初頭に組織間関係論が成立し、1970 年代に一領域として確立されていったとされる。

　組織間関係論の源流は、大きく二つあるとされる[6]。一つは社会学、とりわけ組織社会学であり、もう一つは経営学、マネジメント論である。前者では、主に組織間での資源配分（財、パワーなど）の動きが問われ、後者ではある組織のみならず、他組織も含めてその全体をどうマネジメントしていけばよいかが主たる関心であった。しかし、組織間関係となると単なる二組織だけにとどまらず、かかわってくる組織の数や種類も多くなり、相互依存の複雑性は一層大きくなる。それゆえに、二組織の単純な資源配分や管理では説明できない現象が増えてくる。こうした問題意識から、組織間関係の独自のメカニズムを解明する組織間関係論が新たに発展していったのである。

　ここでは、代表的な組織間関係論の分析単位とさまざまな理論（視点）を順に紹介することにしたい。

1 組織間関係論の分析単位

組織間関係を分析するために、これまでいくつかのモデルが提唱されてきた。ここでは代表的な4種類を紹介する[7]。

❶二組織モデル

関係を有する二つの組織を分析の対象とする。組織間関係の最も基礎的な分析単位になる。ある特定の病院とその入院患者向けの支援を行うボランティア団体との関係、または認知症疾患医療センターと地域包括支援センターとの関係などを分析するときなどに用いることができる。

❷組織セットモデル

ある特定組織（焦点組織）とその組織に対して何らかの資源を投入するインプット組織、焦点組織が提供した資源を受け入れるアウトプット組織からなるシステムを分析対象とする。インプット組織→焦点組織→アウトプット組織、という資源の流れが取り扱われるほか、それとは逆にアウトプット組織から焦点組織、インプット組織へというフィードバックの流れも分析していくことが可能になる。

組織セットモデルが適用できる例として、たとえば、地域医療連携のように、地域の診療所（インプット組織）から患者が総合病院（焦点組織）に紹介され、総合病院での治療が完了した場合に地域の別の診療所（アウトプット組織）に逆紹介される、といった流れのなかで組織間関係を分析する際などに有効になる。児童虐待における、虐待を発見したインプット組織（警察、病院など）から焦点組織である児童相談所、そして入所処置となった場合、当該児童を受け入れるアウトプット組織たる児童養護施設、といった組織間関係も組織セットとして扱うことができる。

❸活動集合モデル

ある一定の目的のために一時的に同盟している組織の集合体を分析対象とする。この場合は、❷の組織セットモデルとは異なり、焦点組織はなく、集合体そのものの全体が分析の対象になる。地域社会が抱えている何らかの問題を検討していくために、地域にあるさまざまな組織から派遣された代表者（「対境担当者」）による会合（「○○ネットワーク」という名称がついていることが多い）には、この活動集合モデルを使って組織間連携として分析を試みることも可能になる。

❹組織間ネットワーク

❸と同じく、組織の集合体の全体を分析対象とする。しかし、この集合体はまとまりがあるというよりは、相互に緩やかにつながったひとか

たまりといったほうがよく、必ずしも全体が統一的にまとまって行動するとまでは位置づけられていない。この点が活動集合モデルとは異なる。「地域包括ケアシステム」といった場合などは、この緩やかな組織の結合体として分析することが適切な例の一つであろう。

　この緩やかなネットワーク（全体、あるいはその一部）が、何らかの特定目的を有して共同活動をしている場合は、❸の分析単位（活動集合モデル）が適用されることになるが、「地域包括ケアシステム」といったように、ある特定のエリア内にあって普段からさまざまなかかわりを有している諸組織の全体（それは一定の目的を果たすために同盟しているというようなものではない）を取り扱う場合は、この焦点組織のない組織間ネットワークが分析単位としては適している。

　厳密にいえば、組織間ネットワークといった場合、上記のとおり、焦点組織がない場合もあるのだが、なかには焦点組織の存在を前提にすることもある。[8] この場合、焦点組織（エゴ組織とも）が取り結んださまざまな他組織とのつながりの全体（ネットワーク状になる）である。

　本節が扱う組織間連携についても、以上の各分析単位でもってそれぞれ検討していくことが可能である。何を分析したいか、その目的によって、以上を適切に使い分けていくことが欠かせない。

▌2 組織間関係論のさまざまな理論（パースペクティブ）

　異なる組織同士がなぜ連携するのか、という点についてさまざまな組織間関係論の理論が展開されてきている。そもそも、福祉サービス提供組織が、市場以外のインターフェイスにおいて、組織間連携を構築し、維持する背景を考察することは、組織間関係論が誕生して以来の大きな関心の一つであった。ここでその代表的な理論、視点（パースペクティブ）あるいはアプローチ（接近方法）を紹介していく。[9][10]

❶資源交換アプローチ

　組織間関係論における最も古典的な理論が、資源交換アプローチである。この見方に従えば、ある福祉サービス提供組織が有する組織目標を達成するために他組織との間に「交換（exchange）」関係を結ぶものとして捉え、分析していく。ここでいう交換とは、自分にあって相手にないようなものを交換しあうという意味合いになる。このアプローチの代表例が、1961 年のレヴィン（Levine, S.）とホワイト（White, P.）による研究である。[11]

レヴィンらは、組織間でこうした交換関係が発生する理由として、次の二つを挙げている。

　まず一つ目は専門特化（specialization）であり、多くの組織がそれぞれ専門特化した機能を営んでいることを意味する。逆にいえば、ある利用者の支援にあたって自己組織で特化していない機能を必要とする場合は、それに専門特化している他組織から必要な機能を獲得してこなければならない。たとえば、障害福祉サービスの事業所が、その利用者に医療ケアが必要になった場合は、その主治医のいる病院と連携するケースなどは、この資源交換アプローチで説明できるだろう。病院側からいえば、退院後に福祉的支援が必要な場合はその事業所との間で連携することになり、総合的にみて両者の間で交換が発生する。

　組織間で交換が起こる二つ目の理由は、資源の希少性（scarcity）である。これは、当該組織の機能（福祉サービスの提供）を遂行するにあたって必要となる各種の資源が自己組織の内部に乏しい場合、他組織との交換を通して不足する資源を獲得することが求められる。これらの資源は市場を介して調達しあうことが難しい、あるいはそれが不適切な場合、相互に相手を必要としあっている組織同士で交換関係を結ぶことになる。

❷制度化アプローチ

　この理論は、組織がいかにしてその正当性を確保、ないしそれを達成し得るかという観点で組織間関係を分析していく。つまり、組織間関係の構築と維持においては、他組織と結びつくことで自己の正当性を得ようとする動機づけが重視される。当たり前であるが、ある組織が生存し続けていくためには、自己の正当性が広く認められなければならず、もし周囲の組織、あるいは社会一般から正当性が認識されない場合には、特に福祉サービス提供組織においては致命的である。

　そこで、たとえば正当性を付与してもらいやすい行政機関、あるいは同業の他組織との間で関係を構築していくことによって、自らの存在に対する正当性や社会的な認知を獲得していく。この正当性を確保していくために、当該組織は他の組織と同じ文化、ルール、習慣、信念などを受け入れ、それらに同調し、何らの形で同型化していくことになる。たとえば、企業組織の場合は、同じ企業グループに所属することで、そのグループ企業群から同じ仲間として認められる（正当性の獲得）一方で、そのグループの文化や規範に自らを染めていくこと（同調、同型化）になる。こうした現象の分析にとって、このアプローチは有用な理論であ

るといえる。

　ちなみに、この同調、同型化による正当性獲得の動機づけには、さまざまな背景があるとされる。一つは、政治的、法制度的なものであり、同調、同型化することが半ば強制的なものである。障害者の日常生活及び社会生活を総合的に支援するための法律（障害者総合支援法）に定める協議会（地域自立支援協議会）なども、地域の障害福祉サービス事業にとってはそれへの参加は半ば強制的ともいえる一方で、参加加入によって同じ地域の事業所仲間としての正当性を確保しやすくなる。二つ目は、模範となり得る、あるいは広く社会的に認知されている他組織が存在する場合などで、それと連携関係を結び同調していくことによって、正当性と社会的認知が得られやすくなる。そして最後の三つ目は、各組織の構成員がそれまで受けていた教育の影響や、専門職文化、規範による影響である。もし組織構成員が受けてきた教育の内容が、組織間連携を行うことは当たり前のことであって、そうしなければその組織の正当性は得られないというものであった場合は、当然、他組織との間で関係づくりの途をたどっていくことは極めて自然なこととして認識されるだろう。ソーシャルワークでは、ミクロ・メゾ・マクロを問わず伝統的に連携、協働が志向されてきたために、そもそも組織間連携をしないこと自体に正当性は得られないと思う傾向を認めることができるのではないだろうか。

❸資源依存アプローチ

　❶の資源交換アプローチでは、単に組織間での交換でもって組織間関係を説明しようとしていた。しかし、交換される資源に焦点を当ててみた場合、ある組織が他に対して希少な資源を有している場合は、その組織は他組織に対してパワーをもつことになると考えられる。逆にいえば、希少な資源を受け取る側の組織からみれば、他組織に依存せざるを得なくなる。このアプローチでは、こうしたパワーと依存の関係でもって組織間連携を分析していく。

　この理論に立てば、組織間関係のなかでは必然的に、その程度はさまざまであるにしてもパワー組織とそれに依存する組織が存在することになる。したがって、仮に組織間連携が成立していたとしても、実際にはこうした意味での組織間の格差が発生する。ここでいうパワーと依存の関係は、次のようなエマーソン（Emerson, R. M.）の公式で説明できる。この公式に従えば、組織Aの組織Bに対するパワーは、BのAに対する依存と等しいことになる。したがって、Bが依存を減少した部分だけA

のBに対するパワーは減じたことになる。具体的には、BはA以外の交換先を確保すれば、その分だけAに対する依存は少なくなり、同等にBに及ぼすAのパワーも相殺されるだろう。[12]

また、ジェイコブス（Jacobs, D.）は、組織間のパワーと依存を次のように代数化している。AとBという二組織間において、組織Bに対する組織Aのパワーは「Pab」、組織Aに対する組織Bのパワーは「Pba」とそれぞれ代数化され得る。同様に、組織Bの組織Aに対する依存は「Dba」、そして組織Aの組織Bへの依存は「Dab」と表される。こうした代数を用いたとすれば、さきほどのエマーソンの公式は「Dba ＝ Pab」と表され得るだろう。そして、単に「Pab ＞ Pba」であるだけではなく、組織Bが組織Aからの指令を受け入れることが組織Bの目的達成にとって重大な関心事であり、それゆえに組織Bが指令を喜んで受け入れるとき、組織Aは組織Bをコントロールしていることになる。[13]

行政機関や医療機関との間で結ばれた組織間関係では、上記のパワーと依存が発生しやすく、その場合、多くは行政機関や医療機関の側にパワーがあり、福祉サービス提供組織がそれらに依存する傾向がある。

❹協働（同）戦略アプローチ

これは、❸の資源依存アプローチに対するオルタナティブ（代替）として発展してきたものである。当たり前であるが、組織間関係を構成する各組織は必ずしも同じ理解や価値を共有しているとは限らない。病院は医療の価値で、行政機関は行政としての価値で、また地域包括支援センターや障害福祉サービス事業所などは社会福祉の価値でもって、それぞれ実践を展開している以上、専門職の間と同じく組織間でも価値のぶつかり合いが生じて当然である。

組織間連携というインターフェイスは、組織間の協力の場でもあると同時にこうした意味での対立や葛藤発生の場でもある。後者を放置することは各組織にとっても、全体にとっても得策とはいえない。必然的に、葛藤を減じるべく何らかの戦略的な動きが生じることになる。

このアプローチはこうした観点から、組織間連携の場でいかなるメカニズムによって戦略的に連携を維持し、その実効性を獲得しようとしているのかを分析していく。先の❶の資源交換アプローチから❸の資源依存アプローチまでが組織間関係を取り結んでいく理由を主に説明する理論であったのに対して、こちらは交渉や妥協などを通じて、組織間関係をどう維持していくのかという側面、いわばメンテナンスに重点を置いた視点ということになるだろう。

❺取引コストアプローチ

　以上の理論がいずれも社会学者によって提供されてきたのに対して、こちらは「取引」という名称から理解できるように、経済学者によって主張、展開されてきたものである。それゆえに、組織間関係の経済学的アプローチと称されることもある。

　取引コスト（transaction cost）とは、本来は経済的な取引を行う際に発生するコストを意味している。たとえば、取引にかかる手数料、印紙代、郵送代などである。しかし、ここで「取引」という場合には、❶の資源交換アプローチでいうような交換も含まれてくる。加えてコストのほうも、先の手数料などの金銭的なものに限定されず、取引や交換をするにあたって発生する諸々のコストや労力などを意味することになる。たとえば、取引のために事前に情報収集を行い、必要なものを探る探索的な負担、意思決定にかかる時間や労力などもコストに含めることもできる。あるいは、たとえ無事に取引契約が交わされたとしてもそれが遵守されない事態を考慮しておくこともコストの一種になるだろう。

　さて、もともとは経済学的な素地のある理論であるために、以下、企業組織を例にとって考えてみたい。企業にとっては取引コストが低ければ低いほうが望ましい。一般にある製品を市場から調達してくる場合、市場で一番売れている、あるいは価格が安いものを確保すればよいのであって、その場合は先の探索的負担、意思決定時間、労力などのコストは節約される。しかし、もし市場のどの製品も売れ具合が同じで、かつ価格も同程度であれば、どれを選べばよいかを合理的に判断することは困難となり（限られた合理性：bounded rationality）、取引コストは飛躍的に増えてしまう。これが「市場の失敗」と呼ばれる現象である。

　こうした場合に、製品調達先の一つを吸収合併するなどによって自己組織のなかに取り込んでしまったとする。そうなると取引とは、自己組織内部でのそれになる。この場合は、市場で調達してくるより取引コストはかからない。というのも、同じ組織内部での取引の話なので、探索的、意思決定の負担は少ないからである。しかし反面、調達できるものはどうしても限られてしまい、市場のもつさまざまな選択肢という点では魅力が失われてしまう。選択肢を増やすべく自己組織を拡大しようとしても限界はある。この獲得できる資源の限定性も、また取引コストとしてみなせよう。当然、人員や設備の面でもコストは大きくなる。こちらは、「組織の失敗」と呼ばれるものである。

　取引コストアプローチとは、以上のように、どのような条件において、

企業が市場での取引、あるいは企業内（組織内）取引のいずれを選択するのかを分析する理論になる。市場、組織内での取引はそれぞれメリット、デメリットがあり、どちらを選択するほうが合理的なのかはその時々によって変わってくる。

　この理論において注目すべきは「中間組織」という概念になる。中間組織での取引とは、市場取引と組織取引の双方の特徴、長所を併せもったものとされている。そして中間組織の例として、組織間関係、特にネットワーク状のそれが挙げられている。理論的には中間組織の取引コストとは、探索的、意思決定などのコスト（市場の失敗）、あるいは資源の限定性などのコスト（組織の失敗）もいずれも中程度になる。つまり、組織間関係を構築することによって、当該企業は取引コストの面では大きく軽減はできないにしても、過大になり過ぎるというリスクは回避できる。言い換えれば、市場の失敗と組織の失敗をそれぞれ緩和できるのであり、ここに企業が組織間関係を構築するメリットが生じ得る。

　こうした取引コストの観点から組織間関係が構築されることを説明したものが、取引コストアプローチである。ただし、福祉サービス提供組織の場合は企業組織と異なり、そもそも必要とするものを市場で調達することが難しい場合がほとんどであり、逆にすべてを自己組織のなかに取り組んでいくことも、大企業などと異なってそこまでの体力はないだろう。あるいは法制度的にそれが許されないケースも多い。そうなると組織内での取引を前提にすることは、そもそも最初から無理になってしまう。つまり市場からの調達もだめ、組織内取引でも無理なのであり、そうなると必然的に、中間組織である組織間関係を選択せざるを得ないことになる。

3 ▶ 組織間連携の意義

1 サービス利用のニーズ充足

　副田はさまざまな研究者の言説を参考に、組織間連携について「多様な問題の改善、ニーズ充足支援のために、異なる諸機関が合意できる目標を設定し、その共通目標達成のために責任をもってともに作業していくこと[14]」という定義を行っている。つまり、単なる組織間関係ではなく、その関係が先述のような特徴をもっていることによって、それは組織間連携とみなせることになる。ただし、そのスタイルがさまざまであるこ

とは、すでに触れたとおりである（本節1「2　連携とは何か」参照）。

　企業組織においても、この意味での組織間連携が構築、展開されているが、その最終目的はそこに参加する企業の利益獲得に置かれることになる。企業組織の本質上、それは当然のことであろう。一方、本節で取り上げるようなサービス提供組織から構成される組織間連携では、究極的にはサービスを必要とする人、集団、あるいは地域社会の円滑なニーズ充足にその目的が置かれている。もちろん、企業であっても、たとえばその製品を購入した消費者がそれによってニーズが充足されることも目標になっていることは間違いない。しかし、やはり利益が出なければ企業は製造や販売からは撤退してしまう。この点で、企業組織と福祉サービス提供組織の組織間連携はそれぞれ異なってくると考えられる[15]。

　なお、福祉サービス利用者にとって、上記の意味でのニーズ充足に関する組織間連携のメリットとは大きく以下の二つにまとめることができる[16]。

　まず一つ目は、たとえば医療・介護・福祉といった分野、あるいは組織の壁を越えた、シームレスな支援が可能になるという点である。また、各サービス提供組織の有するサービスを有機的に結びつけて、総合的に提供していくうえでも、組織間連携の存在が欠かせない。支援の連続性、総合性を保証していく基盤は組織間連携であるといえる。

　もう一つは、各組織が単独で扱える範囲を超えるような問題、あるいはどの組織が主管すればよいか判断に迷うような案件、たとえば孤独死、ごみ屋敷問題、各種の虐待などの「支援困難事例」の解決に向けて、関連する組織が知恵を出し合って共同的な取り組みを可能にしていく仕掛けとして、組織間連携が活用できる。これまで「支援困難」で置き去りにされていた利用者も、組織間連携の成果次第では支援が円滑になる可能性が開かれている。

■2 福祉サービス提供組織にとってのメリット

　福祉サービス提供組織を含めたあらゆる組織にとって、その取り巻く外部環境の存在は自らの存続を左右する重要なファクターである。したがって、絶えず外部環境とやりとりしながら、生存戦略を図っていくことが必須の作業になる。しかし、この外部環境が複雑で、予測が難しくなってくると、それに比例して外部環境とのやり取りも格段に複雑さ、煩雑さ、不確実さを増す。先の取引コストアプローチ（本節2の2❺）に準じれば、さまざまなコストが飛躍的に増大していくことになる。

取引コストアプローチの箇所で触れたように、中間組織である組織間関係を構築することで、こうしたコストのある程度の低減が可能になる。そして、組織間関係を連携という形式に発展させていくことで、複雑な外部環境の変化に連携しあう各組織が協働的に対処し、その成果が各組織に共有され、全体に及んでいくことも可能になる[17]。

　たとえば、福祉サービス提供組織にとって社会福祉法制度は重要な外部環境の一つであるが、もしその改正等が行われると、それに対応しなければならない作業（コスト）が多く発生することになる。組織間連携があれば、この各種コストを協働作業でもって分散化し、吸収していくことも可能になる。その意味では、福祉サービス提供組織にとっては複雑化する外部環境に対応していくための生存戦略として組織間連携はメリットが大きい。しかし反面、連携のための作業量も増え、それ自体がコストになり得る。このコストを軽減するためにも、次に述べる組織間マネジメントが欠かせなくなるのである。

4　組織間連携マネジメントの要素

　単なる組織間関係を連携の形へと発展させ、それを維持していくためには、そこに適切なマネジメントが欠かせない。この組織間連携のためのマネジメント（多機関ワーキング）に必要となる要素を取り上げる。

　なお、地域はあるエリア（市町村）で切り取られた各種の組織の集合体として把握することもできる。その意味では、ある地理的なエリアでの組織間連携をマネジメントしていくことは、地域連携、ないし地域マネジメントの一側面に他ならないだろう。

　地域マネジメントとは、「地域の実態把握・課題分析を通じて、地域における共通の目標を設定し、関係者間で共有するとともに、その達成に向けた具体的な計画を作成・実行し、評価と計画の見直しを繰り返し行うことで、目標達成に向けた活動を継続的に改善する取組」とされている[18]。ここでいう「関係者」がすなわち、当該地域の各組織の代表（「対境担当者」）になる。そのように考えれば、地域包括ケアシステムをマネジメントしていくために、組織間連携のマネジメント手法をそこに応用していくことも可能である。

1 組織間コミュニケーション

　組織間コミュニケーションとは、「二つ以上の組織間の情報交換および意味形成のプロセス[19]」と定義される。これは、上記したように関係しあう各組織の「対境担当者」間で交わされ、その意味では多職種連携でのコミュニケーションと同等の内容と意義をもつ。その円滑な展開は、ミクロレベルのコミュニケーション技術によって支えられる。ゆえに、「対境担当者」のこの面でのスキル向上は組織間連携にとって不可欠になってくる。

　組織内コミュニケーションが当該組織でのヒエラルキーや権限の影響を受けるのに対して、こちらはそうした影響を受けない。ただし、資源依存アプローチで触れた「パワー・依存」関係の影響を受ける可能性は否定できない。かつ専門職同士のコミュニケーションという形をとるために、専門職間の力関係からも完全に免れないというリスクはある。

　組織間コミュニケーションの機能は三つある[20]。一つは、組織間の調整であり、目標設定、役割分担、葛藤処理などもカバーし、もって円滑な連携の構築と維持が可能になる。二つ目には組織間の価値共有であり、連携していくことそれ自体に価値を付与し、意義を与えていくことにつながる。あるいは、それによって各組織において共有されるべき価値・行動形式を総称した組織間文化というものを形成していくことにつながっていく。そして最後三つ目は、組織間での資源交換を円滑にしていく機能である。「対境担当者」同士の良好なコミュニケーションとそれに支えられた関係が、組織間連携での資源交換をスムースにし、連携コストを軽減していくことは言うまでもないだろう。

　「対境担当者」が何らかの事情で交代した場合など、組織間連携が円滑さを欠いてしまうことが少なくない。逆に「対境担当者」が変われば、それまで滞っていた関係が円滑になることもある。そうしたことの背景には、上記のような組織間コミュニケーションの積み重ねによって得られる円滑さというものが、人的な側面、そしてその継続性によって担保されている点にあるといってよい。

　組織間連携というものが人的側面に大きく依存することはやむを得ない点ではあるが、誰が「対境担当者」になっても円滑な組織間連携が可能となるように、福祉サービス提供組織におけるすべてのスタッフが、組織間コミュニケーションのスキルを修得しておくことが望まれる。加えて当該組織の管理者は、「対境担当者」の組織間コミュニケーションのパフォーマンスを評価し、正当な報酬を与えること、かつ必要に応じて

改善や向上を図るメカニズムを埋め込んでおくことも欠かせない。

２ 組織間コミュニケーションの媒体

　先の組織間コミュニケーションは、もちろん各組織の「対境担当者」が対面して行う場合もあれば、電話、文書、メールなどで実施されることも多い。どの媒体が選ばれるかは、コミュニケーションの目的（単なる情報伝達か、何らかの合意形成か）やその時々の事情にもよる。

　ただ、「対境担当者」はそれぞれの組織を代表している立場、あるいはそれぞれの背景になる専門性の違いによって、相互に異なる解釈を行うことも少なくない。こうした情報の多義性が増すほどに、文章ではなく、対面式でのコミュニケーション媒体が選択されることになる。換言すれば、情報の多義性とコミュニケーション媒体は密接に関連しているのであり、適切な媒体を選択していくこともマネジメントに欠かせない。

３ 多職種連携のコンピテンシー

　2010 年にカナダで公表された「多職種連携コンピテンシー・フレームワーク」（カナダ保健省の支援を受けた CIHC（Canadian Interprofessional Health Collaborative）のワーキンググループが発行）では、多職種連携であるがそこで求められるコンピテンシーについてのモデルを提示している[21]。以下、そのモデルで挙げられている領域を組織間連携に応用する形で列挙してみる。

○役割の明確化

　自他の役割を理解し、目標達成のために自己組織が有する資源を適切に利用する

○患者／クライエント／家族／コミュニティ中心ケア

　サービス利用者の意見と関係性を探索し、統合し、価値づける

○チーム機能

　チームのダイナミクスとプロセス（形成→規範づくり→対立→実行→離脱）を理解する

○連携的リーダーシップ

　連携をサポートするリーダーシップの原則を理解し、応用する能力

○職種間コミュニケーション

　組織間コミュニケーションに準じる

○職種間の葛藤解決

　意見の相違に肯定的かつ建設的に対処できるように、積極的に他職種

> と折り合いをつける

　また、イギリスやオーストラリア、アメリカでも同じような多職種連携のコンピテンシーモデルが提唱されており、それぞれが組織間連携に応用可能である[22]。

　今後、日本でも多職種連携教育[ii]（Interprofessional Education：IPE）が重視され、専門職養成機関や研修でもそのためのカリキュラムが導入されていくことになるだろう。その一環として、上記のようなコンピテンシーを学生、実践家が修得していくことができれば、組織間連携のより円滑な展開も可能になっていくと思われる。

---

ii　IPW を支える教育理念、体系、手段をも意味し、二つ以上の専門職が互いの職種とともに（with）、互いの職種から（from）、互いの職種について（about）、協働と生活の質の向上を目的に学んでいく。WHO は *Framework for Action on Interprofessional Education and Collaborative Practice, 2010.* で、IPE の展開が全世界的な課題であることを強調している。

◇引用文献

1 ）崔英靖「組織間ネットワーク組織の分類と特徴」『大阪市立大学経営研究』第49巻第 3 号，pp. 59-75, 1998.

2 ）松岡千代「ヘルスケア領域における専門職間連携――ソーシャルワークの視点からの理論的整理」『社会福祉学』第40巻第 2 号，pp. 17-38, 2000.

3 ）副田あけみ『多機関協働の時代』関東学院大学出版会，p. 6, 2018.

4 ）同上，pp. 12-15

5 ）Davidson, S., 'Planning and Coordination of Social Services in Multiorganizational Contexts', *Social Service Review*, 50(1), pp. 117-139, 1976.

6 ）海老沢栄一「組織間ネットワーク理論序説――情報ネットワークシステムとの関連において」『神奈川大学商経論叢』第21巻第 3・4 号，pp. 1-52, 1986.

7 ）赤岡功「組織間関係論の対象と方法」『組織科学』第15巻第 4 号，pp. 5-13, 1981.

8 ）松岡克尚『ソーシャルワークにおけるネットワーク概念とネットワーク・アプローチ』関西学院大学出版会，pp. 34-36, 2016.

9 ）同上

10）山倉健嗣『組織間関係――企業間ネットワークの変革に向けて』有斐閣，pp. 33-62, 1993.

11）Levine, S. & White, P., 'Exchange as a Conceptual Framework for the Study of Interorganizational Relationships', *Administrative Science Quarterly*, 5(4), pp. 583-601, 1961.

12）Emerson, R., 'Power-Dependence Relations', *American Sociological Review*, 27(1), pp. 31-41, 1962.

13）Jacobs, J., 'Dependency and Vulnerability : An Exchange Approach to the Control of Organizations', *Administrative Science Quarterly*, 19(1), pp. 45-59, 1974.

14）前出 3 ），p. 10

15）松岡千代「ヘルスケアにおける多職種連携の特徴」『JIM : Journal of Integrated Medicine』第22巻第 3 号，pp. 184-188, 2012.

16）前出 3 ），pp. 10-12

17）前出 8 ）

18）地域包括ケア研究会「地域包括ケアシステムと地域マネジメント」地域包括ケアシステム構築に向けた制度及びサービスのあり方に関する研究事業報告書，pp. 2-3, 2016.

19）前出10）

20）同上

21）松岡千代「多職種連携の新時代に向けて――実践・研究・教育の課題と展望」『リハビリテーション連携科学』第14巻第 2 号，pp. 181-194, 2013.

22）春田淳志・後藤亮平「多職種連携に求められる総合診療医の役割とは何か？」厚生労働行政推進調査事業費補助金「総合診療が地域医療における専門医や他職種連携等に与える効果についての研究」報告書，pp. 240-253, 2017.

◇参考文献

・朴容寛『ネットワーク組織論』ミネルヴァ書房，2003.

第2章

福祉サービスの
組織と運営に係る
基礎理論

　第2章では、ソーシャルワーカーが福祉サービスの組織
と経営について基礎的な知識を深めるために、組織経営、
集団力学、リーダーシップに関する基礎理論を中心に学ぶ。
特に福祉を志す者のなかには、経営は自分とは関係がない
と捉えるケースが少なくないが、これらはチーム内、組織
内だけにとどまらず、地域連携や地域マネジメントも期待
されるソーシャルワーカーにとり、実践で活用できる基礎
理論といえ、その知識習得への十分な努力が期待される。

組織運営に関する基礎理論

● 福祉分野における組織の特徴と特異性について学ぶ
● 組織に関する基礎理論を学ぶ

1 社会福祉分野における組織の特徴と特異性

　保健、医療、福祉サービスを提供する組織は、「ヒューマンサービスの組織」と呼ぶことができるが、このようなヒューマンサービス組織は、人が人に対して、いわば対人的にサービスを提供する組織である[1]。社会福祉分野においては、ヒューマンサービス組織に関する理論研究は非常に限られているのが現状であるが、アメリカのソーシャルワーク研究者であるハッセンフェルド（Hasenfeld, Y.）は、1980年代にヒューマンサービスの組織を、組織とクライエントを制約する程度に応じて、次の四つに区分している[2]。

❶私立営業組織

　私立営業組織は、ソーシャルワーカーが臨床ソーシャルワークを提供する組織であり、基本的には自由市場を前提にしており、学校や病院を利用者が自由に選ぶことができるように、組織もクライエントも自由に互いに選択できる組織である。

❷慈善（benevolent）組織

　慈善組織は老人ホームなどの非営利的な慈善組織であり、組織サイドは、クライエントの選択基準を設けて、クライエントを選別しようとするが、クライエント側は組織を選択する自由をもたない組織である。組織にとっては、クライエントが組織のサービスを利用するための基準を満たしているかが重要なポイントとなる。

❸公的アクセス（public access）組織

　公的アクセス組織は、保健センターや公共職業安定所など、いわゆる公の組織であり、何らかの社会的責任を果たすことが義務となる。このタイプの組織では、組織はクライエントを選ぶことはできず、必要なサー

ビスを受けたいクライエントには提供しなければならない組織である。

❹慣例組織

　最後の慣例組織は、公的組織のなかでも生活保護を提供している福祉事務所のように、その地域においてサービスを独占的に提供している組織である。クライエントには選択の余地がないものであり、一方、組織側もクライエントを受け入れなければならない組織である。組織側がもつ資源は有限であるので、クライエントすべてにサービスを提供することはできない。そうなると、組織内部に基準を設け、クライエントを階層に分けてサービスを提供することになる。

　ヒューマンサービスの組織に関する以上の四つの分類は、アメリカのソーシャルワーク分野で行われたものであり、他の分野ではこのような分類はみられない。40年以上も前の分類ではあるが、社会福祉分野における組織論の特徴ということができる。

　次に、桑田と田尾は、ヒューマンサービス組織を、社会福祉士、精神保健福祉士、医師、看護師、理学療法士、作業療法士など、多くの専門職集団が並立する「プロフェッション組織」として位置づけ、その特異性を示している。プロフェッション組織においては、各専門職が互いに共働することもあるし、対立したり、競合することもあるのが特徴である。

　最後に、ヒューマンサービスの組織の一つである福祉サービスを提供する組織は、公的なサービスの提供という特徴から、フォーマルな組織とインフォーマルな組織に分けて考えることが可能である。フォーマルな組織とは、組織の構成員が明確であり、役割分担があり、命令系統が明確で体系だった組織の秩序がある。インフォーマルな組織は、ボランティア組織など、自然発生的に誕生したものであり、構成員があいまいであったり、役割分担や命令系統が不明瞭であったり、あいまいであったりする。ただし、さまざまな制約にしばられず自由に動くことができる。

2 組織に関する基礎理論

1 官僚制理論

　組織に関する研究は、1920年代にウェーバー（Weber, M.）によって提唱された官僚制理論から始まるといわれる古典的な組織論である。

『広辞苑　第七版』によると、官僚制とは「専門化・階統化された職務体系、明確な権限の委任、文書による事務処理、規則による職務の配分といった諸原則を特色とする組織・管理の体系」と説明されている。官僚制理論は、組織を構成する人間の関係は、能率を重視する非人格的な結びつきによって成り立っているとされ、人をあたかも大きな機械の一部とみなすことから、機械モデルと呼ばれることもある。官僚制理論は、多くの従業員、課業、資源の調整を必要とする組織状況に対して、技術的合理性に基づく一つの解決策を理念型として表したものであり、組織に正当性を賦与し、合理的に管理運営ができるように仕組まれた組織である。官僚制理論の特徴としては、以下のポイントが挙げられる。

❶権限の原則

　合理的に制定・改変される規則が職務の権限を秩序づけ、規制する。規則によって職位、職務権限、職務内容が明確に定義されている。

❷階層の原則

　官僚制は、位階、階層構造をもったシステムであり、職位の階層性が構成され、指揮命令は、権限階層体系を通じて行われる。

❸専門性の原則

　一定の資格をもった専門性のある者を採用し、組織への貢献度に応じて地位、報償が与えられる。

❹文書主義

　職務執行については、文書によって行われる。職務権限や職務内容については、すべて文書で伝達され、保存されることになる。

　官僚制は、合理的な管理・支配の制度として提唱されたものであり、仕事が合理化・客観視され、属人性を排除できるといった強みがある。その一方、官僚制には、非効率性や非人間性といったマイナス面があり、それが予期しないマイナス効果を生むことがある。これは、官僚制の逆機能と呼ばれる。

2 科学的管理法

　科学的管理法は、20世紀初頭にアメリカにおいてテイラー（Taylor, F. W.[5]）によって提唱された。テイラー・システムとも呼ばれ、現代の経営学、経営管理論や生産管理論の基礎の一つである。科学的管理法は、作業現場の管理に関するものであり、合理的な規則と手続きによって科学的に管理するものである。生産技術の論理に基づいて手続きの標準化と計画化を行い、それに基づいて労働者の活動を統制して経済的効率を

最大にするのが、科学的管理のねらいである。科学的管理法には、次の三つの原理がある。

❶課業管理

課業管理とは、１日の仕事量の基準、つまり課業を設定し、管理することである。模範となる労働者ならば達成可能であると見込まれる仕事量から課業を設定する。このためにはノルマを達成したら賃金を割り増しするという成功報酬、ノルマを達成できなければ賃金を下げるという不成功減収、さらに優秀な作業者の仕事量を基準にする最高難易度の課業などのキー概念がある。

❷作業の標準化

作業の標準化は、設定した課業を達成するために、作業の条件や流れを標準化、つまりマニュアル化することである。この作業の標準化には、標準的な作業時間を設定する時間研究と、作業の動作に関して、その動作時間をストップウォッチで標準的な作業時間を算出する動作研究がある。

❸作業管理のために最適な組織形態

作業管理に最適な組織形態とは、企画・立案を専門に行う部門と管理を専門に行う現場をそれぞれ切り離して、別組織とした組織形態のことである。具体的には、ラインとスタッフを分けた職能別組織ということができる。

3 人間関係論

アメリカにおいて 1920 年代に組織内における人間関係に着目し、科学的に人間関係を解明しようとした。これが人間関係論の始まりである。この人間関係論で有名な研究がハーバード大学のメイヨー（Mayo, G. E.）とレスリスバーガー（Roethlisberger, F. J.）らにより、アメリカのウエスタン・エレクトリック社ホーソン工場において行われた一連の実験研究である。いわゆる「ホーソン実験」である。この実験においては、物理的作業条件の変化に対する人間の反応は、従業員の態度や感情を介してはじめて説明されることが明らかにされた。この結果、人間関係論では、組織における人間関係のなかでも非制度的な側面、つまりインフォーマルな側面に焦点を当てることになった。具体的には、人間の感情、態度、モラール、意欲などである。

人を支援する福祉専門職にとっては、自分が所属する組織の人間関係は、職務遂行や職場での定着といった視点から、重要な課題ということ

ができる。ここ10年、福祉従事者の燃えつきによる離職が大きな問題となっているが、燃えつきの要因の一つに職場での人間関係が挙げられており[6)7)]、燃えつきや離職防止、あるいは職場定着のために職場での良好な人間関係を築くことが必要である。

4 近代管理論

近代管理論の代表的な理論家としては、バーナード（Barnard, C. I.）とサイモン（Simon, H. A.）がいる。彼らは組織をシステムとして捉え、組織とは人間の集まりであり、人間とは意思決定する存在であると捉えたところに特徴がある。

バーナード[8)]は、公式組織を「2人以上の人々の意識的に調整された諸活動もしくは諸力の体系」と定義した。詳細は後述するが、その成立のための条件として組織の三要素である共通目的（組織目的）、協働意志（貢献意欲）、コミュニケーションを提示した。組織を存続させるためには、組織目標の達成度（有効性）と、個々人の動機の満足度（能率）が必要である。また、バーナードは、「人間協働の学」とも呼ばれ、組織におけるインフォーマルな部分とフォーマルな部分との総合的な視点から、その協働システムに焦点を当てた。協働システムとは「少なくとも一つの明確な目的のために2人以上の人々が協働することにより、特殊な体系的関係にある物的・生物的・個人的・社会的構成要素の複合体である」としている。

次に、サイモン[9)]は、組織とは「意思決定を含む情報システムであり、個人と組織間での誘因・貢献の交換を通じてそれは均衡し、そして組織の階層は人間の認知および情報処理能力の限界を克服するためのもの」とし、組織における意思決定のプロセスに着目した。

5 コンティンジェンシー理論

コンティンジェンシー理論は、ローレンス（Lawrence, P. R.）とローシュ（Lorsh, J. W.）らの研究に代表されるように、1960年代に登場した理論であり、組織論のみならず、リーダーシップ論においても主要な理論の一つとして用いられている。日本語では、「状況適合理論」や「環境適合理論」と訳されている。コンティンジェンシー理論の特徴は、環境に対して唯一最善の組織は存在せず、環境が異なれば有効な組織は異なるという立場に立つ。企業の組織構造において、これが最もよい組織あるいは最適な組織というものは存在せず、その企業が置かれている環

境的要因によって適切な組織構造が規定されることになる。つまり、どの組織にもあてはまるベストな組織構造はなく、状況や環境に応じて変わるというものである。

3 組織における三要素

バーナード[10)]によって提唱された組織における三要素は、組織の基礎知識として有しておくべき必須の知識といえる。それらの三要素の内容については以下のとおりである。

Active Learning

みなさんの身近な組織は、バーナードの組織における三要素を満たしているか考えてみましょう。

1 共通目的（組織目的）

共通目的とは、組織の各メンバーが個別に有している目的を何らかの形で統合した組織全体目的である。人々が協働して、意識的に調整された活動を行うためには、メンバー間に共通の目的（組織目的）がなければならない。この組織目的は、メンバー個人の目的と必ずしも一致するとは限らないが、少なくともメンバーの合意を得られる必要がある。

2 協働意欲（貢献意欲）

協働意欲とは、組織メンバーの共通目的を達成しようとする意欲のことである。協働意欲を高めるためには、各メンバーを組織が引きつける誘因が必要である。それらの誘因には、金銭的・物的誘因、社会的あるいは心理的誘因があり、組織メンバーに対してそれらを与えることが必要となる。組織目的達成のためにメンバーが組織に提供する活動としての貢献が、組織から得る誘因を下回ると、協働意欲は失われてしまう。

3 コミュニケーション

いずれの組織においてもコミュニケーションは必要である。コミュニケーションとは組織内における情報伝達のことであるが、これは共通目的と協働意欲とを統合する役割を果たすことになる。コミュニケーションによる意思決定や命令の適切な伝達がなければ、各メンバーの協働意欲が低下し、組織全体の目的を達成するための活動に結びつかない。

1 コンフリクトモデル

組織における問題を考えるときの視点の一つとして、コンフリクトを取り上げることがある。コンフリクトとは、「二つないし三つ以上の人ないし集団の間に生じる対立的あるいは敵対的な関係のこと」である[11]。さまざまな価値や考え方をもった人の集まりである組織においては、コンフリクトは必ず起こり、不可避ということができる。組織は、組織内外で発生する多くのコンフリクトを解消しようと取り組む必要があるが、桑田・田尾[12]によると、コンフリクトには、大きく分けて、個人間コンフリクトと集団間コンフリクトの二つがある。

❶個人間コンフリクト

個人間コンフリクトは、人と人との間に起こる対人的なコンフリクトである。これは、組織のリソース不足から生じるものである。また、個人の価値観や態度、パーソナリティも要因になることがある。

❷集団間コンフリクト

集団間コンフリクトは、さまざまな専門職が集まる福祉サービスの組織においては、避けることのできない問題である。看護職、福祉職、介護職など専門分化が進み、相互依存的な関係の福祉サービスの組織においては、意図している内容が相手集団に十分に伝わらなかったり、ゆがめられたり、利害が競合するなど、組織内に構造的にコンフリクトが発生する土壌がある。これらのコンフリクトは、容易に解消されないこともあるが、そうはいっても組織内で取り組む必要がある。

桑田・田尾[13]によると、集団間コンフリクトには、水平的コンフリクトと垂直的コンフリクトの二つがある。水平的なコンフリクトは、スタッフとラインの間に発生するコンフリクトの典型例として挙げられるが、集団間にヒエラルキーがなく、組織上では対等な関係で起こることが多い。垂直的なコンフリクトは、上司・部下関係にみられるように、組織内にヒエラルキーがあり、上司の命令や指示に部下が従わないときに生じることがある。

Active Learning

コンフリクトは避けるべきものですか？前向きなコンフリクトにするためにはどうすればよいか考えてみましょう。

2 コンフリクトマネジメント

組織におけるコンフリクトを適切にコントロールできれば、組織の効率や生産性に前向きに貢献することができるという視点から、組織論に

おいてはコンフリクトマネジメントという概念がある。シュミット[14]（Schmidt, W. H.）は、このコンフリクトマネジメントについて、どの程度自らの利害にこだわるかの自己主張性（assertiveness）、どの程度他者の利害に関心を有するかの協力性（cooperativeness）の二次元で把握するモデルを提示している。

---

① 競争：自らの利益にこだわると相手を打ち負かすような方策をとることになる。

② 和解：次に自らの利害を捨て、相手に譲るような方策をとることになる。

③ 回避：自らのそして相手方の利得が表立つのをやめるような方策である。

④ 妥協：自らも相手方もどちらも妥協し、適当なところで折り合いをつけるような方策である。

⑤ 協力：最後に、自分の利得も相手の利得も大きくなるような解決策を見つけようとする協力がある。

---

5 モチベーションと組織の活性化

1 組織と動機づけ（モチベーション）理論

組織に所属する人々にとって、自分自身がその組織でなぜ働いているのか、そこで何を得ようとしているかといった課題は重要なテーマとなる。福祉サービスを提供する組織においても、同じことがあてはまる。組織論においては、各個人の欲求が組織において充足されることに着目し、さまざまな動機づけ（モチベーション）理論が発展してきた。それらの動機づけ理論はさまざまであるが、寺澤によると、動機づけ理論を[15]次の二つに大別している。一つは、動機づけの内容を解明しようとする理論であり、もう一つは、どのような過程で欲求が充足されるか、あるいは充足されないかという動機づけのプロセスに関する理論である。前者の理論には、生理的欲求、安全欲求、社会的欲求、尊厳欲求、自己実現欲求の５段階の欲求から動機づけを説明したマズロー（Maslow, A. H.）の欲求段階説や、生存欲求（existence）、関係欲求（relatedness）、成長欲求（growth）の三つの欲求で説明しようとしたアルダーファー（Alderfer, C.）のERG理論がある。また、仕事において満足する要

Active Learning
あなたはどのようなときにモチベーションが上がるか考えてみましょう。

因（動機づけ要因）と、逆に不満足になる要因（衛生要因）を明確にし、満足を引き起こす要因（動機づけ要因）と不満足を引き起こす要因（衛生要因）は、必ずしも同一の要因ではないことを発見したハーズバーグ（Herzberg, F.）の動機づけ・衛生理論がある。さらに、達成動機、権力動機、親和動機の三つの主要な動機あるいは欲求があるとするマクレランド（MaClelland, D.）の欲求理論や達成動機の強さを動機、期待、誘因の三つの要因から説明するアトキンソン（Atkinson, J. W.）の達成動機理論がある。

後者の動機づけのプロセスに関する理論には、自分の仕事への取り組みと対価としての報酬と、他人の仕事への取り組みと対価としての報酬を比較し、その内容に不公平を感じる場合、公平性を感じるような状態に近づく行動をとるように動機づけられるというアダムス（Adams, J. S.）の公平理論がある。また、人間の欲求がどのように発現し、いかなる心理プロセスを通じて人間行動を方向づけるかということを解明したハル（Hull, C. L.）の動因理論、人間は自らにとっての期待価値や効用が最大となる行為を選択するという考えに基づき、期待、誘意性、道具性の三つの要素の積和によって動機が示されるとするポーター（Porter, L. W.）とローラー（Lawler, E. E.）の期待理論、最後に、目標という要因に着目して、モチベーションに及ぼす効果を探ることを目指したロック（Locke, E.）の目標設定理論がある。

このように動機づけ理論は多様であり、どれが正しいか、あるいは説得力があるかを明確にすることは難しい。組織に所属するソーシャルワーカーにとっては、上記のようなさまざまな動機づけ理論があることを理解し、それらに関する基本的な知識をもつことが求められる。

あなたが福祉事業の経営者だとしたら、どのようにして職員のモチベーションを上げるか考えてみましょう。

２ 組織の活性化

森五郎によると、組織の活性化は、1970年代中頃から用いられるようになった言葉である。[16] 組織が社会において長期にわたって持続していくことは、組織にとっては重要な命題であるといえる。財源やその活動が不安定で流動的なNPO法人やボランティア団体においては、いかにしてその組織の活動を続けていくかという持続性は大きな課題であり、そのためには、組織の活性化を図ることが必要である。

組織の活性化とは、古川[17]によると、組織をあげて「変化」を重視する体制を醸成し、具体的な「変化」を創り、実践し、定着させていくこととしている。この「変化」とは、近年の経営論において頻繁に用いられ

る「革新（イノベーション）」と近い概念であるということができる。また、経営学者である伊丹と加護野は、組織活性化とは、「仕事をするために構成されたチームの一員として、目的に向かってメンバー一人ひとりが、主体的に意識をもって活動していること」と定義している。その他には、組織活性化とは「組織本来の目的を組織成員が共有し、主体的・自発的に協働しながら達成しようとしている状態」などとも定義されている。

　組織の活性化の方策については、さまざまな見解がある。野中[18]は、組織内に「ゆらぎ」をつくることが必要であるという視点から、❶戦略、❷リーダーシップ、❸異なる思考・行動様式をもつ人材の登用、❹組織・管理システム、の活性化の四つの方法を挙げている。また、野中は、組織の活性化について戦略的な視点から、その具体的なポイントとして、①人事異動、②採用、③教育、④小集団活動、⑤イベントの五つを紹介しており、これらのポイントを戦略的に実践することにより、混沌とした状態をつくり、それが活性化につながるとしている。さらに、森[19]は、さまざまな組織の活性化に関する方策をまとめ、次の五つを挙げている。

---

①　組織の原理を変えるなど、組織・制度自体を改革すること

②　中途採用するなど、人事には、異質の人を組み合わせること

③　トップ・マネジメントによる発想を改革すること

④　部下を育成する能力を養うなどの管理者を再教育すること

⑤　事業家の育成、新事業の投入など、その他のこと

　以上のように、組織の活性化に関していくつかの概念や方策を取り上げてみた。現実的には、どれが最も相応しい概念であり、活性化の方策であるかは、組織が置かれている環境や組織の大きさやレベルによって異なってくる。組織の活性化にとって重要なことは、各メンバーが組織の活性化を意識し、取り組む姿勢をもち、活性化を遂行するための組織内のシステムや制度を整備し、活性化の組織風土を醸成することである。

◇引用文献

1）田尾雅夫『ヒューマン・サービスの組織』法律文化社，1995.
2）Hasenfeld, Y., *Human Service Organizations*, Englewood Cliffs, NJ : Prentce-Hall, 1983.
3）桑田耕太郎・田尾雅夫『組織論』有斐閣，1998.
4）Weber,M., *Wirtschaft und Gesellschaft, Grundriss der verstehenden Soziologie*, besorgt v, J Winckelmann, Tübingen. J. C. B. Mohr, 1921. （M. ウェーバー，世良晃志郎訳『支配の社会学（経済と社会）』創文社，1960.）
5）F. W. テイラー，上野陽一訳編『科学的管理法』産業能率大学出版部，1969.
6）金慧英・石川久展「介護職員のバーンアウト要因についての一考察──職場環境の管理体制に着目して」『Human Welfare』第11巻第1号，pp. 109-117, 2019.
7）矢冨直美・中谷陽明・巻田ふき「老人介護スタッフにおける職場の組織的特性のストレス緩衝効果」『老年社会科学』14，pp. 82-92, 1992.
8）Barnard, C. I., *The Functions of the Executive*, Harvard University Press, 1938. （C. I. バーナード，山本安次郎・田杉競・飯野春樹訳『新訳 経営者の役割』ダイヤモンド社，1968.）
9）Simon, H.A., *Administrative Behavior*, The Free Press, 1947. （H. A. サイモン，松田武彦・高柳暁・二村敏子訳『経営行動』ダイヤモンド社，1965.）
10）前出8）
11）前出1）
12）前出3）
13）同上
14）Schmidt, W. H., 'Conflict : A Powerful Process for Change', *Management Review*, 63 (12), 1974.
15）寺澤朝子「組織行動論の展開」岸田民樹編『現代経営組織論』有斐閣，2005.
16）森五郎『労務管理論 新版』有斐閣，1989.
17）古川久敬『組織・集団の活力』千曲秀版社，1986.
18）野中郁次郎『企業進化論』日本経済新聞社，1985.
19）前出16）

第2節 集団の力学に関する基礎理論

学習のポイント

● 集団の概念、および個人の集合を超えた集団独特の特性について学ぶ
● 集団とチームの違いを踏まえ、福祉サービスにおけるチームアプローチについて理解する

1 集団とは何か

経営学[★]には、個人と組織の中間に**集団**（group）という概念がある（**図2-1**参照）。集団とは、「特定の目的を達成するために集まった、互いに影響を与え合い依存し合う複数の人々」をいう[1)]。烏合の衆（目的もなくただ寄り集まっているだけの集まり）は集団とはいわない。集団とは、個人の行動を規定する目的や構造をもつものである。

集団には**公式集団**（formal group）と**非公式集団**（informal group）がある。公式集団とは、組織によってデザインされ、組織目標に向かって何らかの役割や責任を割り当てられた集団をいう。公式集団は、さらにコマンド・グループとタスク・グループに分けられる。コマンド・グループは組織図上の上司と部下によって構成される集団である。タスク・グループも組織的に決定されるものであるが、ある職務目標を達成するためにともに作業をする組織横断的な集団も含まれる。部門横断的

★経営学
企業を対象とする学問。経営学を構成する二大要素は、組織論と戦略論である。組織論はさらに❶メンバーの行動に注目する組織行動論（ミクロ理論）と❷組織の構造に注目する組織理論（マクロ理論）に大別される（榊原清則『経営学入門〈上〉第2版』日本経済新聞出版, pp. 14-15, 2013.）。

図2-1　個人、集団、組織のイメージ

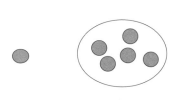
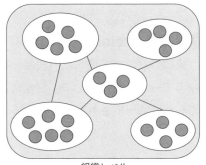

個人レベル
(individual level)　集団レベル
(group level)　組織レベル
(organization level)

に結成されたプロジェクトチームなどがそれにあたる。

　これとは対照的に、非公式集団とは必要性に応じて自然発生的に生まれる集団である。たとえば席が近いから仲良くなることもあるだろうし、出身校が同じである、趣味や考え方が似ているといったことなどを理由に、人々はつながりを強めたり、時には派閥をつくったりすることもあるだろう。このような非公式集団が公式集団に及ぼす影響は大きい。

　公式・非公式にかかわらず個人が集団に参加する理由は、安心感、ステータス、自尊心、親密さ、力の結集、目標達成などさまざまである。集団への参加は、個人の社会的欲求を満たすためにも重要なものである。

★社会的欲求
人間の欲求には生理的欲求だけではなく、社会的欲求があるとされる。たとえば、達成欲求（優れた仕事を成し遂げたい）、親和欲求（他者とよい関係を築きたい）、権力欲求（他者を支配したい）などである。

2 ▶ 集団力学（グループダイナミクス）

　「三人寄れば文殊の知恵」という諺があるように、個人よりも集団のほうがより優れた結果が得られることは多いだろう。その逆に「船頭多くして船山に上る」という諺のように、人が多く関与すると統一が図れず、物事がとんでもない方向に進んでしまうこともある。集団で物事を進めていくことは、プラスに働くこともあればマイナスに働くこともある。集団は、個人の集合を超えて独特の特性をもっているのである。

　このような集団のなかで起きるさまざまな現象を理解しようとする研究領域を集団力学（グループダイナミクス）という。グループダイナミクスの創始者はアメリカの社会心理学者レヴィン（Lewin, K.）で、1930 年代のことである。グループダイナミクスの理解は、集団のなかで他者との協働を考えていくうえで重要である。ここではグループダイナミクスを理解するうえで重要な概念である役割、規範、集団凝集性、集団の意思決定、コンフリクトについて取り上げる。

■1 役割（roles）

　集団のなかで、個人は「役割」を担う。役割とは、集団内の個人に割り当てられた役目である。役割は、集団内のメンバーの相互作用を通じてしだいに形成されるようになる。たとえば、ある集団に新しく参加し

---

i 〔Kurt Lewin〕1890〜1947. 社会心理学の父と呼ばれ、集団心理や組織変革プロセスなど業績は多岐にわたる。

た人が、頼まれた仕事に喜んで取り組み、高い成果を上げているとすると、次には期待が高まりもっと難しい仕事を依頼されるかもしれない。逆に、頼まれた仕事を責任もって遂行しない、約束を守らないといったことが続くと、もうあまり重要な仕事は依頼されなくなるかもしれない。こうしたやりとりの積み重ねにより、お互いに「あの人はこういう期待に応えてくれるだろう」とか、「あの人にはあの役目を果たしてもらいたい」という期待役割が形成されるのである。

　たいていの人は、家庭、学校、職場、地域社会など複数の集団に属し、複数の役割をもっている。集団によって期待される役割も異なる。また、同じ集団内であっても、特定の個人が同時に複数の役割を課せられることもある。集団のなかで役割を担い、その役割を果たすことは個人の仕事や生活の質に関連する重要事項といえる。そのため、個人が期待された役割を十分に果たせないと感じる場合は、役割ストレス※を知覚する。

★役割ストレス（role stress）
役割ストレスの代表例は役割葛藤と役割曖昧性である。役割葛藤とは同時に複数の人から矛盾する役割を期待されるときに生じる知覚である。役割曖昧性とは課せられた役割の目的や内容が不明確なときに生じる知覚である。

2 規範（norms）

　個人の行動や振る舞いは、所属する集団の特性に多かれ少なかれ影響を受けるものである。「郷に入っては郷に従え」というように、たいていの人は所属する集団内で期待される行動をとろうとするだろう。その集団内で認められたい、浮いた存在になりたくない、違うことをやって面倒なことになりたくない、といった気持ちは大なり小なり誰にでもあるものだからである。

　このように集団内で共有されている行動基準を「規範」と呼ぶ。規範は、その集団内では、何をなすべきか、また何をなすべきでないかをメンバーに教えてくれるものである。かみ砕いていえば、その集団における"常識"と考えてよいだろう。ある集団の常識は、別の集団では非常識になることもあるかもしれない。

Active Learning

あなたの身近な組織における規範はどのようなものか考えてみましょう。

　規範には、ルール化・明文化された公式のものと、それ以外の非公式のものがある。法律、学校の規則、会社の就業規則などは、公式な規範である。しかし、集団規範の大半は非公式のものといっていいだろう。たとえば、職場を例にとると、服装、挨拶・マナー、勤怠状況、昼食を誰とどこでとるかなどもそうであるし、メンバーの仕事への力の入れ具合、仕事の仕方、コミュニケーションの仕方など広範にわたる。

　会議は5分前集合が常識という職場もあれば、皆が「少しくらい遅刻しても平気」と思っている職場もあるだろう。目標達成のためにとこと

ん取り組もうとする職場もあれば、「目標なんてしょせんお題目にすぎない」と、目標の達成状況など気にしない職場もあるだろう。どちらの職場の生産性が高いか、容易に想像がつくのではないだろうか。このように、集団は独自の規範をもっているのである。

■3 集団凝集性（cohesiveness）

一口に集団といっても、まとまりがよく結束した集団もあれば、まとまりが悪くバラバラの集団もあるだろう。こうした集団のまとまり具合のことを「集団凝集性」という。集団凝集性は、メンバーがどの程度お互いを魅力的に思い、その集団にとどまろうとするか、その意思の程度を意味する。集団凝集性を規定する要因としては、以下のものが指摘されている。

---

① メンバーがともに過ごす時間（一緒にいる時間が長いほど凝集性は高くなる）

② 参加の困難度（新たにメンバーになるのが難しい集団ほど凝集性は高くなる）

③ 集団の大きさ（集団が小さいほど凝集性は高くなる）

④ 性別（男性より女性の集団のほうが凝集性は高くなる）

⑤ 外的脅威の存在（外的脅威があると凝集性は高くなる）

⑥ 過去の成功体験（過去に成功体験をもつ集団は凝集性が高い）

★生産性
有形・無形を問わず、あるものをつくるのに投入された生産諸要素の有効利用の度合いをいう。たとえば、投入した人数や時間に対してどの程度の生産量や付加価値が得られたかで、生産性の高さを判断する。

ここで重要なのは、凝集性が生産性★に影響するということである。凝集性と生産性の関係は、その集団のもつ成果に関する規範によって決まるとされる。成果規範が高い場合（組織目標と集団目標が一致している）、凝集性の高い集団は凝集性の低い集団より生産的である。しかし、成果規範が低ければ、生産性は低くなるとされている。[2]

つまり単に凝集性が高いだけでは"仲良しクラブ"になってしまって、高い生産性に結びつかないことが少なくない。組織の目標が共有され、その達成に向けてメンバーのベクトルが一致したときに初めて、集団凝集性の高さが生産性に結びつくということなのである。

■4 集団の意思決定

集団の目的を達成するために、いろいろな物事を決める必要が出てくる。皆で議論したほうが優れた意思決定ができることもあれば、逆にトップダウンで決めたほうがスピーディで効率がよいこともあるだろ

う。以下は、個人による意思決定と比べた場合の、集団による意思決定のメリット・デメリットである。どちらがよい・悪いと一概にはいえず、直面している課題に合わせて、適宜組み合わせて活用することが必要となる。

> **＜集団の意思決定のメリット＞**
> ① より多くの情報、知識、アイデアを活用でき、質の高い決定を生み出すことができる
> ② 結論について参加者の受容可能性が高まる（メンバーとして議論に参加していれば、結論を受け入れやすい）
> ③ 正当性が高まる（民主的に決定していれば、手続きの正当性が高まり、結論をより多くの人が受け入れる確率が高くなる）
> **＜集団の意思決定のデメリット＞**
> ① 時間がかかる（会議を開催して意見交換するのに時間がかかる、意見が対立する場合は議論が長期化することもある）
> ② 責任があいまいになるおそれがある
> ③ 集団圧力、集団浅慮（グループシンク）、社会的手抜きなどが発生するおそれがある（※以下「集団に潜む諸問題」参照）

●集団に潜む諸問題

集団圧力とは、集団の規範に対して同調せざるを得ないような圧力がかかる現象を指す。集団凝集性が高いと、皆と違う意見や考えを言いにくいという雰囲気が生じ、同調圧力がかかりやすくなるので注意が必要である。

集団浅慮（グループシンク）とは、集団になることによって、適切な判断能力が損なわれることである。ある結論に意見を統一しようとする意識が強く働き、情報収集や選択肢の評価が十分になされなかったり、少数派の意見が十分に検討されずに意思決定がなされるような場合、集団浅慮の兆候を示しているといえるだろう。過去の多くの侵略や戦争は、政策決定者の集団浅慮により引き起こされたことが指摘されている。

社会的手抜きとは、個人が本来できるはずの努力をしていない、あるいは能力を発揮していないために、集団のパフォーマンスが本来あるべき水準を下回ることがあるというものである。たとえば、集団のなかで"私一人くらい手を抜いても大丈夫"という意識が働いてしまうことがそれにあたる。誰かの努力や成果にただ乗りして、自分自身は力を出し切らないということである。

Active Learning

グループダイナミクスがプラスに働いたケース、マイナスに働いたケース、それぞれについての経験をシェアしましょう。

集団凝集性を高め、目標達成に向けてベクトルを一致させることが重要である一方で、前述のような諸問題が起きないよう留意する必要がある。集団が閉鎖的になり、視野狭窄（きょうさく）に陥らないようにしなければならない。そのためには、たとえば自分たちの常識や前提に対して常に疑問をもち、オープンに意見交換できるような雰囲気づくりや、外部からのモニタリングやフィードバックが機能するような仕組みなどが重要となる。

5 コンフリクト（conflict）

人が複数集まれば、さまざまな軋轢（あつれき）、対立、闘争などが生じるのが常である。こうした現象をコンフリクトという。コンフリクトには、集団に悪影響を及ぼす非生産的コンフリクトと、集団の創造性や関心を刺激し、集団の意思決定の質を高める生産的コンフリクトの両方の側面があることが知られている。

戦略論研究者の榊原清則によると、初期のコンフリクト研究では、コンフリクトは個人や集団にダメージを与えるネガティブなものとされていたが、最近の研究では、コンフリクトはイノベーション*にとってむしろ積極的に必要なものであると位置づけられている。「意見の齟齬や対立があって初めて創造が生まれる」という立場である。[3]

コンフリクトの対処としては、統合、譲歩、回避、支配、妥協の五つがある[4]（**図2-2**）。お互いに関心をもち話し合いをもって解決しようと

★イノベーション
「革新」を意味し、新しい製品・サービスの開発・導入、新しい流通・販売方法の開拓、新組織の形成等によって、社会的・経済的な価値を生み出すことである。

図2-2　対人コンフリクトの対処スタイル

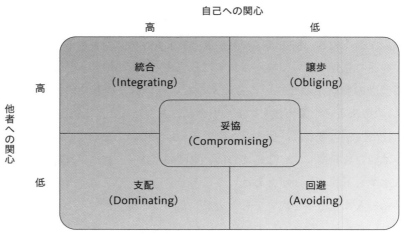

出典：Rahim, M. A., 'A measure of styles of handling interpersonal conflict', *Academy of Management journal*, 26（2）, p.369, 1983., Figure1 をもとに筆者邦訳・作成

する「統合」が集団にとって最も有効で、話し合いを避けようとする「回避」は集団にとって否定的な結果がもたらされることが多いことが指摘されている。したがって、集団内において有益なコンフリクトを意図的に発生させ、対話を通じて対処することは集団の発展をもたらすといえる。

3 チームの機能とチームアプローチ

1 チームとは何か

　昨今は学問的にも実務的にも「チーム」という概念が注目を集めている。ここではチームについての概念を整理し、ソーシャルワークにおけるチームアプローチについて検討していきたい。

　集団（group）とチーム（team）は同じではない。先述のとおり、集団とは「特定の目的を達成するために集まった、互いに影響を与えあい依存しあう複数の人々」と定義される。メンバーは各自の責任分野内で業務を遂行する。もちろん互いに助けあい、情報共有し、意思決定を行うために互いに交流したりする。しかし、あくまで個人の業務遂行が主目的であり、その業績は個々のメンバーの貢献の総和となる。

　一方、チームとは、自分自身の業務遂行のみならず、集団の業績に共同責任を負う。また、メンバー間の相互作用と協調を通じてプラスの相乗効果（シナジー効果）を生み出す。その業績は個々の貢献の総和よりも高い水準となる。図2-3は、集団（グループ）とチームの違いを対照

★相乗効果（シナジー効果）
複数の要素が合わさることによって、各要素単体で得られる結果を足し合わせた以上の大きな結果を得られること。

図2-3　集団（グループ）とチームの比較

	集団（グループ）	チーム
イメージ	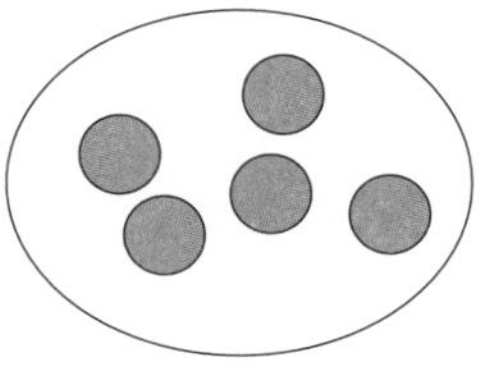	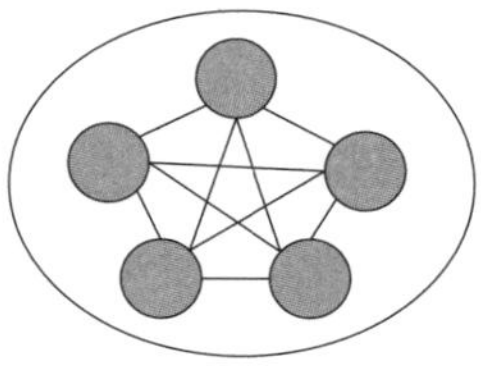
メンバーの責任	メンバーは、各自の責任分野内で業務を遂行する	メンバーは、各自の業務遂行に責任をもつとともに、集団の業績に共同責任を負う
メンバーの役割	メンバーは助けあい、情報共有し、意思決定を行うために互いに交流する	メンバーは相互作用と協調を通じて、プラスの相乗効果を生み出す
達成される業績	業績は個々のメンバーの貢献の総和	業績は個々のメンバーの貢献よりも高い

させたものである。

2 有効なチームの条件

　それでは、相乗効果を生み出すチームとはどのようなものだろうか。社会組織心理学者のハックマン（Hackman, J. R.）によれば、チームの必須条件は、仕事の明確化、チームを隔てる境界の明確化、権限設定、メンバーの安定性（顔ぶれがあまり変わらない）という四つであり、"デキるチーム"には揺るぎのない方針、チーム活動に積極的に関与することをガイドする規範、パフォーマンスを高めるための評価・処遇制度、適時・適切なコーチング体制などが備わっているという。チームを適切にデザインし、安定的に運営することの重要性を主張する考え方である。

　それに対して、組織学習の研究者エドモンソン（Edmondson, A. C.）は、協働するという活動を表す造語として「チーミング」という言葉を示した。チーミングは境界のある固定された集団ではなく、動的な活動であり、チームワークの実践によって生み出されるものである。そして、チーミングは学習しながら実行するものであるとしている。昨今、多くの事業はその仕事が刻々と変わり、柔軟なスタッフ配置を必要とし、チームを固定にすることがまずないからである。

　エドモンソンは学習しながら実行するチーミングの土台として、次の四つが重要であるとしている。

★組織学習
　（organizational
　learning）
組織学習研究で知られるクリス・アージリスとドナルド・ショーンによれば、個人が新たに獲得した知識や価値観を、組織の既存の知識や価値観に追加したり、組織の既存の知識や価値観と置き換えたりすることとされている。

> ・率直に意見を言う：率直なコミュニケーションによって、多くの人の
> 　知見を活用する。質問する、意見を求める、間違いについて話す、助
> 　けを求める、提案する、問題や過ちについて話し合う
> ・協働する：メンバーが協調しあう。協力する、尊敬しあう、目標を共
> 　有する、情報を共有する、行動を調整する
> ・試みる：やってみる。一度でうまくいくことを期待しない。行動の結
> 　果から学ぶ、意味を確かめる
> ・省察する：行動の成果を批判的に検討して、結果を評価し新しいアイ
> 　デアを見出す

　また、効果的なチーミングと組織学習の土台として、**心理的安全**（psychological safety）の重要性を強調している。心理的安全とは「関連のある考えや感情について人々が気兼ねなく発言できる雰囲気」を指す。心理的に安全な環境においては、人々は失敗をしたり周りに助けを求めたりしても、バカにされたり責められたりすることはないと信

じることができる。メンバー間に信頼と尊敬が育まれている状態である。そして、上記に示した四つの行動が促進され、メンバーの責任が向上することが期待されるのである。

3 福祉サービスにおけるチームアプローチ

福祉サービスにおいて専門的で効果的な利用者支援を行うためには、それぞれの分野の専門職や関係者がチームとなって連携・協働しながらかかわることが必要となる。これを多職種によるチームアプローチという。社会福祉学研究者の横山正博によれば、多職種によるチームアプローチの定義は以下のとおりである。

> 多職種チームとは、利用者やその家族が自立し、その生活の質を向上するために、共通目標を設定し、目標達成と結果について共通の責任をもつ対人援助サービスを行うために活動する保健医療福祉分野のさまざまな専門職や関係者および利用者本人や家族を含めた集団である。この多職種チームによる包括的な支援活動の総称をチームアプローチといい、具体的な支援は多職種による協働（コラボレーション）によって実現される。チームアプローチ、協働を可能にするためには包括的な支援システムとネットワークが必要である。[7]

図2-4 に示すように、ソーシャルワークのチームアプローチにおいては、利用者や家族もチームの一員である。また、この多職種チームは個々の利用者の生活課題に応じて臨機応変に構成していく必要がある。そのなかで、単に自分の専門職としての課題を達成するだけでなく、メンバー

図2-4　ソーシャルワークのチームアプローチ

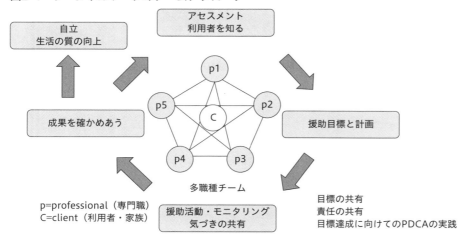

全員で共通の目標をもち、責任を負うことが、多職種チームを構成する条件となる。

　このようにチームアプローチが協働によって実現されるという視点、さらにチームが固定的なものではなく、臨機応変に編成されるという視点は、先に紹介したチーミングの概念に相当するといえるだろう。

　各専門職が一つのチームとして援助目標を共有したうえで、利用者の状態や取り巻く環境変化に対応しながら援助活動を進めていかなければならない。チームメンバーが継続的にコミュニケーションをとりながら、学習力と実行力を高めていくことが重要であるといえる。そのなかで、より高度な連携・協働を目指した専門職集団の中心として社会福祉士の役割が期待される。

◇引用文献
1）S. P. ロビンス，高木晴夫監訳『組織行動のマネジメント——入門から実践へ』ダイヤモンド社，p. 171, 2005.
2）同上，p. 185
3）榊原清則『経営学入門＜上＞ 第 2 版』日本経済新聞出版，p. 83, 2013.
4）Rahim, M. A., 'A measure of styles of handling interpersonal conflict', *Academy of Management Journal*, 26(2), pp.368–376, 1983.
5）前出 1 ），p. 200
6）A. C. エドモンソン，野津智子訳『チームが機能するとはどういうことか——「学習力」と「実行力」を高める実践アプローチ』英治出版，p. 153, 2014.
7）横山正博編著『ソーシャルワーカーのためのチームアプローチ論』ふくろう出版，pp. 10–11, 2010.

◇参考文献
・鈴木竜太・服部泰宏『組織行動——組織の中の人間行動を探る』有斐閣，2019.
・田尾雅夫編著『よくわかる組織論』ミネルヴァ書房，2010.
・J. R. ハックマン，田中滋訳『ハーバードで学ぶ「デキるチーム」5 つの条件——チームリーダーの「常識」』生産性出版，2005.
・Kahn, R. L., Wolfe, D. M., Quinn, R. P., Snoek, J. D. & Rosenthal, R. A., *Organizational Stress: Studies in Role Conflict and Ambiguity*, New York：J. Wiley, 1964.（西昭夫監，奥田俊介・岡田充雄・篠塚真吾訳『組織のストレス＜上・下＞——葛藤にさらされた現代組織の歪み』産業能率短期大学出版部，1973.）

第3節　リーダーシップに関する基礎理論

学習のポイント

● リーダーシップ、およびリーダーシップと対をなすフォロワーシップについて、主要な理論を学ぶ

● 福祉サービスにおいて求められるリーダーシップ／フォロワーシップについて理解する

1　リーダーシップとは

「リーダーシップ」という言葉を「聞いたことがない／使ったことがない」という人はまずいないであろう。我々は暗黙のうちに、「あの人はリーダーシップがある」とか、「リーダーシップはリーダーが発揮するもの」とか、「メンバーを引っ張るのがリーダーシップ」など、固定的なイメージや考えをもっていることが多い。

しかしながら、リーダーシップとは天性のものでもなければ、リーダーのみが発揮するものでもない。人々を引っ張ったりまとめたりすることだけを指すものでもない。リーダーシップは私たちの誰もが学ぶことができ、誰もが発揮できるものである。そして、リーダーシップスタイルは画一的なものではなく、その人らしいリーダーシップの発揮の仕方がある、というのが現代の主流となっている考え方である。

ここで、本節におけるリーダーシップの定義をしておきたい。リーダーシップの定義は研究者によっても違いがあるが、多くの研究者はリーダーシップを「影響力」と捉えてきた。本節でも、リーダーシップを以下のように捉えたい。

職場やチームの目標を達成するために他のメンバーに及ぼす影響力[1]

リーダーシップを「影響力」と捉えるならば、リーダーシップの発揮とは「他者に影響を及ぼすこと」にほかならない。たとえば、授業で質問や発言をして議論のきっかけをつくる、地域活動で積極的に役割を果たす、職場で改善提案をするなど、それがその集団の目標達成に向けて何らかの影響を及ぼすような振る舞いや行動であるならば、それはすべて「リーダーシップを発揮している」といえるのである。

リーダーシップ研究の第一人者である金井壽宏は、「一人で生きているのでない限り、人はあらゆる場面でリードしているか、リードされているかだ」、そして「日常のあらゆる場面にリーダーシップは満ちあふれている」という[2]。このように、リーダーシップは特別なものではなく私たちの誰もが発揮することができる、という理解が重要である。

もう一つ重要な視点は、私たちはリードすることもあれば、リードされることもあるという点である。リーダーシップ理論では、リードされる人をしばしばフォロワー★と呼ぶ。また、リーダーシップの対の概念として、フォロワーに求められるものをフォロワーシップという。所属する集団（家庭、職場、組織、地域社会など）がよりよい方向に向かうよう、私たちは必要に応じてリーダーシップを発揮したり、フォロワーシップを発揮したりすることが求められている。

本節では、代表的なリーダーシップ理論、ならびにフォロワーシップ理論を紹介する。古典的なものから現代的なものまで、さまざまな理論を踏まえて、福祉サービス組織／チームにおいて自らがどのようなリーダーシップ、そしてフォロワーシップを発揮できるか考えてみよう。

2 代表的なリーダーシップ理論

■1 特性理論

特性理論とは、リーダーになれる人となれない人の差を、身体的特徴や性格特性の違いに見出そうとするアプローチである。リーダーになれる人は先天的に特殊な特性をもっているという仮説のもとに展開された、古典的なリーダーシップ理論の一つである。

しかしながら研究の結果、すべてのリーダーに共通した特性について一貫した結果は見出されなかった。また、身体的特徴や性格特性などは変えにくいことから、リーダー育成のための示唆を得ることが難しいため、実践にも活用しにくいものであった。特性理論のこうした限界から、リーダーシップ研究は、しだいにリーダーの行動に着眼した研究へと移っていった。行動であれば、経験や学習により変容が期待できるからである。

ただし、特性理論が全面的に否定されているわけではない。1970年代に入って、「カリスマ的リーダーシップ★」や「変革型リーダーシップ」（本項5参照）など、個人の特性を重視する理論が改めて注目を集める

★フォロワー
（follower）
一般にリーダーに従う、あるいはついていく人をフォロワーという。フォロワーの語源には「手伝う、助ける、援助する、貢献する」という意味があり、フォロワーはリーダーに手を貸す存在であるといえる。

★カリスマ的リーダーシップ
（charismatic leadership）
1920年代に社会学者ウェーバー（Weber, M.）により非日常的な資質として定義された。1970年代にハウス（House, R.）によって、資質だけではなく、フォロワーの意識の変化をもたらす影響力と再定義された。

ようになった。不確実性の高い時代にヒーロー的なリーダーを求めたいとする社会的な期待を反映している面があるともいえる。リーダーシップの発揮には、「その人の資質や特性が関係すること」と「経験から学ぶこと」の両方があると考えるのが現実的であろう。

2 行動理論

　行動理論とは、リーダーの行動や態度に着眼して、その特性を見出そうとするアプローチである。1950年代初頭から始まる古典的なリーダーシップの行動理論においては、「タスク志向」と「関係志向」という二つの軸が「ロバスト（頑強）な二次元」として抽出されている。「タスク志向」とは、集団目標の達成に向けて体制をつくったり、指示をしたり、納期を守らせたりするなど、効率性や生産性を重視する行動である。「関係志向」とは、従業員の福利を重視したり、人間関係を良好に保つことを重視する行動である。代表的な研究は表2-1のとおりである。[3]

　これまでの研究で、大まかなところでは二つの次元ともに高い得点を示すHigh-High型リーダーが、部下の満足や業績によい影響を及ぼすとされてきた。職場で定められた目標を達成するために、"仕事と人の管理"を行うことをリーダーの役割とする理論であるといえる。

　1990年代に入ってからは、ユクル（Yukl, G.）により、従来の「タスク志向」と「関係志向」に、「変化志向」を加えた三次元で捉える考え方が提唱され、そのフレームが一般的になってきている（図2-5）。

　「変化志向」は変化の提唱、変化のビジョン明示、革新の奨励、組織学習の促進などが含まれる。不確実性が高く変化が激しい現代社会において、"仕事と人の管理"という枠組みを超えて、変化に適応するリーダーシップが問われているといえよう。

★ロバスト（頑強）な二次元
金井によれば、リーダーシップの行動理論において、調査者、調査対象、調査方法、調査場所、調査時点が変わっても、「タスク志向」と「関係志向」という二次元が、繰り返し見出されてきたため、ロバスト（頑強）な二次元といわれている。

★ High-High型リーダー
「タスク志向」と「関係志向」ともに高いスコアを示すリーダーを指し、そのようなリーダーが最も高いリーダーシップの効果を上げているとするものである。

表2-1　古典的なリーダーシップの行動理論研究の代表例

調査母体	タスク志向	関係志向
ミシガン大学 （R. リッカート）	職務中心の監督 (job-centered supervision)	従業員中心の監督 (employee-centered supervision)
オハイオ大学 （R. ストッジル）	構造づくり (initiating structure)	配慮 (consideration)
九州大学–大阪大学 （三隅二不二）※	P＝パフォーマンス (performance)	M＝メンテナンス (maintenance)

※三隅二不二の理論はPM理論と呼ばれている。
出典：金井壽宏『リーダーシップ入門』日本経済新聞出版社, p.245, 2005. を抜粋

図2-5　リーダーシップの三次元

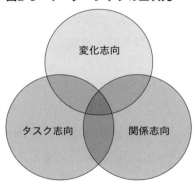

3 状況適合理論

　1960年代後半になると、どのような場合も効果の高い普遍的なリーダーシップ行動が存在するのではなく、「状況によって有効なリーダーシップ行動は異なる」という考え方に立つ「状況適合理論」が提唱された。状況適合理論の研究では、さまざまな状況要因（職務特性や部下の特性等）が検討されている。状況適合理論の代表例として、パス・ゴール理論とSL理論を紹介しよう。

❶パス・ゴール（path-goal）理論（経路-目標理論）

　ハウス（House, R.）によって提唱されたパス・ゴール理論において、もっともよく研究された状況要因は、部下の取り組む課題の構造化の程度（やるべきことがどの程度明確になっているのか）である。

　課題の構造化が低い職務（やるべきことが不明確な仕事）は、リーダーの経路明確化行動（役割を決めたり、指示をしたりする行動＝タスク志向）により、部下は自分が何をすればよいかがわかり、よって満足度が上がる。一方で、課題の構造化が高いマニュアル的な職務は、何をやるかは明確なので経路明確化行動は不要となる。しかし、仕事が単調で面白みがないので、リーダーの配慮（関係志向）によりそのストレスを補い、部下の満足が高められるというものである。欠けているものを補うのがリーダーの役割であるとする考え方である。

❷SL（situational leadership）理論

　ハーシー（Hersey, P.）とブランチャード（Blanchard, K. H.）により提唱されたSL理論は、部下の能力と意欲の程度（レディネス＝特定の課題を遂行する準備の状況）に応じて、リーダーシップ行動を変化させる必要があるというものである。彼らは、四つの典型的な状況とそれらに対応した四つのタイプのリーダーシップ行動を示した（表2-2）。部

★パス・ゴール理論
　（path-goal
　　theory）
直訳するとパス（path）は経路や道筋、ゴール（goal）は目的を指す。有能なリーダーは、経路や道筋を明確に示して部下の業務目標達成を助けるという考え方に基づく理論である。

表2-2 SL 理論の考え方

	部下の成熟度		有効なリーダーシップスタイル
R1	能力も意欲も低く、不安を示すような段階（新人など）	S1	教示的（具体的に指示・監督する）
R2	能力はまだまだだが、ある程度意欲や自信がでてきた段階	S2	説得的（説明し疑問に答える）
R3	能力は高まってきたが、意欲にムラがでてくるような段階	S3	参加的（部下の考えを取り入れる）
R4	能力が高く意欲的に確信をもって仕事をする段階	S4	委任的（職務遂行の責任を委ねる）

※ R = readiness（レディネス）、S = style（スタイル）
出典：P. ハーシィ・K. H. ブランチャード・D. E. ジョンソン，山本成二・山本あづさ訳『行動科学の展開 新版——人的資源の活用』生産性出版，pp. 192-197, 2000. をもとに筆者作成

下の意欲や能力に応じて、リーダーは仕事の与え方やかかわり方を変える必要があるという考え方は、わかりやすく実務的にも広く支持されてきた。

4 リーダーとフォロワーの相互作用アプローチ

初期のリーダーシップ研究は、リーダーはフォロワーに一方的に影響を与える存在で、フォロワーはリーダーシップを受け容れる受動的な存在というのが暗黙の前提となっていた。このようなリーダーシップ研究の流れのなかで、フォロワーの存在を重視した研究が出てきたのは、1970 年代に入ってからである。代表的なものは、社会的交換理論★（social exchange theory）に基づく**相互作用アプローチ**である。その代表例として LMX 理論を紹介しよう。

● LMX（leader-member exchange）理論

グレーン（Graen, G.）によって提唱された **LMX（leader-member exchange）** は、「リーダーとフォロワーとの間に存する交換関係の質」と定義されている。リーダーとフォロワー二者間（1 対 1）の関係性の質に着目しているのが特徴である。また、これまでのリーダーシップ理論は、すべてのフォロワーに平等に振る舞うという **ALS（average leadership style）** を前提にしていたが、LMX 理論ではそれを否定し、リーダーと信頼や尊敬で結ばれた**イングループ（in-group）**と、それ以外の**アウトグループ（out-group）**の二つのグループがあると指摘した（**図 2-6** 参照）。

LMX 理論においては、リーダーとフォロワーが価値ある情報、資源、アイデア等を交換することにより、信頼、尊敬、好意などで結ばれた質

★**社会的交換理論**
社会学者ブラウ（Blau, P.）によれば、経済的なものだけでなく、手助け、好意、配慮、時間などが交換の対象となり、「貸し・借り」のように受け取れば返礼の義務が生じるというような人間関係の現象に着目した理論。

図2-6　集団に対する働きかけと二者間関係

集団に対する働きかけ

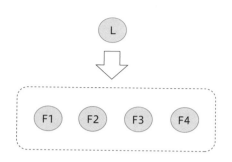

二者間関係（垂直的交換関係）

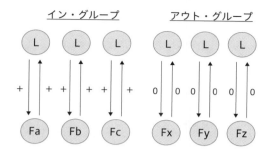

※＋は質の高い関係性。0は関係性が築けていない

出典：左図は筆者作成。右図は Northouse, P. G., *Leadership: Theory and Practice. 7th edition*, London : Sage publications, p. 140, 2016., Figure7.4を筆者一部改変して作成

の高い関係性が構築されるとされる。これまでの研究で、高いLMXは、フォロワーやリーダー自身、そして職場集団全体に好影響を及ぼすことが明らかにされている。とりわけ不確実性やリスクの高い職務において、LMXが重要になるとされる。

5 現代的なリーダーシップ理論

　最後に、比較的新しいリーダーシップ理論を取り上げよう。現代社会の環境変化を反映して、期待されるリーダーシップも変化している。

❶変革型リーダーシップ（transformational leadership）

　バス（Bass, B.）により理論化された変革型リーダーシップの特徴は、カリスマ的リーダーシップの流れをくみ、極めて高いレベルの目標達成を指向すること、感性や価値を強調し、フォロワーに恐ろしく高いモチベーションとコミットメントを求めることなどである。以下のように、Four I's と呼ばれる四つの構成要素からなる。

- ・**理想化の影響**（idealized influence）：フォロワーが一体感を抱き、熱心に見習おうとするようなカリスマ的なロールモデルを示す行動
- ・**モチベーション鼓舞**（inspirational motivation）：将来の魅力的なビジョンを示しフォロワーの内発的動機づけ★を喚起させる行動
- ・**知的刺激**（intellectual stimulation）：前提に疑問を投げかけ、現状に挑戦し、フォロワーのアイデアを吸い上げる行動
- ・**個別配慮**（individualized consideration）：フォロワーのニーズや意見に耳を傾け、支援・励まし・メンタリング等の役割を果たす行動

★内発的動機づけ
内発的動機づけとは、好奇心や関心など自分の内面から起こる動機づけである。それに対して外発的動機づけは、報酬、賞罰、強制など外的な刺激によってもたらされる動機づけを指す。

　変革型リーダーシップは総じていえば、フォロワーやチーム・組織のパフォーマンスを向上させ、フォロワーの行動や態度を好転させるためには効果が高いことが見出されている。

　しかしながら、ケネディ（Kennedy, J. F.）やルーズベルト（Roosevelt, F. D.）などの政治家のリーダーシップを主な研究対象として生まれた理論であり、エリート主義、反民主的という見方もある。そのカリスマ性が強すぎると、フォロワーの創造性などが発揮されにくく業績に負の影響を与えるという研究結果もある。変革型リーダーシップが有効なのはどのような立場・状況であるか、デメリットは何かなどの観点から考える必要があるであろう。

❷シェアド・リーダーシップ（shared leadership）

　シェアド・リーダーシップは、共有型リーダーシップ、あるいは分散型リーダーシップとも呼ばれる。石川淳によれば、シェアド・リーダーシップは、次のように定義される。

> 　職場のメンバーが必要なときに必要なリーダーシップを発揮し、誰かがリーダーシップを発揮しているときには、他のメンバーはフォロワーシップに徹するような職場の状態[5]

　これまでのリーダーシップ理論の多くが、職場において一人のリーダーだけがリーダーシップを発揮することを前提としているのに対して、シェアド・リーダーシップ理論では、職場の全員にリーダーシップがシェアされ得ることを前提としている。

　現代の組織を取り巻く環境が不確実で混沌としているなか、一人の英知だけでその状況を乗り切ることは難しい。いかに優れたリーダーであっても、一人の力だけでは、優れた決断ができないのが現代である。

図2-7　リーダー一人のリーダーシップとシェアド・リーダーシップ

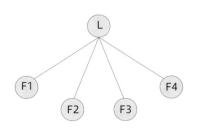
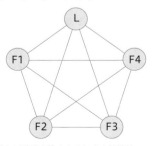

出典：石川淳『シェアド・リーダーシップ──チーム全員の影響力が職場を強くする』中央経済社, p. 54, 2016. を参考に筆者作成

職場のメンバー全員が、必要な情報、資源、スキル、能力をもち寄って、必要な場面でそれらを効果的に用いることで、職場全体に影響力を発揮することが大事であるとする考え方である。

シェアド・リーダーシップに関する研究では、職場メンバーのモチベーション、チーム効力感、チームの成果などにポジティブな影響をもたらすことが実証されている。また、仕事の複雑性が高い場合は、シェアド・リーダーシップはより高い効果を発揮することが明らかにされている。

❸サーバント・リーダーシップ（servant leadership）

サーバント・リーダーシップとは、グリーンリーフ（Greenleaf, R.）が提唱した理論で、「リーダーは、まず相手に奉仕し、その後相手を導くものである」という考え方に基づいている。サーバントは「使用人、召使い、奉仕者」を意味するが、この理論が意図するのは「奉仕者」である。前提として目指すべきビジョンや目標の明示があり、その達成に向けて、メンバーを支援しながら導くことを指す。

「サーバント（奉仕者）」と「リーダー」という言葉の組合せは、相矛盾しているかにみえるが、"フォロワーは自分たちに尽くしてくれるリーダーについていく"という、力づくではないリーダーの「あり方」を提示する哲学ともいえる。サーバント・リーダーシップの主な特徴としては、「傾聴」「共感」「癒し」など、相手に対する支援的な姿勢を重視することだけでなく、「概念化」「先見性」「成長へのコミットメント」など、ビジョンや未来への道筋を示すことなどが挙げられる。

サーバント・リーダーシップは、リーダーがメンバーの職務や成長を支援することから、メンバーの内発的動機づけや職場における協力行動につながることが明らかにされている。また、メンバーのストレスを抑制し、なおかつワークエンゲージメントなどのポジティブなメンタルヘルスを促進する機能も同時に併せもつことも示されている。[6] 先頭に立ってぐいぐい引っ張ることだけがリーダーシップではなく、メンバーを徹底的に支えるリーダーの姿勢を教えてくれるものである。

❹オーセンティック・リーダーシップ（authentic leadership）

オーセンティックとは、本物の、真正の、信頼できる、頼りになる、信念に基づく、といった意味がある。オーセンティック・リーダーシップは、リーダーの道義的責任を重視し、邪悪なリーダーとそれに盲従するフォロワーを回避することを意識した理論である。オーセンティック・リーダーシップには、オーセンティック・リーダーとオーセンティック・フォロワーの両者が含まれ、その中心となる目的は、偽りがなく社

会倫理に反することがないリーダーとフォロワーを育成することである。

　オーセンティック・リーダーシップは、ポジティブ心理学を理論のベースにしており、人間の前向きな心理的能力をリソースとして、人や組織にポジティブな影響を与えるという考え方が特徴になっている。オーセンティック・リーダーシップの構成要素としては、自己覚知、内面化された道徳観、バランスのとれた判断や行動、関係の透明性の四つが提示されている。[7] これまでに紹介してきたカリスマ的リーダーシップ、変革型リーダーシップ、サーバント・リーダーシップなど各種リーダーシップがより現象として現れたものを指しているのに対し、オーセンティック・リーダーシップは、それらに先行する根源的概念とも位置づけられている。

3 フォロワーシップ理論

　フォロワーシップに関する研究は比較的新しいものである。リードされるフォロワーとしては、どのような態度や姿勢が求められるのだろうか。それにヒントを与えてくれる二つの理論を紹介しよう。

❶模範的フォロワー（exemplary follower）

　ケリー（Kelly, R.）によれば、フォロワーシップは「独自のクリティカル・シンキング（批判的思考）」と組織への「積極的関与」という二つの特性を満たすことで発揮されるという。このようなフォロワーは「模範的フォロワー」と呼ばれ、リーダーのよきパートナーとして、共通の目的に向かって積極的に取り組んでいくとされる。

　それに対して、一匹狼タイプの「孤立型フォロワー」、ゴマすりタイプの「順応型フォロワー」、リスクを避けたがる「実務型フォロワー」、依存的で無気力な「消極的フォロワー」というタイプを示し、模範的フォロワーに近づけることが必要であると主張した。

❷勇敢なフォロワー（courageous follower）

　チャレフ（Chaleff, I.）は、フォロワーの理想的なモデルを「勇敢なフォロワー」とし、フォロワーの基礎となる五つの勇気を提示した。すなわち、❶責任を担う勇気、❷役割を果たす勇気、❸異議を申し立てる勇気、❹改革にかかわる勇気、❺良心に従って行動する勇気、の五つである。勇敢なフォロワーは、リーダーを積極的に支え、リーダーが誤っ

Active Learning
グループダイナミクスがプラスに働くために、あなたが属する組織であなたはどのようなリーダーシップ、フォロワーシップを発揮したいか考えてみましょう。

た判断をした場合には、建設的な批判ができる。リーダーとともに共通の目的の実現に対して、積極的に貢献できるということである。

▶4 福祉サービスにおけるリーダーシップ／フォロワーシップ

★ヒューマン・サービス組織（HSO：human service organization）
人が人に直接働きかけ、人の健康や福祉にかかわる職業で、医療、看護、保健、福祉、教育などのサービスを提供する組織を総称している。

福祉サービス組織は、大きな括りでいえばヒューマンサービス組織*である。ヒューマンサービス組織を支える技術の重要な特徴は、不確実性である。人間という"生もの"を直接対象にするため、サービスの結果について確実ということはほとんどない。同じ専門職であっても、判断基準は個人的な経験や知見・考え方に基づいていることが多く、正解があるわけではない。その不確かさは働き手にとって重大なストレスにもなり得るし、その一方で、人間に向き合う仕事だからこその面白さや、感謝・感激・感動など感情の高まりを味わうこともできる。

また、ヒューマンサービス組織は人と人の信頼とコミュニケーションで成り立つ組織である。人と人の良好な関係性こそが、組織を支え、サービスの質を高めていく基礎になるともいえる。同時に人と人の関係性に支えられる組織であるがゆえに、対立、葛藤、争いなどのコンフリクトが起きやすいこともまた事実である。

このような特性の福祉サービス組織において、どのようなリーダーシップ／フォロワーシップが求められるだろうか。人に対するサービスであるため、倫理観・道徳観が欠かせないのはいうまでもない。また、前節で触れたように福祉サービスにおいてはチームアプローチが必要になる。多職種チームのなかで、できる限り利用者の真のニーズを模索し、援助目標を設定しそれを達成することが求められる。利用者の状態は継続的に変化するため、目標達成のためには、利用者も含めてメンバー（各専門職や関係者）の考えや基準をすり合わせるような対話を促進することが重要となる。また、従来のやり方を批判的に検討し、新たな発想で考え挑戦することも求められるだろう。

私たちは、自らが所属するチームのリーダー／メンバーとして、どのようなリーダーシップ／フォロワーシップを発揮し得るか、自分自身の役割を絶えず考えながら能動的にチームにかかわる必要がある。そのなかで社会福祉士は、ソーシャルワーク機能を発揮しながらチームの協働を促進する要となることが期待される。

◇引用文献
1 ）石川淳『シェアド・リーダーシップ──チーム全員の影響力が職場を強くする』中央経済社，p. 17, 2016.
2 ）金井壽宏『リーダーシップ入門』日本経済新聞出版社，p. 3, 2005.
3 ）同上，p. 245
4 ）石川淳「変革型リーダーシップが研究開発チームの業績に及ぼす影響──変革型リーダーシップの正の側面と負の側面」『組織科学』第43巻第 2 号，pp. 97-112, 2009.
5 ）前出 1 ），p. 44
6 ）池田浩「従業員のポジティブメンタルヘルスを引き出すサーバント・リーダーシップの可能性」『産業ストレス研究』第23巻第 3 号，pp. 217-224, 2016.
7 ）Northouse, P. G., *Leadership : Theory and Practice. 7th edition*, London : Sage publications, pp. 202-204, 2016.

◇参考文献
・I. チャレフ，野中香方子訳『ザ・フォロワーシップ──上司を動かす賢い部下の教科書』ダイヤモンド社，2009.
・小野善生『フォロワーが語るリーダーシップ──認められるリーダーの研究』有斐閣，2016.
・柏木仁「"本物" のリーダーになること──オーセンティック・リーダーシップの理論的考察」『亜細亜大学経営論集』第45巻第 1 号，pp. 61-81, 2009.
・田尾雅夫『ヒューマン・サービスの経営』白桃書房，2001.
・松原敏浩「リーダーシップ文献展望(11) オーセンティック・リーダーシップとナルシシスティック・リーダーシップ（カリスマ的リーダーシップの両極端）」『経営管理研究所紀要』第14号，pp. 51-71, 2007.
・P. ハーシィ・K. H. ブランチャード・D. E. ジョンソン，山本成二・山本あづさ訳『行動科学の展開 新版──人的資源の活用』生産性出版，2000.
・R. K. グリーンリーフ，金井壽宏監，金井真弓訳『サーバントリーダーシップ』英治出版，2008.
・House, R. J., 'A path goal theory of leader effectiveness', *Administrative Science Quarterly*, 16(3), pp. 321-339, 1971.
・Yukl, G., *Leadership in Organizations-8th ed*, Boston : Pearson Education, 2013.

第3章

福祉サービス提供組織の
経営と実際

　支援を必要とする人へ必要な福祉サービスを届けるには、個人の単発的な努力だけではなく、組織的な体制づくりとそれを持続可能とする経営が不可欠である。さらに福祉サービスの組織が地域で存続し続けるためには、地域住民の理解と協力が欠かせない。つまり福祉サービスの組織においても地域においても、福祉の精神と理念を軸としたマネジメントが求められる。

　第3章では、第2章で学んだ組織管理の基本を踏まえ、外部環境と内部環境の組合せから具体的にどのようにマネジメントすべきか、経営体制、コンプライアンスとガバナンス、戦略とマーケティング、リスクマネジメント、品質マネジメント、情報管理、財務管理について学ぶ。

第1節 経営体制

学習のポイント

● 社会福祉法人と株式会社の経営組織を学ぶ
● 社会福祉法人と理事等・株式会社と取締役等との関係を理解する

1 社会福祉法人の経営体制

1 社会福祉法人とは

Active Learning

社会福祉法人に対してどのようなイメージがあるか挙げてみましょう。

　社会福祉法人とは、1951（昭和 26）年に制定された社会福祉事業法（現・社会福祉法）の定めるところにより設立された、社会福祉事業を行うことを目的とした法人である（社会福祉法第 22 条）。社会福祉事業には、第一種社会福祉事業および第二種社会福祉事業があるが、いずれにおいても社会福祉法人はその福祉サービスの実施主体として中心的な役割を果たしてきた。

　しかし、近年、社会福祉事業の担い手として株式会社などの多様な事業主体が参入したこと、一部の社会福祉法人の不適正な運営に対する指摘などがあり、社会福祉法が改正され、2017（平成 29）年 4 月 1 日に全面施行された。この社会福祉法改正は、**社会福祉法人制度改革**とも呼ばれている。

Active Learning

好きな社会福祉事業者（例．マザー・テレサ）がいれば、その理由をシェアしてみましょう。

　この社会福祉法人制度改革の一つの柱として、「**経営組織のガバナンスの確保**」が掲げられている。そこで、「ガバナンス」については第 2 節で解説するとして、まずは社会福祉法人がどのような経営組織となっているかを確認していく。

2 社会福祉法人の経営組織

　社会福祉法人制度改革前の社会福祉法人における経営組織のガバナンス形態（**図 3-2** では「現行」と記載）については、1951（昭和 26）年の社会福祉法人制度発足当初以来のものであり、現在における公益法人等の運営に求められるガバナンスを十分に果たせる仕組みとはなっていないと指摘されていた。そこで、2006（平成 18）年に実施されていた公益法人制度改革を参考として、社会福祉法人制度改革において、社会

図3-1　社会福祉法人を取り巻く課題と改革の視点

社会福祉法人を取り巻く課題

<u>福祉サービスの変容</u>

1. 福祉ニーズの多様化・複雑化
2. 措置から契約への移行
3. 多様な事業主体の参入

<u>社会福祉法人の運営に対する指摘</u>

1. 規制改革実施計画への対応
2. 内部留保の明確化
3. 一部の法人の不適正な運営に対する指摘

<u>公益法人の在り方の見直し</u>

1. 平成18年の公益法人制度改革
2. 公益法人税制の見直しの議論（政府税調等）

改革の視点

○公益性・非営利性の徹底　○国民に対する説明責任の履行　○地域社会への貢献

運営の透明性の確保	経営組織のガバナンスの確保	財務規律の強化
① 財務諸表・現況報告書・役員報酬基準の公表 ② 国・都道府県・市の連携による法人情報の収集・分析・公表 ③ 国による全国的なデータベースの整備	① 評議員会による理事・理事会に対する牽制機能の発揮 ② 理事・理事会等の権限・義務・責任の明確化 ③ 会計監査人制度の導入	① 適正かつ公正な支出管理 （役員報酬基準の設定、関係者への利益供与の禁止） ② 再投下可能な財産の明確化 （「社会福祉充実残額」の算出） ③ 再投下可能な財産の計画的再投下 （「社会福祉充実計画」の策定）

出典：厚生労働省「規制改革推進会議第11回医療・介護・保育ワーキンググループ（平成29年3月15日）」p. 2, 2017.

図3-2　社会福祉法人の経営組織（改革前後）

社会福祉法人の経営組織のガバナンス強化について

出典：厚生労働省「社会福祉法人制度改革の施行に向けた全国担当者説明会資料（平成28年11月28日）資料3」p. 7, 2016.

福祉法人が自律的に適正な運営を確保できるようにするため、経営組織が変更された（**図 3-2** では「改正後」と記載）。

　改正後の経営組織では、すべての社会福祉法人で評議員、評議員会、理事、理事会および監事を置かなければならない（社会福祉法第 36 条第 1 項）。また、定款の定めによって会計監査人を置くことができるが（社会福祉法第 36 条第 2 項）、特定社会福祉法人（その事業の規模が政令で定める基準を超える社会福祉法人）は、会計監査人を置かなければ

ならないとされている（社会福祉法第 37 条）。

３ 評議員（会）、理事（会）、監事および会計監査人の概要

評議員（会）、理事（会）、監事および会計監査人のガバナンス上の役割については、第 2 節で詳しく解説することとするが、員数、資格要件および決議事項等については**表 3-1** および**表 3-2** のとおりである。なお、評議員の選任方法は、定款で定める方法となっているが、ほとんどの社会福祉法人においては評議員選任解任委員会を設置し、同委員会において評議員の選任を行っている。

４ 社会福祉法人と評議員、理事、監事および会計監査人との関係

評議員、理事、監事および会計監査人と社会福祉法人との関係は、委任関係であるとされているため（社会福祉法第 38 条）、善良な管理者の注意をもって委任事務を処理する義務（以下、善管注意義務）を負うことになる（民法第 644 条）。「善良な管理者の注意」とは、その者が属する階層・職業などにおいて一般に要求されるだけの注意であり、自分の能力に応じた注意（以下、自分のためにするのと同一の注意）という主観的なものではなく、その階層・職業に就く者に客観的に求められる程度の注意を意味している。社会福祉法人の理事であれば、理事に就任した者が自分のもてる能力に応じた注意を払っていたかは問題でなく、社会福祉法人の理事一般に求められる注意を払っていたかが問われることになる。

善管注意義務は、自分のためにするのと同一の注意より重い注意義務であるが、報酬の有無やその多寡にかかわらず同義務を負うことになる。委任関係においてこのような重い注意義務を負担することになるのは、当事者間の信頼をその中核としていることに基づくと考えられており、社会福祉法人の評議員、理事、監事および会計監査人にもこの考え方が妥当することになる。

表3-1 評議員、理事、監事および会計監査人の概要

	評議員	理事	監事	会計監査人
員数	理事の員数を超える数（法第40条第3項） ※経過措置（平成27年度における法人全体の事業活動計算書におけるサービス活動収益の額が4億円を超えない法人は、平成29年4月1日から3年間、4人以上とする。）	6名以上（法第44条第3項）	2名以上（法第44条第3項）	法人に応じて
資格要件	社会福祉法人の適正な運営に必要な識見を有する者（法第39条）	・理事のうちには、次に掲げる者が含まれなければならない（法第44条第4項）。 ① 社会福祉事業の経営に関する識見を有する者（同項第1号） ② 当該社会福祉法人が行う事業の区域における福祉に関する実情に通じている者（同項第2号） ③ 当該社会福祉法人が施設を設置している場合にあっては、当該施設の管理者（同項第3号）	・監事には、次に掲げる者が含まれなければならない（法第44条第5項）。 ① 社会福祉事業について識見を有する者（同項第1号） ② 財務管理について識見を有する者（同項第2号）	・会計監査人は、公認会計士または監査法人でなければならない（法第45条の2第1項）。 ・公認会計士法の規定により、計算書類について監査することができない者は、会計監査人となることができない（同条第3項）。
選任・解任方法	定款で定める方法（法第31条第1項第5号） ※外部委員が参加する機関の決定に従って行う方法等 ※理事または理事会が評議員を選任・解任する旨の定めは無効（同条第5項）	・理事の選任・解任は、評議員会の決議による（法第45条の4第1項）。 ・理事による、監事の選任に関する議案の評議員会への提出に対する監事の同意または請求については、監事の過半数をもって決定する（法第43条第3項において準用する一般法人法第72条）。	・監事の選任・解任は、評議員会の決議による（法第45条の4第1項）。	ア 会計監査人の選任 ・会計監査人は、評議員会の決議によって選任する（法第43条第1項）。 ・理事が評議員会に提出する、会計監査人の選任および解任並びに会計監査人を再任しないことに関する議案の内容は、監事の過半数をもって決定する（法第43条第3項において準用する一般法人法第73条第1項）。 イ 会計監査人の解任 ・会計監査人が以下のいずれかに該当するときは、評議員会の決議によって、当該会計監査人を解任することができる（法第45条の4第2項）。 ① 職務上の義務に違反し、または職務を怠ったとき。 ② 会計監査人としてふさわしくない非行があったとき。 ③ 心身の故障のため、職務の執行に支障があり、またはこれに堪えないとき。 ・理事が評議員会へ提出する会計監査人の解任に関する議案の内容は、監事の過半数をもって決定する（法第43条第3項において準用する一般法人法第73条第1項）。 ・監事は、上記①から③のいずれかに該当するときは、監事の全員の同意によって、当該会計監査人を解任することができる（法第45条の5第1項）。この場合、監事の互選によって定めた監事は、その旨および解任の理由を解任後最初に招集される評議員会に報告しなければならない（法第45条の5第3項）。

出典：厚生労働省「社会福祉法人制度改革の施行に向けた全国担当者説明会資料（平成28年11月28日）資料3」p. 11, 2016.

表3-2 評議員会および理事会の位置づけおよび決議事項

	理事会（必置）	評議員会（必置）
位置づけ	業務執行の決定機関 ○以下の職務を行う。（法第45条の13第2項） ・社会福祉法人の業務執行の決定 ・理事の職務の執行の監督 ・理事長の選定および解職	運営に係る重要事項の議決機関 ○社会福祉法に規定する事項および定款で定めた事項に限り、決議することができる。（法第45条の8第2項）
決議事項	・評議員会の日時および場所ならびに議題・議案の決定 ・理事長および業務執行理事の選定および解職 ・重要な財産の処分および譲受け ・多額の借財 ・重要な役割を担う職員の選任および解任 ・従たる事務所その他の重要な組織の設置、変更および廃止 ・コンプライアンス（法令遵守等）の体制の整備 ※一定規模を超える法人のみ ・競業および利益相反取引 ・計算書類および事業報告等の承認 ・理事会による役員、会計監査人の責任の一部免除 ・その他の重要な業務執行の決定	・理事、監事、会計監査人の選任 ・理事、監事、会計監査人の解任★ ・理事、監事の報酬等の決議 ・理事等の責任の免除（すべての免除（※総評議員の同意が必要）、一部の免除）★ ・役員報酬等基準の承認 ・計算書類の承認 ・定款の変更★ ・解散の決議★ ・合併の承認（吸収合併消滅法人、吸収合併存続法人、法人新設合併）★ ・社会福祉充実計画の承認 ・その他定款で定めた事項 ★：法第45条の9第7項の規定により、議決に加わることができる評議員※の3分の2（これを上回る割合を定款で定めた場合にあっては、その割合）以上に当たる多数をもって決議を行わなければならない事項 ※出席者数ではなく、評議員の全体の数が基準となる。

出典：厚生労働省「社会福祉法人制度改革の施行に向けた全国担当者説明会資料（平成28年11月28日）資料3」p.9, 2016.

図3-3 社会福祉法人と評議員、理事、監事および会計監査人との関係

出典：厚生労働省「社会福祉法人制度改革の施行に向けた全国担当者説明会資料（平成28年11月28日）資料3」p.10, 2016.

2 株式会社の経営体制

　株式会社とは、会社法の定めるところにより設立された、営利事業を営むことを目的とした法人である。株式会社の経営組織は、社会福祉法人に比べると選択肢が多い。最も単純な株主（総会）と取締役だけの組織から、これらに加えて取締役会、監査役、会計監査人が設置される組織、さらには指名委員会等設置会社や監査等委員会設置会社と呼ばれるものまで、その選択肢は 20 を超えている。そのため、経営組織は個々の株式会社によって異なっている。

　これら種々の経営組織のうち、社会福祉法人の経営組織に類似しているのが、株主（総会）、取締役（会）、監査役および会計監査人が設置された株式会社（取締役会・監査役設置型の株式会社）である。社会福祉法人と比較すると、株主（総会）は評議員（会）と、取締役（会）は理事（会）と、監査役は監事と類似の位置づけとなっているため、**表 3-2**に記載された位置づけおよび決議事項の多くは一致している。つまり、取締役会が業務執行の決定機関として、株主総会は経営に関する重要事項の議決機関として位置づけられており、それぞれの決議事項の多くは「理事（長）」を「（代表）取締役」に、「監事」を「監査役」に、「評議員会」を「株主総会」に読み替えることで理解することができる。ただし、評議員会の決議事項にある「役員報酬等基準の承認」および「社会福祉充実計画の承認」については、そのような基準や計画にかかる制度が株式会社にはないため、株主総会の決議事項には存在していない。また、株主は株式会社の構成員であるため評議員とは異なり選任される立場にはなく善管注意義務を負わないこと、員数に関する制限もないこと、取締役会を設置した場合の取締役の員数は 3 名以上で足りること、監査役の員数は 1 名以上で足りること、株主、取締役および監査役には**表 3-1** 記載のような資格要件がないことなども異なっている。

　これらは、法人に対する持分という概念がなく公益性・非営利性を有する社会福祉法人と、持分という概念がある営利を目的とする株式会社という性格の違いが、経営体制等の制度の違いとして表われたものとみることができる。

福祉サービス提供組織のコンプライアンスとガバナンス

● コンプライアンスの意味を理解する
● 社会福祉法人におけるガバナンスの意味を理解する
● ガバナンスにおける理事等の役割・権限・責任を理解する

1 コンプライアンス

1 コンプライアンスとは

　そもそもコンプライアンスとは何なのであろうか。よくコンプライアンスは「法令遵守」と訳されることがあるが、法令に違反さえしなければよいわけではないため、適当ではないように思われる。そこで、コンプライアンスの意味を考えなくてはならないのだが、そもそもコンプライアンスが何を最終目的としているのかを考える必要がある。

　コンプライアンスという言葉が目指す最終目的は、法令違反等の不祥事を起こさないこと自体ではなく、そのような事態が発生することによって利害関係者から法人への信頼が損なわれ、ひいては法人価値が毀損することを防止することにある。この考え方は、社会福祉法人に限らず、株式会社その他の法人にも当てはまるものである。そう考えた場合、コンプライアンスとは、利害関係者から法人への信頼が損なわれ、法人価値が毀損するような事態が発生することを防止すること、または発生した場合に影響を最小限にとどめることであると考えることができる。そして、利害関係者から法人への信頼が損なわれ、法人価値が毀損する事態とは法令違反に限られるものではない。

　社会福祉施設を運営する法人の利害関係者としては、運営する施設の利用者、地域住民、職員および行政機関などが考えられる。たとえば、運営する施設で重大な事故が発生し、利用者が死亡したようなケースを想定した場合、当該利用者の家族からは、なぜ事故が起きたのか、事故当時の状況はどのようなものだったのか等について詳しく説明してほしいという要請が働く。また、同施設を利用する他の利用者や地域住民からは、どのような事故が起きたのか、再発防止策はどうなっているのか

といったことを公表するべきであるという要請が働く。しかし、法令上はどこまで説明しなければならない、または公表しなければならないという一律の基準はない。そのため、家族が満足しない簡単な説明にとどめ、十分な情報公開をしなかったとしても、そのこと自体が直接法令違反になることはない。それでは、法人がこのような対応に終始した場合、法令違反ではないのだから利害関係者から法人への信頼は損なわれないのだろうか、法人価値は毀損しないのだろうかと問われれば、決してそうではないはずである。

したがって、コンプライアンスとは、決して法令違反さえしなければよいわけではなく、利害関係者からの合理的な要請、つまりは社会的なルールや職業倫理を遵守し、社会的責任に応えることを目的としたものであり、それに反するような事態の発生を防止することだと考えるべきである。

▌2 説明責任

社会福祉法人制度改革において、その改革の視点として「国民に対する説明責任の履行」が掲げられ、「運営の透明性の確保」が打ち出された（**図 3-1**）。その結果、社会福祉法人制度改革によって、役員区分ごとの報酬総額、定款および役員報酬基準の公表など、社会福祉法人に求められる情報公開の範囲が拡張された（**図 3-4**）。

また、社会福祉法人に対する指導監査の基準として厚生労働省が制定した「指導監査ガイドライン」（以下、ガイドライン）において「法人は、社会福祉事業を適正に行うため、事業運営の透明性の確保等を図る経営上の責務を負うものであり（法第 24 条第 1 項）、法令等に従い適正に運営を行っていることについて、客観的な資料に基づき自ら説明できるようにすることが適当である」とされている。

このような説明責任を直接定めた法令はないが、「社会福祉法人は、社会福祉事業の主たる担い手としてふさわしい事業を確実、効果的かつ適正に行うため、自主的にその経営基盤の強化を図るとともに、その提供する福祉サービスの質の向上及び事業経営の透明性の確保を図らなければならない」（社会福祉法第 24 条第 1 項）とされていること、社会福祉法人には公益性が求められていること、社会福祉事業には税金等の公金が用いられていることなどから、広く国民に対する説明責任があるものと考えられる。

図3-4　社会福祉法人制度改革前後の社会福祉法人における情報公開

	改正前		改正後	
	備置き・閲覧	公表	備置き・閲覧	公表
事業報告書	○	—	○	—
財産目録	○	—	○	—
貸借対照表	○	○（通知）	○	○
収支計算書（事業活動計算書・資金収支計算書）	○	○（通知）	○	○
監事の意見を記載した書類	○	—	○	—
現況報告書（役員名簿、補助金、社会貢献活動に係る支出額、役員の親族等との取引状況を含む。）	—	○（通知）	○	○
役員区分ごとの報酬総額	—	—	○（※）	○（※）
定款	—	—	○	○
役員報酬基準	—	—	○	○
事業計画書	—	—	○	—

（※）現況報告書に記載
出典：厚生労働省「社会福祉法人制度改革の施行に向けた全国担当者説明会資料（平成28年11月28日）
　　　資料1」p. 4, 2016.

3 内部管理体制の整備

　社会福祉法人制度改革によって、特定社会福祉法人においては「理事の職務の執行が法令および定款に適合することを確保するための体制その他社会福祉法人の業務の適正を確保するために必要なものとして厚生労働省令で定める体制の整備」について、理事会で必ず決定しなければならないとされた（社会福祉法第45条の13第4項第5号、第5項）。また、当該規定と同様の定めが株式会社にも存在しており、取締役会で必ず決議しなければならないとされている（会社法第362条第4項第6号）。この「体制」のことを「内部管理体制」や「内部統制システム」（以下、内部管理体制）と呼ぶことがある。内部管理体制の概要、内容および法人における作業の流れについては図3-5に記載されたとおりである。

　内部管理体制の内容は多岐にわたるが、コンプライアンスに強く関係するのが「理事の職務の執行が法令および定款に適合することを確保するための体制」「職員の職務の執行が法令および定款に適合することを確保するための体制」である。これらは、理事および職員が法令および

図3-5　内部管理体制の概要等

内部管理体制について

```
１．概要
```
○　一定の事業規模を超える法人は、法人のガバナンスを確保するために、理事の職務の執行が法令および定款に適合することを確保するための体制その他社会福祉法人の業務の適正を確保するために必要な体制の整備（内部管理体制の整備）について、基本方針を理事会において決定し、当該方針に基づいて、規程の策定等を行うこととなる（法第45条の13第4項第5号および第5項）。

```
２．内部管理体制の内容
```
※ 一定規模については、会計監査人と同様。

○　内部管理体制の内容については、法に規定されている理事の職務の執行が法令および定款に適合することを確保するための体制のほか、以下の内容である（施行規則第2条の16）。
① 理事の職務の執行に係る情報の保存および管理に関する体制
② 損失の危険の管理に関する規程その他の体制
③ 理事の職務の執行が効率的に行われることを確保するための体制
④ 職員の職務の執行が法令および定款に適合することを確保するための体制
⑤ 監事がその職務を補助すべき職員を置くことを求めた場合における当該職員に関する事項
⑥ ⑤の職員の理事からの独立性に関する事項
⑦ 監事の⑤の職員に対する指示の実効性の確保に関する事項
⑧ 理事および職員が監事に報告をするための体制その他の監事への報告に関する体制
⑨ ⑧の報告をした者が当該報告をしたことを理由として不利な取扱いを受けないことを確保するための体制
⑩ 監事の職務の執行について生ずる費用の前払または償還の手続その他の当該職務の執行について生ずる費用または債務の処理に係る方針に関する事項
⑪ その他監事の監査が実効的に行われることを確保するための体制

＜法人における作業の流れ＞

① 内部管理体制の現状把握
・ 内部管理状況の確認、内部管理に係る規程等の整備状況の確認

② 内部管理体制の課題認識
・ 現状把握を通じて、業務の適正を確保するために必要な体制と現状の体制を比較し、取り組むべき内容を決定

③ 内部管理体制の基本方針の策定
・ 法人の内部管理体制の基本方針について、理事会で決定

④ 基本方針に基づく内部管理体制の整備
・ 基本方針に基づいて、内部管理に係る必要な規程の策定および見直し等

出典：厚生労働省「社会福祉法人制度改革の施行に向けた全国担当者説明会資料（平成28年11月28日）資料3」p. 29, 2016.

定款に違反する職務執行をすることを防止するための体制と読み替えることができる。

　そして、この観点から重要になるのが、決定権限が誰に分配されているのか、つまりは責任者が誰であるのかを法人内において明確に決めることである。この視点は、厚生労働省が示した内部管理体制の基本方針例においては「「理事会運営規則」及び「評議員会運営規則」に基づき、理事会及び評議員会の役割、権限及び体制を明確にし、適切な理事会及び評議員会の運営を行う」「「理事職務権限規程」に基づき、業務を執行する理事の担当業務を明確化し、事業運営の適切かつ迅速な推進を図る」「職務分掌・決裁権限を明確にし、理事、職員等の職務執行の適正性を確保するとともに、機動的な業務執行と有効性・効率性を高める」という記載にも表れている。

　まずは決定権限者・責任者を明確にしたうえ、その者による決定内容がわかる証跡を残し、事後的に当該決定が法令および定款に違反するも

のになっていないかを第三者が確認し、問題があれば是正措置を講じるという流れをつくることが重要となるのである。

2 ガバナンス

1 「ガバナンス」とは

社会福祉法人制度改革の一つの柱には、「経営組織のガバナンスの確保」があった（図3-1参照）。そして、同改革において、社会福祉法人におけるガバナンスを強化するために、経営組織が変更されたことは前述のとおりである。

しかし、そもそも「ガバナンス」とは何なのであろうか。改正された社会福祉法にはガバナンスという言葉は一切出てこず、定まった定義もない。そこで、本書においては、ガバナンスを「利用者・職員・地域社会等の立場を踏まえたうえで、透明・公正かつ迅速・果断な意思決定を行うための仕組み」と定義することにする。この定義によれば、ガバナンスには、❶「透明・公正な意思決定を行うための仕組み」と、❷「迅速・果断な意思決定を行うための仕組み」という二つの視点があることになる。

❶は、不透明・不公正な意思決定を防止することであり、法令遵守や不祥事の防止といった点に着目した視点といえ、「守りのガバナンス」とも呼ばれるもので、ブレーキ機能に例えられることがある。❷は、スピーディに思い切った経営判断ができる環境を整えるといった点に着目した視点であり、「攻めのガバナンス」とも呼ばれるもので、アクセル機能に例えられることがある。社会福祉法人制度改革において議論されていたのは、❶の「守りのガバナンス」の視点であろう。しかし、この二つの視点はどちらも重要であり、一方だけが強くなり過ぎることは適切ではない。具体的には、法令遵守や不祥事の防止だけを追い求めれば、経営者は萎縮して消極的な意思決定ばかりがされることになってしまいかねない。逆に攻めのガバナンスが過度に強くなってしまうと、経営者が暴走したときに、それを止めることができなくなる。このような事態は、いずれも望ましくない状態である。

そして、社会福祉法人を経営していくにあたっては、このような二つの視点をもった適切なガバナンスを構築することが求められることになるが、その目的は「法人の持続的な成長と中長期的な法人価値の向上」

にある。そして、この目的を達成するため、法人内において意思決定する者とその者を監視・監督する役割を担う者が社会福祉法によって定められているのである。そして、この考え方は、株式会社にも当てはまるものであり、意思決定する者とその者を監視・監督する役割を担う者が会社法によって定められている。

2 ガバナンスの担い手

　社会福祉法人において、このガバナンスの担い手となるのは、評議員（会）、理事（会）、監事および会計監査人である。一方、前述のとおり、取締役会・監査役設置型の株式会社においては、これらの機関に相当するのは、株主（総会）、取締役（会）、監査役および会計監査人となる。そのため、以下では社会福祉法人を前提に記載するが、株式会社の場合には、対応する各機関に置き換えて当てはめることができる（ただし、評議員とは異なり、株主は会社と委任関係にはなく、善管注意義務等を負わない）。

　まず、意思決定つまり業務を進めていくうえで誰とどのような契約を締結するか等を判断して決定する主体として社会福祉法が予定しているのは理事会である。しかし、ノート1冊買うのに理事会を開催していたのでは、スピーディな経営はできないため、意思決定のうち「重要な業務執行の決定」に該当しないものについては、理事にその決定を委任することができるようになっている（社会福祉法第45条の13第4項）。実際に、多くの社会福祉法人では、一定の金額までの契約については、スピーディに判断して決定できるようにするため、その決定権限を理事会から理事長等に委任しており、日常業務に関する意思決定の多くは理事長等が行っている。

　次に、理事会や理事長等による意思決定を監視・監督する機関としては、評議員（会）、理事（会）、監事および会計監査人が予定されている。図3-6には、社会福祉法人制度改革の前後における各機関の役割等が記載されているが、理事会における「理事・理事長に対する牽制機能を働かせる」や評議員会における「事後的な監督を行う機関として位置づけ」という記載に、その一端をみることができる。

❶社会福祉法人の理事・理事会（株式会社における取締役・取締役会）とガバナンス

① 理事会における意思決定

　社会福祉法人では、「重要な業務執行の決定」は理事に委任できないた

図3-6　社会福祉法人制度改革の前後における各機関の役割等

	＜改正前＞		＜改正後＞
理事 理事長 理事会	●理事会による理事・理事長に対する牽制機能が制度化されていない。 ●理事、理事長の役割、権限の範囲が明確でない。 （注）理事会、理事長は通知に規定が置かれている。		●理事会を業務執行に関する意思決定機関として位置づけ、理事・理事長に対する牽制機能を働かせる。 ●理事等の義務と責任を法律上規定。
評議員 評議員会	●評議員会は、任意設置の諮問機関であり、理事・理事長に対する牽制機能が不十分。 （審議事項） ・定款の変更 ・理事・監事の選任　等		●評議員会を法人運営の基本ルール・体制の決定と事後的な監督を行う機関として位置づけ、必要の議決機関とする。 　※小規模法人について評議員定数の経過措置 （決議事項） ・定款の変更 ・理事・監事・会計監査人の選任、解任 ・理事・監事の報酬の決定　等
監事	●監事の理事・使用人に対する事業報告の要求や財産の調査権限、理事会に対する報告義務等が定められていない。		●監事の権限、義務（理事会への出席義務、報告義務等）、責任を法律上規定。
会計 監査人	●資産額100億円以上もしくは負債額50億円以上または収支決算額10億円以上の法人は2年に1回、その他の法人は5年に1回の外部監査が望ましいとしている（通知）。		●一定規模以上の法人への会計監査人による監査の義務づけ（法律）。

出典：厚生労働省「社会福祉法人制度改革の施行に向けた全国担当者説明会資料（平成28年11月28日）資料1」p.3, 2016.

め、「重要な業務執行の決定」は必ず理事会を開催して意思決定（決議）を行うことになる。具体的にどのような事項が「重要な業務執行の決定」に該当するかは、法人の規模等によって異なるため、各法人において理事会の決議事項の範囲を定めている。

　そして、理事会の決議事項に該当する事案が生じれば、理事会が招集され、原則として出席した理事の過半数の承認の有無によって意思決定がされる。理事会には、その構成員としてすべての理事が参加することが予定されているのに加えて、監事には出席義務が課されている。理事会における意思決定に関する監事の役割は後述することとし、まずは理事の役割を確認していく。

　前述のとおり、理事には善管注意義務が課されているため、理事会に上程された決議事項について、その意思決定が透明・公正なものであるかを善良な管理者の注意をもって確認・議論しなければならない。そのような確認・議論を怠って可決し、当該議案に関連して法人や法人以外の第三者に損害が発生した場合には、当該議案に賛成した理事は損害賠償責任を負う可能性がある。このような責任は誰しも負いたくないため、各理事は、理事会において丁寧な確認・議論をするはずであるとの考えが社会福祉法にはある。

図3-7　理事会の権限など

出典：厚生労働省「社会福祉法人制度改革の施行に向けた全国担当者説明会資料（平成28年11月28日）資料3」p. 23, 2016.

②　理事長等における意思決定

　次に理事会から委任された理事長等による意思決定に関して、理事が担う役割を確認していく。

　まずは、意思決定する本人である理事長等においては、善管注意義務を負っているため、もし同義務に反するような意思決定を行えば、損害賠償責任を負う可能性がある。そのため、損害賠償責任を負いたくない理事長等は、透明・公正な意思決定をするはずであるとの考えが社会福祉法にはある。

　しかし、理事長等が同義務を遵守することに期待するだけでは、理事長等が暴走した場合に止められないことになってしまう。そこで、理事会に「理事の職務の執行の監督」という職務を課した（社会福祉法第45条の13第2項第2号）。また、他の各理事には、善管注意義務の一態様として、理事長等の職務執行が適切であるかを監視する義務が生じると考えられている。そのため、理事（会）には、理事長等による意思決定が透明・公正な意思決定となっているかを監視・監督する義務が課されており、当該義務を怠った場合には、損害賠償責任を負う可能性がある。

　そして、理事長等による意思決定の内容を確認するための手続として社会福祉法が用意したのが、理事長等による職務執行状況の報告である。理事長および業務執行理事は、3か月に1回以上（定款の定めによって会計年度ごとに4か月を超える間隔で2回以上とすることもできる）、自己の職務の執行の状況を理事会に報告しなければならず、これが職務執行状況の報告である。この職務執行状況の報告を受け、他の理事は理事長等が行った意思決定が透明・公正なものか否かについて、善良な管理者の注意をもって確認・議論することが求められている。その結果、

図3-8 理事・理事会の役割・義務・権限等

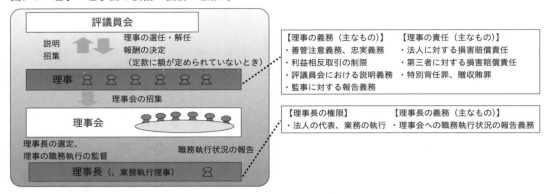

出典：厚生労働省「社会福祉法人制度改革の施行に向けた全国担当者説明会資料（平成28年11月28日）資料3」p. 21, 2016.

理事長等が不透明・不公正な意思決定をしていることが確認され、引き続き同職に就かせることが不適当であると判断した場合には、理事会の権限として、理事長・業務執行理事の解職を行うことができるようになっている（社会福祉法第45条の13第2項第3号）。

　そして、このような役割を担う理事においては、各理事について、その配偶者若しくは三親等以内の親族等特殊の関係がある者が3人を超える、または理事本人を含め、その配偶者および三親等以内の親族その他各理事と特殊の関係のある者が理事の総数の3分の1を超えて含まれてはならないこととされている（社会福祉法第44条第6項）。なお、株式会社における取締役には、このような規制はない。

❷社会福祉法人の監事（株式会社における監査役）とガバナンス

① 理事会における意思決定

　監事の職務は、理事の職務の執行を監査することである（社会福祉法第45条の18第1項）。この「理事の職務の執行」には、理事長等による職務の執行だけでなく、業務を執行しない理事の職務の執行も含まれる。そのため、前述の理事が行うべき監視・監督を各理事が適切に行っているか否かも監査の対象となる。

　そして、監事は、理事会の構成員ではないため、決議事項について議決する立場にはないのだが、理事会に出席し、必要があると認めるときは、意見を述べなければならないとされている（社会福祉法第45条の18第3項、一般社団法人及び一般財団法人に関する法律第101条第1項）。これによって、監事には理事会への出席義務が課されていることになるが、理事の職務の執行を監査するためには理事会への出席が必須であると考えられているためである。

図3-9　監事の権限・義務・責任等

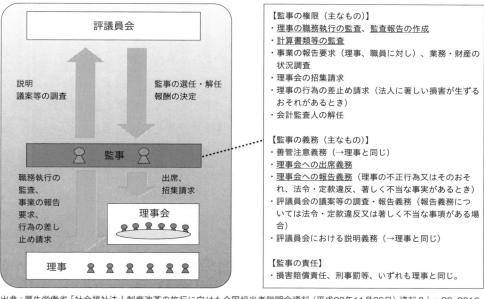

出典：厚生労働省「社会福祉法人制度改革の施行に向けた全国担当者説明会資料（平成28年11月28日）資料3」p. 22, 2016.

　したがって、監事には、理事会に出席し、当該理事会において各理事が適切に自己の職務を執行しているか否か、つまり違法または著しく不当な決議がされていないか、必要な確認・議論がされているかを監査する役割・義務が課されているのである。そして、監事は、当該役割・義務を善良な管理者の注意をもって適切に遂行しなければならず、これを怠った場合には、損害賠償責任を負う可能性がある。

②　理事長等における意思決定

　監事は理事会に出席する義務を負っているため、理事会において理事長等による職務執行状況の報告を受けることになる。そして、報告を受けた当該理事長等による職務執行は監査の対象となるため、その内容に問題がないかを監査しなければならない。具体的な方法としては、理事会の場で確認・議論をすることが考えられる点は理事と同様である。

　さらに、監事は、いつでも、理事および職員に対して事業の報告を求め、または当該法人の業務および財産の状況を調査できるとされており（社会福祉法第45条の18第2項）、当該権限を業務・財産調査権と呼ぶことがある。監事は、理事会における職務執行状況の報告を受けたうえで疑問があれば、この業務・財産調査権を行使して業務および財産の状況を調査することができるのである。この業務・財産調査権は、監査を実効性あるものにするために監事に認められた重要な権限であり、理

事長等はその調査を拒むことができない。

　監事は、業務・財産調査権を行使し、違法または著しく不当な意思決定がされていないかを監査することができ、その監査の結果、理事が不正の行為をし、または当該行為をするおそれがあると認められるときには、理事会にその旨を報告しなければならない（社会福祉法第45条の18第3項、一般社団法人及び一般財団法人に関する法律第100条）。さらに、理事が法人の目的の範囲外の行為その他法令もしくは定款に違反する行為をし、またはそのおそれがある場合において、当該行為によって法人に著しい損害が生ずるおそれがあるときは、監事は、当該理事に対し、当該行為をやめることを請求することができる（社会福祉法第45条の18第3項、一般社団法人及び一般財団法人に関する法律第103条第1項）。

　このように、監事には理事の職務の執行を監査するために必要かつ重要な権限が付与されており、これらの権限を行使することによって、違法または著しく不当な意思決定がされないように監査することになる。一方、これらの権限は善良な管理者の注意をもって適切に行使しなければならず、適切に行使しなかった場合には、損害賠償責任を負う可能性がある。そして、このような役割を担う監事においては、当該社会福祉法人の理事または職員を兼ねることができないこととされている（社会福祉法第44条第2項）。なお、株式会社における監査役にも同趣旨の規制がある（会社法第335条第2項）。

❸社会福祉法人の会計監査人（株式会社における会計監査人）とガバナンス

　会計監査人は、計算書類およびその附属明細ならびに財産目録（以下、計算書類等）を監査する（社会福祉法第45条の19第1項・第2項）。当該監査をするうえで、会計監査人は、いつでも会計帳簿等の閲覧および謄写をし、または理事および職員に対して、会計に関する報告を求めることができる（同条第3項）。さらに、必要があるときは、当該法人の業務および財産の状況を調査することができる（同条第4項）。

　そして、会計監査人がその職務を行うに際し、理事の職務の執行に関し不正の行為または法令もしくは定款に違反する重大な事実があることを発見したときは、遅滞なく、これを監事に報告しなければならない（同条第6項、一般社団法人及び一般財団法人に関する法律第108条第1項）。

　このように、会計監査人は、計算書類等を監査することを職務とし、

図3-10　会計監査人の権限・義務・責任等

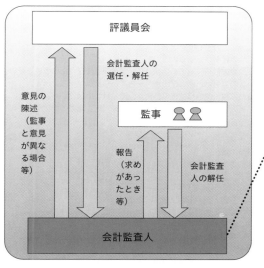

【会計監査人の権限（主なもの）】
・計算書類等の監査
・会計帳簿等の閲覧・謄写、会計に関する報告要求
　（理事、使用人に対し）
・定時評議員会における意見の陳述（計算書類の適合性について監事と意見が異なる場合）

【会計監査人の義務（主なもの）】
・善管注意義務（→理事と同じ）
・監事への報告義務（理事の不正行為、法令・定款違反の重大な事実を発見したとき、監事からの求めがあったとき）
・定時評議員会における意見の陳述（会計監査人の出席を求める決議があったとき）

【会計監査人の責任】
・損害賠償責任については理事と同じ。刑事罰については、贈収賄罪は適用あり。

※　会計監査人の設置が義務づけられる法人は、前年度の決算における法人単位事業活動計算書（第2号第1様式）中の「サービス活動増減の部」の「サービス活動収益計」が30億円を超える法人または法人単位貸借対照表（第3号第1様式）中の「負債の部」の「負債の部合計」が60億円を超える法人である（施行令第13条の3）。
出典：厚生労働省「社会福祉法人制度改革の施行に向けた全国担当者説明会資料（平成28年11月28日）資料3」p. 25, 2016.

当該職務を遂行するために、必要な調査等を行う権限が付与されていると同時に、報告義務が定められている。これらの権限の行使および義務の履行にあたっては、善良な管理者の注意をもって行わなければならず、適切に行使または履行しなかった場合には、**損害賠償責任**を負う可能性がある。

❹社会福祉法人の評議員・評議員会（株式会社における株主・株主総会）とガバナンス

　図3-6 によれば、評議員会の役割は、「法人運営の基本ルール・体制の決定と事後的な監督を行う機関として位置づけ」とされているが、「事後的な監督」とは一体どういう意味なのだろうか。評議員会に必ず毎年度議題として上程されるのは、計算書類および財産目録（以下、計算書類等）の承認（会計監査人が設置されており、一定の要件を満たす場合には報告で足りる）ならびに事業報告である。前者はいわゆる決算承認であり、後者は1年間行ってきた事業の内容が報告される。また、これらの書類については、事前に監査を受けることとなっており、当該監査の結果が評議員に送付される（社会福祉法第45条の29）。

　この計算書類等および事業報告は、評議員会が選任して法人の経営を委ねてきた理事による1年間の経営実績といえる。そして、これらの書類の内容や職務執行の状況については、あらかじめ監事（会計監査人が

図3-11 評議員（会）の権限など

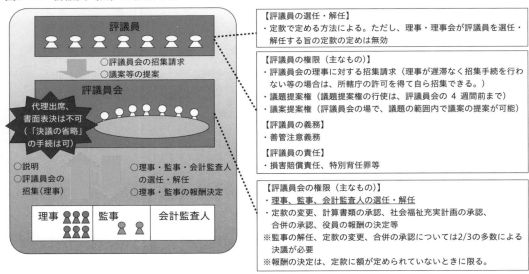

出典：厚生労働省「社会福祉法人制度改革の施行に向けた全国担当者説明会資料（平成28年11月28日）資料３」p. 14, 2016.

設置されている場合は計算書類等について会計監査人も）の監査を受けているため、この経営実績報告と監査報告をもとに、現在の理事、監事および会計監査人の職務執行が適当であったかを判断し、不適当だと判断すれば、評議員会として当該理事等を解任または任期満了時に再任しないことができる。つまり、評議員会はリアルタイムで理事等の職務執行を監視・監督するわけではないのだが、１年間が終わった後に、当該１年間の経営実績等から事後的に問題がなかったかを判断して、理事等の選任・解任権を行使することになるのである。これが、「事後的な監督」の意味しているところだと考えられる。

この選任・解任権こそが、ガバナンスにおける最も重要な権限といえる。仮に理事が不透明・不公正な意思決定をしていたことが判明した場合には、当該人事権を適切に行使し、問題のある理事を当該法人から退場させることによって、法人内で自浄作用を働かせることが期待されているのである。そして、このような重要な権限を適切に行使することが求められていることから、評議員は、当該法人の理事、監事または職員を兼ねることはできず、各評議員または各役員の配偶者または三親等内の親族が含まれてはならないことに加え、特殊の関係のある者も含まれてはならないとされている。なお、株式会社の株主においては、このような兼職禁止や特殊の関係のある者についての規制はない。

Active Learning

組織のガバナンスを発揮させるためにはどのような工夫が必要だと思いますか？

3 まとめ

　社会福祉法人におけるガバナンスとは「利用者・職員・地域社会等の立場を踏まえたうえで、透明・公正かつ迅速・果断な意思決定を行うための仕組み」であるところ、理事（会）、監事、会計監査人および評議員（会）が、それぞれ上述の役割・権限・責任を善良なる管理者の注意をもって遂行することで、適切な意思決定がされることを監視・監督することが求められている。そして、この仕組みが実効性あるものとして機能し、これらの機関が一体となって「法人の持続的な成長と中長期的な法人価値の向上」を目指すことこそ社会福祉法人における「ガバナンス」ということになる。そして、この考え方は、株式会社その他の法人にも当てはまるものである。

適切な福祉サービスの経営管理

● 福祉経営の特質は何かを理解する

● 経営における理念の位置づけを理解する

● 経営戦略とは何かを理解する

● マーケティングとは何かを理解する

● 福祉経営における事例を通し、自分自身が理想とする福祉経営の姿を考察する

1 福祉経営の特質

　福祉経営とは、福祉サービスの領域における経営である。福祉サービスは一般事業とは大きく異なる特質を有する。それは、福祉サービスの多くが人の生命や生活に密接にかかわる点である。つまり社会性、公益性がきわめて高い。

　そのため、福祉サービスは一般事業と違い、事業費の多くを社会保険料や税金といった広い意味での公的資金で賄われているという経営上の特質を有する。

　たとえばレストランで食事をする場合、その全額が消費者自身のお金で支払われるはずだ。しかし、福祉サービスの事業費の多くは、そのサービスを利用しない層による公的資金で賄われている。これは我が国では支払い能力に応じてではなく、必要に応じて福祉サービスを受けられることが重視されているためである。一般事業では市場原理が働き、支払い能力のない者は購入できなくてもよいという考え方をベースとするが、福祉サービスにおいては、既述のように支払い能力に関係なく必要に応じてサービスが受けられるよう、皆で支えあう社会連帯の考えを基底に制度が設計されている。

　そのため、福祉経営においては非営利組織か営利組織かにかかわりなく、福祉サービス事業者としての使命をいかに果たしているかが何より

---

i　詳しくは松原由美『介護事業と非営利組織の経営のあり方──利益と内部留保を中心に』医療文化社，2015.

重要となる。既述の特質を有する福祉経営において、利益は使命を果たすための手段であり、目的ではない。

また、福祉サービス事業者は、その利用者だけでなく、費用を強制的に負担させられている国民（地域住民）や企業に対しても説明責任（アカウンタビリティ）を負う。

福祉サービスは、高齢者ケア、障害者ケア、保育等多様であるが、その本質を一言で表せば、人々の存在意義の発揮の支援と考えられる。それを単発ではなく地域において継続させるためには、本書で学ぶさまざまな経営手法を統合させる理念が重要となる。

第 3 章 福祉サービス提供組織の経営と実際

2 理念と福祉経営事例

理念とは、当該組織が経営をするうえでよりどころとなる根本的な方針、価値観である。当該組織の存在意義、ミッション、社会的役割という意味での目的を示す一方、役職員のあるべき規範を示す。

ビジョンとは、半永久的な組織の目的である理念をもとに、中長期的なスパンで具体化するよう目指す将来の姿を示す。

これら理念やビジョンは、常に適切な方向へ組織を導く源であり、後述する経営戦略を策定・遂行するうえでの羅針盤となるものである。経営環境が安定している分には、理念やビジョンが意識されることは多くないかもしれないが、変化が激しい時代においては、規定どおりの対処が難しいケースが生じることも少なくない。そのようななか、役職員に意思決定のよりどころを示し続けるのが理念やビジョンであり、その共有は当該組織を構成するすべての人々に求められる。

事例を一つ示そう。

熊本市の社会福祉法人リデルライトホームは、1895（明治 28）年に、日本における福祉事業の先駆けとしてハンセン病患者を対象とした熊本回春病院が設立されて以来の歴史を有する。宣教師として来日したリデル女史は、熊本での花見の際に初めてハンセン病患者を見た。桜の下で悲惨な姿でうずくまる患者たちに衝撃を受け、自分のことのように悲しんだ。そして政府の無策を目の当たりにし、自分自身の心と力を尽くし、ハンセン病患者とともに生き、救済することを決意する。リデル女史は同じ宣教師として来日したノット女史とともに私財を投じ寄付を募り、さまざまな困難や偏見を乗り越え、熊本回春病院設立に至った。その後

Active Learning
ファストフード、鉄道、福祉。それぞれの経営の共通点と相違点を挙げてみましょう。

Active Learning
自分の好きな企業の経営理念、ビジョンをインターネットで検索してみましょう。

ライト女史によって当該病院は引き継がれたが、第二次世界大戦中、ライト女史らにスパイの容疑がかかり、やむなく廃止に追い込まれた。

退去命令によりオーストラリアに退去させられたライト女史は、日本への出国許可を繰り返し求め続けては却下される日々を送っていた。いくら却下されても日本への許可願があまりにも続くため、「頭がおかしいのか、または余程の事情があるのか」と、パース市長がライト女史を直接訪問しヒアリングが行われた。パース市長としては、高齢の女性が戦後の混乱で治安の悪い日本に渡ることを許可できないと述べた。ライト女史は、自分の生きがいは愛する日本の患者さんのそばで生活することであり、離れて暮らすことには意味がなく、日本人は自分に危害を加えないと信じており、たとえ日本上陸第一歩で殺されても満足であることを伝えた。

念願叶い 1948（昭和 23）年、78 歳のライト女史は再び熊本に戻り、ハンセン病患者だけでなく多くの日本人に勇気と感動を与えたという。

この 3 人の女性の志である「自分を愛するように隣人を愛する。共に喜び、共に泣く。心を尽くし、力を尽くし」は、当該法人の理念として引き継がれ、経営困難や災害等、法人が課題に直面するたびに立ち戻る価値観・規範となり、乗り越える糧となっているという。そしてその理念の下、高齢者ケア、放課後等デイサービス、街かどカフェを中心とした住民主体で地域課題に取り組む活動支援、生活困難者レスキュー、災害時支援など、誰も取り残さない福祉の実践が続いている。

3 ▷ 戦略と福祉経営事例

経営戦略の定義は研究戦略の本の数ほどあるといわれるように多様だが、それらを公約数的にまとめれば、「経営戦略とは組織が実現したいと求める目的・目標と、それを実現するための道筋を、外部環境と内部環境を結びつけて描いた長期的な基本設計図およびシナリオ」だといえよう。要は、組織の理念やビジョンを実現するための目標と現実とのギャップを埋める大局的な羅針盤である。[1]

実は多くの組織において、理念はお題目にすぎず、戦略と断絶がみられる場合が少なくない。しかし、戦略とは、理念を実現するための打ち手である。理念、経営戦略は一貫しなければならない。

図3-12 戦略論の四つの類型

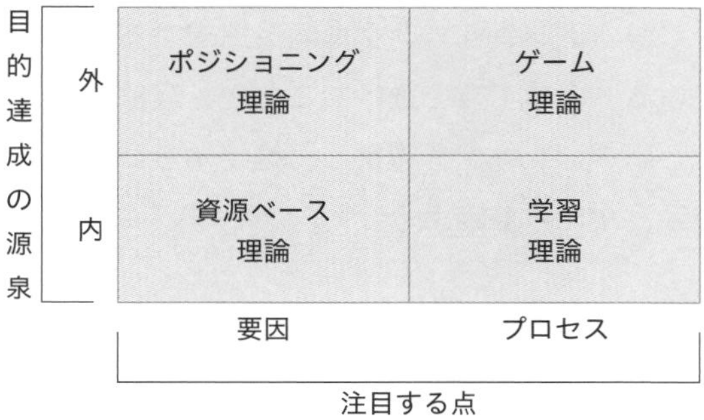

出典：青島矢一・加藤俊彦『競争戦略論 第2版』東洋経済新報社，
2012. をもとに作成

さて、同じ目的地に到達するにも、その道筋が多様であるように、何に着目するかによって戦略は異なる。本節では目的達成の源泉を組織の内と外のどちらに求めるのか、着目点を要因とプロセスのどちらに置くのか、この二次元によって経営戦略論を四分類した青島・加藤の分類（**図3-12**）を参考に、四つの戦略論について概観する。四つとは、❶外部環境と要因に着目した「ポジショニング理論」、❷内部環境と要因に着目した「資源ベース理論」、❸外部環境とプロセスに着目した「ゲーム理論」、❹内部環境とプロセスに着目した「学習理論」、である。

なお、戦略策定の前に現状分析をするにあたりよく用いられるのが**SWOT 分析**である。組織の目的達成に向けた内部要因の強み（strengths）と弱み（weaknesses）、外部要因の機会（opportunities）と脅威（threats）という、内部環境と外部環境の状況を分析するツールである。

1 ポジショニング理論

ポジショニング理論とは、組織の目的達成の要因を外部環境に置き、環境における自社の位置づけに重きを置く戦略理論である。ポーター（Porter, M.）は『競争の戦略』において、基本的な三つの位置取りを示した。第一は「コスト・リーダーシップ戦略」であり、他社よりも低いコストを実現させる戦略である。第二は「差別化戦略」であり、ユニークな付加価値を提供する戦略である。第三は「集中戦略」であり、低コスト化または差別化を特定のターゲットを対象とする戦略である。

ポーターの三つの位置取りは、大きくはコスト・リーダーシップか差別化の二つを意味する（集中戦略は、地域や事業、顧客等を絞り込み、

コストか差別化のどちらかで位置取りをする）。両者はトレードオフの関係にあり、二つのポジショニングを同時追求することは一般にできないといわれている。中途半端を避けることが、経営戦略の定石である。

　組織が望ましいポジションを獲得し、維持するにはどのような経営資源が必要なのか、次にみてみよう。

▐2 資源ベース理論

　外部環境に重きを置くポジショニング理論とは対照的に、組織の内部環境（経営資源）に重きを置く戦略理論が資源ベース理論である。リソース・ベースド・ビュー（RBV）と一般にいわれる。

　ここで経営資源（内部資源ともいう）とは、いわゆるヒト・モノ・カネと呼ばれる伝統的な資源のほか、組織のコントロール下で活用できるものすべてを含む。

　たとえばスポーツの強豪校はなぜ常に強いのだろうか。強豪校だから強い選手が集まる部分もあるだろうが、勝つための試合の運び方や効果的な練習方法、父兄や地域、卒業生たちからのサポート体制など、多様な知識やノウハウが蓄積している側面も大きいと考えられる。

　こうした知識、チームワーク、ノウハウ、技術、情報、ブランド、組織文化、メンバーのモラルの高さ、信用等を「見えざる資産」という。見えざる資産は既述の経営資源の重要な要素である。見えざる資産はお金さえ払えば得られるものではなく、長い年月をかけて人によって培われるものである。

　見えざる資産のメリットとして、❶同時に複数の人が利用可能である、❷使い減りしにくい、❸使っているうちに新しい知識や情報が他の知識や情報との結合で生まれることがある。[4)]

　経営戦略における組織内部の強みとして、コア・コンピタンスという用語がよく使用される。コア・コンピタンスとは「顧客に対して、他社には真似のできない自社ならではの価値を提供する、企業の中核的な力」である。[5)] つまり組織の中核的な強みである。

▐3 ゲーム理論

　ゲーム理論とは、複数のプレーヤーの意思決定や行動を分析する、プロセスに重きを置いた戦略理論である。数学的なモデルを用いた経済学のゲーム理論を経営分野に応用した理論といえる。

　たとえば競争相手より多くの顧客を得るために価格を下げ、顧客を獲

得したとしても、現実の経営は1回のゲームで終わらない。次に競争相手はさらに価格を下げ、顧客の奪い合いのため泥沼に陥る。このように各組織が自分のことだけを考えて動いた結果、誰も利益を得られない状況が生じる可能性がある。ゲーム理論は相手（競争相手、供給業者、顧客等）を常に起点とし、相互反応の連鎖を重視して自分の戦略を考案する。

ポジショニング理論においては、より優位な位置取りを図ることが主要な戦略であり、そこでは、外部環境は所与である。しかし、ゲーム理論では外部環境は所与ではなく、自ら働きかけつくり上げる対象でもある。

ゲーム理論で明らかになっていることの一つに、互いに不毛な争いを避けて協調しあう Win-Win の関係こそ、永続する競争においてベストな経営業績をもたらすということが挙げられる[6]。もちろん協調が談合であってはならない。

4 学習理論

学習理論は、経営資源をどのように獲得するのか、長期的なプロセスを重視する理論である。

ポジショニング理論は意図的・計画的な戦略であるが、現実の経営が計画どおりにいくとは限らない。むしろ計画どおりにすべてのことが運ぶほうがまれであろう。これに対して学習理論は、実験と失敗を繰り返しながら現場の状況に応じて学習し、創発的に戦略を形成する理論といえる。以下では、学習理論を中心に、経営戦略に関する経営事例をみてみよう。

5 福祉サービスの経営事例

社会福祉士が代表を務める楓の風グループ（以下、楓の風）は、株式会社としてデイサービスと訪問看護事業所を、医療法人として診療所を運営する、在宅療養を支援する事業者である。

楓の風は、利用者やその家族、地域のケアマネジャーや開業医、行政等から高い評価を得ており、職員の定着率も高い。

❶理念

病院でソーシャルワーカーとして勤務していた楓の風の代表は、従来の医療介護福祉業界に疑問を感じていた。目的が明確ではないサービスが横行し、職員も患者や利用者も価値を見出せずにいるのではないのか。老いや死を忌むものと捉え、それ自体を問題視して対処されるケースが多いが、本来は老いも死も成長や成熟の先にある自然な変化ではないの

か。だとすれば、最期まで自分の人生を自分の居場所で過ごすことは当然なのに、なぜ最期まで地域で自分らしく暮らせないのか。

そこで、医師、看護師、保健師、社会福祉士、介護福祉士、弁護士、行政書士、建築家ら有志をメンバーに、地域の理想的な医療介護福祉サービスのあり方を考える会を立ち上げて議論を重ね、2001（平成13）年に特定非営利活動法人楓の風として、東京都町田市（人口約42万人）から事業を開始した[ii]。

そのため、事業を通じて行いたい理念、目的はスタート前から明確であった。人生の最期を住み慣れた地域で自分らしく生きる社会の実現である。

❷戦略

SWOT分析の視点で楓の風の内部環境を眺めると、高い志と明確な目的をもち、後述の価値を創造するという知的で創造的な組織文化が挙げられる（strengths：強み）。一方、価値を生み出すのは人であるため、職員の質にサービスの質が左右されやすい（weaknesses：弱み）。

外部環境に目を転じると、競争が激しく土地代も人件費も高い都市部は、公定価格で運営される介護事業において不利にみえる。今後の介護の担い手不足も懸念材料である（threats：脅威）。一方で、人口が多く、今後も介護需要が中長期的に増加する一方である（opportunities：機会）。

既述のように楓の風の理念は、最期まで自分らしく地域で暮らすことの支援を通し、患者・利用者の存在意義の発揮を支援することにある。

たとえば、病院に入院している高齢者は病院では患者（受け身）であるが、自宅へ戻ればたとえ寝たきりでも、父親、夫、おじいちゃんなどの役割があり、その役割が本人を最期まで自分らしく過ごさせる、存在意義を発揮させる原動力となる。

楓の風の地域連携先は、専門職や福祉関連機関だけではない。地元のスナック、雀荘、スーパーマーケット（以下、スーパー）、交番など幅広い。公的資金で賄われ皆の負担で成り立つデイサービスにおいて、カラオケや麻雀といった個人の余興を満足させることよりも、真に本人が望む環境を整え自立を促すことが、公的保険料を払っている国民の納得を得られ、制度の趣旨にかなうという考えである。また、仮のものより地域の本物のほうがよいという考えによる。たとえば、スナックのママの

---

ii 2011（平成23）年より株式会社化し、民間のヘルスケア事業者の創意工夫の後押しを目的とした政府系ファンドが主な株主となっている。

帰宅時のついでに、客として来る要介護高齢者の自宅送迎を頼んでおく、雀荘に手すりをつけてもらう、スーパーや交番に、買い物時の見守りを依頼しておく等で、楓の風に終日通うことなく、生活維持が可能となり、これらの余興が満たされる環境を整えるよう努めている。

このように、楓の風ではデイサービスにいるよりも、日常生活における主体性の確保、社会参加へ働きかけるケアを目指すため、活動と参加に焦点を当てた短時間のリハビリテーションに特化し、入浴や食事も提供しない。その代わり、手すりをつける、家事のリハビリテーションを行うなどで、自宅で入浴や食事が可能となる環境を整えることに尽力している。ゆえに、大きな設備投資を必要としない。土地代の高い都市部において、楓の風では自ら建物を有するのではなく、マンション 1 階の店舗を賃借し、90〜100m^2 程度の小規模な場所で事業を行っている。

そのため、一般的なデイサービスよりも設備コストが大幅に少ないうえに、小規模なため光熱費なども安く賄っている。

また、医療、介護、福祉分野では手作りが家庭的雰囲気でよいとして評価され、季節ごとの飾りつけなどに職員が忙殺されることがあるが、専門職としての能力発揮に専念すべきとし、職員による手作り作品は一切置いていない。ICT 化も進んでおり、職員が事務作業に追われることなく、本業に集中できる環境づくりが進んだ結果、残業時間も 1 日平均 1 時間程度に抑えられている。

一方で、公的介護保険制度が求めるケアを提供する結果として、利用者が社会参加することを後押しする活動への報酬である自立支援に資する各種加算などを取得する体制にあるため、職員 1 人当たり売上高が高い。

このように、通常の機能を大胆にカットし、特定の機能を増やす、または新たに付け加え、価値を創造する戦略をブルーオーシャン戦略という。

ポジショニング理論において、コスト・リーダーシップと差別化はトレードオフの関係にあり、二つのポジショニングを同時追求することは一般にできないと述べたが、この両者を実現する戦略がこのブルーオーシャン戦略である。その肝は、通常であれば必要と捉えられている機能を、利用者ニーズを徹底的に分析することで何を削減し、何を付加または新たに創造するか、常識にとらわれずに策定し実行する点にある。

ではどうすれば、利用者ニーズを徹底的に分析し、価値創造を図ることができるのであろうか。

❸学習理論　価値創造の方法

　利用者のニーズに応え新たな価値を創造する方法として、SECIモデル[7]が挙げられる。

　SECIモデルとは、組織的な知識創造プロセスを説明するモデルである。従来の科学において、いかに主観を排し客観的であるかに重きを置き、客観知・形式知のみが知識であるとしてきたのに対し、1966年、ポランニー（Polanyi, M.）は科学的知識の基盤として暗黙的知識こそが知識の源泉であると主張した[8]。形式知とは、容易に文章化したりデータ化できる知識である。暗黙知とは、たとえば自転車の乗り方のように言葉で説明することが難しい知識である。なお、両者の違いは程度の差であり、別のものではない。水面下の大きな氷山を暗黙知とすると、目に見える一角が形式知である。

　ポランニーの暗黙知が個人を対象とするのに対し、SECIモデルは個人・集合・組織・社会を対象とする。

　SECIモデルは、❶共体験等によって暗黙知を獲得・伝達するプロセス（共同化：Socialization）、❷得られた暗黙知を共有できるよう形式知に変換するプロセス（表出化：Externalization）、❸形式知同士を組み合わせて新たな形式知を創造するプロセス（連結化：Combination）、❹利用可能となった形式知をもとに、個人が実践を行い、その知識を体得するプロセス（内面化：Internalization）という四つの知識創造プロセスがあると考え、その四つの知識変換モードが絶えず循環することでイノベーションが起きるとする（図3-13参照）。

　たとえば、常に「死にたい」「放っておいてくれ」が口癖で周囲にも暴言を吐き、リハビリテーションにも懐疑的な、片麻痺で車いす生活のAさんがいたとしよう。Aさんを理解したいと思う介護職員たちはAさんとの会話を重ねるなかで、Aさんが要介護になり妻に迷惑をかけてすまないと負い目を感じるからこそ、苛立ち、つい周囲にあたってしまうこと、本心では妻の役に立ちたいというニーズがあることを推測するようになる（共同化）。

　次に、各々がアセスメント等を通じた暗黙知の経験、勘などを、会議の場で発表したり、ICTに入力することで言語化し、他者の経験を聞き、自分も話すことや、似た事象に対し別の意見や知見を聞くことを通じ、暗黙知が初めてチームの知見、形式知として共有される（表出化）。

　要介護状態になることで、身体的な喪失だけでなく、それに伴い社会参加、家庭内での役割といった社会的な喪失と精神的な喪失が高齢者に

図3-13　SECI モデル

出典：野中郁次郎「SECI モデル」野中郁次郎・山口一郎『直観の経営──「共感の哲学」で読み解く動態経営論』KADOKAWA，p.218, 2019. を参考に作成

は生じる。また、80 歳以上の高齢者の ADL 回復は簡単ではない。こうした形式知と、Aさんの日頃の状況を勘案し、回復できる ADL は取り戻しつつ、社会的喪失に対し活動と参加を、精神的喪失に対し主体性の向上を促す働きかけを重視するケアプランとはどのようなものか、ケアの方法は何が最善か、討議を重ねる。

　表出化により集団の知となった言語や概念が具体化されるため、すでに形式知となっている理論や事例と統合する。機能訓練による身体的変化が日常生活でどのように役立つかを明確にし、それを職員、利用者、家族、ケアマネジャーなど関係者間で共有する（連結化）。

　Aさんの妻に役立てるような日常生活の訓練（片麻痺でも調理ができる、洗濯物が畳めるようにするなど）を行う一方で、さらに相談員が家庭訪問し、近隣の資源を確認し、車いすで買い物に出かけられるよう、スーパーや交番に声をかけておくといった環境整備を行う。このように連携する他組織や住民の協力を得られるように努めながら、社会参加や主体性の回復と、地域社会全体の在宅限界のレベルアップを図る。

　こうして利用可能となった形式知をもとに、介護を行い、その知識を体得する。さらにその経験を通じて、新しい暗黙知を蓄積する（進化した内面化）。

　このように SECI モデルを回していく過程で、楓の風では目的の明確化と、目的に対して、利用者も含め関係者が上下関係にかかわりなく対

第3章 福祉サービス提供組織の経営と実際

等な立場で、心と力を合わせる努力を続ける。それにより、やらされるのではなく主体的な双方向のコミュニケーションを実現し、共創が始まる。こうした手法は、職員のモチベーションを引き出し、SWOT分析でみた職員の質にサービスの質が左右されやすい弱みに対する対策にもつながっている。

新しい価値創造というと、歩けなかった高齢者が突然歩けるようになるシーンを想像するかもしれないが、それは主に若年者層の話であろう。そもそも高齢者は老化が進んでいくことが前提である。その進み具合をいかに緩やかにして遅らせるか、または老化という自然な成長をともに受けとめながら、主体性や社会性など失ったものを可能な限り取り戻し、その人の存在意義の発揮を支援できるかに価値がある。

そうした日常のささやかな要介護高齢者の変化や進化を見逃さずに評価することで、利用者や家族が喜び、その姿に専門職が専門職冥利に尽きると実感し、外部のケアマネジャーなども含め関係者間の満足感やモチベーションがアップする。要介護高齢者が今を生きることに希望が湧く。

こうして日々SECIモデルを回し、職員が常に頭を使い、また組織が学習し続けることで知的で創造的な組織となり、地域に欠かせない存在となっている。

さらに近年では、こうしたADLだけではない社会的自立の成果を具体的に指標化するアウトカムスケール（SIOS）を、楓の風と昭和大学とで共同開発し、それを誰にでも無償提供することで、介護業界全体のレベル向上を目指している。ゲーム理論でいうところの協調を重視し、介護の価値の拡大、パイの拡大を図っているといえよう。

これら一連の戦略の軸に、「人生の最期を住み慣れた地域で自分らしく生きる社会の実現」という理念がある。

4 マーケティングと経営事例

マーケティングというと、組織が売りたいものを販売するための手法と捉えられがちだが、その捉え方は一面的すぎる。それでは組織中心主

---

iii　詳しくは、令和元年度老人保健健康増進等事業「ケアマネジメントの公正中立性を確保するための取組や質に関する指標の提案」pp. 166-171 を参照のこと。https://www.ihep.jp/publications/report/elderly_search.php?y = 2019

義のマーケティングである。真のマーケティングとは、コトラー
（Kotler, P.）の言葉を借りれば顧客中心主義である。それは顧客の気
まぐれに振り回されることを意味するのではなく、顧客のニーズからマ
ネジメントを始めなければならないということである。そして、福祉事
業において、その目的は利用者や市場の行動を変えることを通じて地域
福祉に寄与することにある。

　そのためには、自分の組織が提供するサービスは利用者にとって望ま
しいものであるに決まっているという態度は改めなくてはならない。

　たとえば乳房自己検査が乳がんの早期発見に有効であることをいくら
PR しても、一向に普及しないのは、国民に知識が足りないからであろ
うか。NCI（アメリカ国立がん研究所）ではマーケティング調査により、
検査で異常が発見されることへの恐れが自己検査を躊躇させていたこと
がわかった。そこで、腫瘍の多くは悪性ではなく、乳がんについても医
療が大きく進歩している点を訴求するマーケティングを実施したとこ
ろ、乳房自己検査の実施率が飛躍的に増加したという。

　顧客（この場合、アメリカ人女性）が組織の望む行動をとらないこと
を、NCI が自分たちはこんなに啓発に努力しているにもかかわらず、国
民は無知だと批判しているだけであれば、改善はみられなかったはずで
ある。自己検査を拒む障害は何か、ターゲットに対して調査をし、真の
ニーズを把握したからこそ成し遂げられたのである。

　その意味でマーケティングは、社会福祉士が本来は得意とする分野と
いえないだろうか。対象を徹底的にアセスメントする視点から、真の
ニーズを把握し、社会へつなげていく。

　財源が厳しい今だからこそ、個人と地域の well-being を実現し、福
祉の価値を社会と創発し共有する必要がある。まさに福祉においてマー
ケティングが不可欠だといえよう。

　マーケティングを行う手段として、一般に STP（セグメンテーション、
ターゲティング、ポジショニング）アプローチで方向性を定め、マーケ
ティング・ミックスで実際の個別戦略が採られる。

　セグメンテーションとは、組織が対象とする市場を利用者のニーズご
とに細分化することを指す。ターゲティングとは、細分化された市場の
うち組織がどれを対象とするかを決定することである。ポジショニング
とは、市場における自らの組織と主な相手の立ち位置を把握したうえで、
差別化を図り、組織が理想とする立ち位置を獲得することである。

　マーケティング・ミックスとは、p. 145 にあるとおり、❶製品

（product）、❷価格（price）、❸立地・販売チャネル（place）、❹販売促進活動（promotion）、の四つのPを指す。この**4P**は提供者側の立場に立ったものの見方を示すマーケティング・ミックスである。これに対し、利用者側の立場に立ったものの見方を示すマーケティング・ミックスとして、**4C**がある。4Cとは、①顧客にとっての価値（customer value）、②顧客の負担（cost to the customer）、③入手の容易性（convenience）、④コミュニケーション（communication）を指す。

　子ども食堂を例に考えてみよう。セグメンテーションには、年齢や性別、家族構成、居住地域などのほか、たとえば食事の面からみると、孤食の頻度、栄養面の確保レベル、経済的困窮度などの分類が考えられよう。

　ターゲティングは、子ども食堂の目的やSWOT分析を踏まえて考察する必要がある。子ども食堂の目的として、一般に子どもの貧困対策と地域交流拠点の形成が挙げられる。前者だけを目的とすると、貧困層だけが主たる対象となりそうだが、子ども食堂に行くことがスティグマ（烙印）づけとなり、かえって利用しづらくなるおそれがある。子ども食堂の設立に際し、貧困か否かグレーゾーンの世帯を無視し、「この地域では貧困家庭はない」として住民から創設反対にあうこともある。地域交流拠点の形成に重きが置かれれば、対象は子どものいる世帯を中核とした地域住民全体となり、参加や支援の輪が広がりやすい。特に家庭で問題を抱える子どもにとって、貧困層だけではなく地域の誰もが対象となる子ども食堂であれば、学校の友だちには普通を装い貧困を明かさないまま、自分の居場所を確保できる効果は大きい。それでは誰もが対象となるためセグメンテーションは意味がないのかというと、セグメンテーションにより課題やニーズが鮮明になり、子ども食堂だけにとどまらない福祉サービスや地域資源へとつなげやすくなる等の効果が考えられる。

　次にポジショニングとは、目的を達成するために対象とする層に子ども食堂をどう受けとめてもらいたいかを明確にすることであり、マーケティング・ミックスで具体的に戦略化していく。❶製品は、食事サービスだが、利用者ソリューションは空腹を満たすのみならず、地域での居場所づくりやつながりの構築、多様な地域住民との会話を通じた文化の継承、これらを通した地域で取り残されることへの予防が挙げられよう。❷価格は、子ども食堂の目的からして、子どもには無償か低廉な価格設定となろう。顧客の負担は、子ども食堂へ行くための時間、ゲームセン

ターなどへ行くことに対する我慢などが挙げられ、これらを上回る価値の提供が求められる。❸立地・販売チャネルは、利用者がいつ、どこで、どのように子ども食堂を利用できるかについてである。たとえば、公民館、住宅街や商店街の一角、神社仏閣など、アクセス面での利用者の利便性が確保される必要がある。❹販売促進活動は、子ども食堂の活動の浸透前では多くの人が目にする可能性が高いチラシによる広告、ある程度浸透した後は、チラシに加え、SNS での活動報告や広告が効果的と考えられる。メッセージの中核は何か、伝わりやすいかを意識し、かつこれらは将来の利用者を含む対象者とのコミュニケーションであることを念頭に置きたい。

　利用者中心主義のマーケティングにはコミュニケーションが欠かせない。組織と利用者が信頼を構築し、誰もが住み慣れた地域でともに生きる福祉の価値観を共有し、住民と組織が協働するマーケティングが、福祉に求められよう。

　こうした地域との関係性に重きを置き、住民と協働するマーケティングの事例として、石川県の社会福祉法人佛子園が挙げられる。佛子園は1960（昭和 35）年に行き場を失った子どもたちをお寺で引き取ったことから始まった。歴史も古く、地域に根づいていると自負していたが、新たに障害者施設を地元に新設しようとしたところ、地域住民の反対にあった。そこで「地域住民の意識や行動を変えなければ福祉は成り立たない」と痛感し、法人がサービスを提供する対象を地域住民全体へ拡大するために、地域住民が無料で利用できる温泉を掘った。温泉を掘るには多額の設備投資資金を要するが、従来の経営が健全であった点や、非営利性、公益性の高い事業であり、地域福祉に重要であるとの理解を得て、地元の銀行から融資を受けている。

　温泉には若者が行きたくなるようなオシャレな居酒屋や駄菓子屋、地産地消の土産物屋があり、法人の障害者がつくった地ビール（日本海倶楽部）が売られ、そこでは障害者が普通に健常者とともに働く。多くの福祉施設では福祉サービス利用者と福祉従事者しか見当たらないものだが、佛子園では多様な住民が行き交う場となっている。昼間は地域の高齢者が仲間と喫茶し、夜間は子ども連れがお風呂に入りがてら夕食を食べ、独身者が職員と語らいながら一杯飲み、住民の生活のなかに福祉が自然と溶け込んでいる。そうして老若男女、障害者も健常者もごちゃまぜになるなかで、組織と住民との会話、住民同士の会話が始まり、福祉を他人ごとではなく自分ごととして理解し、住民自らが福祉を実践して

いく場を構築している。

　無料の温泉に入れるとなれば、地域住民も掃除など積極的に手伝い始める。お互いが顔見知りとなって気遣うようになり、地域住民自身が福祉の担い手にもなる。それは健常者に限らない。たとえば、要介護で認知症の高齢者が誰に言われることなく重度障害者の若者の食事を介助し始め、その若者が震える手による食事介助に応えようとするうちに、ほとんど動かなかった首の可動域が大きく広がり、一方でその高齢者の夜の徘徊がなくなった。これにはリハビリテーションのプロたちも「自分たちがいくら頑張っても効果が出なかったのに」と非常に驚いたという。要介護高齢者だけ、または障害者だけをタテ割りで集めるのではなく、多様な人が集まり、会話するなかで、人々の間に役割が生まれ、主体性が育ち始めている。

　障害者にとって住みやすい町は、当然誰にとっても住みやすく、当該地域は人口減少時代にもかかわらず、子育て世代の流入が増え、人口が増加し始めた。

　新型コロナウイルスによる緊急事態宣言下でも、佛子園の温泉は開き続けた。感染者が出たら何を言われるかわからないリスクを負いながらも、自宅にお風呂のない人、お風呂の修理ができない人も含め、地域の人々の公衆衛生を守る役割があるという、法人の目的が明確であったからこそ、自粛はしても萎縮はしない姿勢を貫き続けた。社会が不安なときこそ、中核となる福祉施設が通常どおりに存在することで、地域に安心感を与えることができる。

　住民との対話を重ねることで信頼を醸成し、人々の意識と行動を変え、福祉を中心とした町づくりの実践が続いている。

5 苦情解決体制

　社会福祉基礎構造改革で検討された経過を経て、2000（平成12）年6月、社会福祉事業法が社会福祉法に改正された。行政が行政処分によりサービス内容を決定する措置制度から、利用者が事業所と対等な関係に基づきサービスを選択する利用制度へと社会福祉の仕組みが大きく転換されたことになる。それにより、判断能力が不十分な利用者の意思の尊重とその代弁によって権利を擁護するシステムが整備された。同月、厚生省（現・厚生労働省）が発出した「社会福祉の増進のための社会福

祉事業法等の一部を改正する等の法律の概要」には「利用者の立場に立った社会福祉制度の構築」が示され、利用者保護のための制度が創設された。その一つとして「苦情解決の仕組みの導入」が盛り込まれた。それには、福祉サービスに対する利用者の苦情や意見を幅広く汲み上げ、サービスの改善を図る観点から、「社会福祉事業経営者の苦情解決の責務を明確化」「第三者が加わった施設内における苦情解決の仕組みの整備」「上記方法での解決が困難な事例に備え、都道府県社会福祉協議会に苦情解決のための委員会（運営適正化委員会）を設置する」と示されている。

　ここでは、社会福祉法に規定された苦情解決体制の内容や理念を的確に捉えるとともに、実践事例を通して理解を深める。

1 社会福祉法に規定された苦情の解決

❶社会福祉事業者

社会福祉事業の経営者に苦情解決の努力義務を課している。

（社会福祉事業の経営者による苦情の解決）
　第82条　社会福祉事業の経営者は、常に、その提供する福祉サービスについて、利用者等からの苦情の適切な解決に努めなければならない。

　厚生省は2000（平成12）年6月7日「社会福祉事業の経営者による福祉サービスに関する苦情解決の仕組みの指針について」（平成12年6月7日障第452号・社援第1352号・老発第514号・児発第575号）の通知を発出し、福祉サービスを提供する経営者が自ら苦情解決に積極的に取り組む際の参考として、苦情解決の体制や手順等について示しており、体制については**表3-3**のとおりとなっている。

表3-3　苦情解決体制の構築（苦情解決責任者・苦情受付担当者・第三者委員の役割）

苦情解決責任者	苦情解決の責任主体を明確にするために設置する。苦情解決の仕組みの周知や苦情申出人との話し合いによる解決、改善を約束した事項の執行と全体の責任を担う。
苦情受付担当者	苦情の申出をしやすくするために設置する。苦情を随時受付、苦情解決責任者・第三者委員への報告、受付からの解決・改善までの経過と結果について記録する役割を担う。
第三者委員	苦情解決に社会性や客観性を確保し、利用者の立場や状況に配慮した適切な対応を図るために設置する。利用者が職員に苦情申出をしにくい際の苦情受付や、話し合いの立会い、助言や議決案の調整、日常的な利用者の状況把握、意見聴取の役割を担う。

　また、全国の都道府県社会福祉協議会に、社会福祉、法律、医療など
の学識経験者で構成された公正・中立な第三者機関として「運営適正化
委員会」が設置された。福祉サービス利用援助事業の適正な運営の確保
と福祉サービスに関する利用者等からの苦情の適切な解決を図ることが
目的とされている。

（運営適正化委員会）

第83条　都道府県の区域内において、福祉サービス利用援助事業の適
　　　正な運営を確保するとともに、福祉サービスに関する利用者等からの
　　　苦情を適切に解決するため、都道府県社会福祉協議会に、人格が高潔
　　　であって、社会福祉に関する識見を有し、かつ、社会福祉、法律又は
　　　医療に関し学識経験を有する者で構成される運営適正化委員会を置く
　　　ものとする。

　厚生労働省が示した「福祉サービスに関する苦情解決の仕組みの概要」
は図**3-14**のとおりである。

　福祉サービスを利用する際には、事業所は利用契約についての説明・
書面交付が義務づけられている。その文書を交付するときには、苦情解
決制度の説明、法人の苦情解決体制や連絡方法、都道府県社会福祉協議
会に設置されている運営適正化委員会、または行政など関係機関の連絡
先を伝達しなくてはならない。併せてこれらの情報について事業所にお
けるポスターの掲示やパンフレットの配布を行うことで周知を図ること
に努めなくてはならない。加えて利用者との懇談会や家族会の開催、ア
ンケートの実施により提供している福祉サービスの満足度調査も重要で
あり、さらには、どのような内容の苦情が発生したかを広報誌やホーム
ページへの掲載も必要となる。

■2 苦情をどのように捉えるか

❶福祉サービス事業所にとって苦情をどのように捉えるか

　苦情については、狭義の既成概念として捉えるのではなく、広義の意
味として捉えることが必要となる。つまり「苦情＝利用者の生の声」で
あり、苦情もしくは要望の申し出により、事故やトラブルの未然の予防
につなげることができる。かつそれらの解決に努めた場合には、利用者
の満足度を高める要素となる。このようなことから、苦情は利用者およ
び事業所側双方において有益な情報であることを認識すべきである。

図3-14　福祉サービスに関する苦情解決の仕組みの概要図

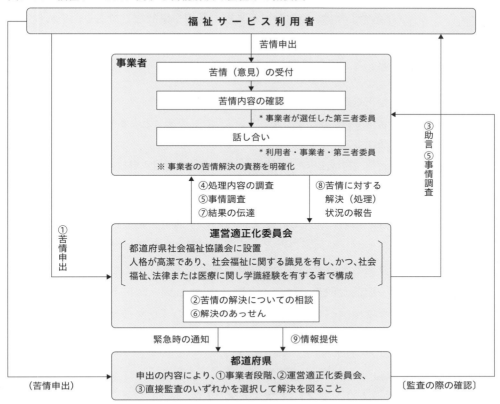

出典：厚生労働省資料

❷ 「ジョン・グッドマンの法則」とは

　グッドマン（Goodman, J.）の法則は第一から第三の法則となっており、この法則を活かすことで苦情処理により顧客満足向上を図ることができるとされている。第一の法則は、不満を感じても申し立てをせず、黙って競合他社に乗り換える顧客が多いということである。しかし、苦情に対して迅速に対応した場合はリピーターにつながることも多い。第二の法則は、苦情処理に不満を抱いた非好意的なクチコミは、好意的なクチコミより大きなインパクトがあり、波及により新規顧客を獲得しにくい環境となることである。第三の法則は、顧客が求めている情報を的確に提供することにより信頼度を高めることができることである。

　このことから、苦情を積極的に受け付け、それを処理することの重要性がわかる。経営判断として苦情解決体制の構築は無視できないものである。

3 不適合発生の予防処置と是正処置

　「不適合」とは、発生してしまった苦情や事故などであり、それらに対しての処置を適切に実施することが重要となってくる。その処置は「是正処置」と「予防処置」に分かれる。

---

　①是正処置
　　苦情や事故が二度と起きないように、不適合となる原因を除去
　②予防処置
　　苦情や事故を未然に予防し、あらかじめ苦情や事故の原因となるものを除去

　問題を早期に発見し、適切に対応し不適合を発生させないよう未然に「予防処置」を図ることと、不適合が発生した際には、二度と同じことを繰り返さないよう不適合の原因を除去する「是正処置」をとる。それには一時的な改善ではなく、**PDCA** マネジメントサイクルが適切に稼動できる体制づくりが必要となる。次項の「リスクマネジメント」においても、これらの体制確保は必須となる。

6 　リスクマネジメント

Active Learning

ディズニーランドで有名なオリエンタルランドではどのようなリスクマネジメントが行われているのか、東日本大震災時の対応はどのようであったかインターネット等で調べてみましょう。

　「リスク（risk）」とは、ある行動や選択を行った場合に、発生し得る損失や危険のことを意味する。自己責任により冒す危険であるといえる。「リスクマネジメント（risk management）」とはさまざまな危険や損失を最も効率よく回避しようとする手法である。社会福祉施設・事業所の経営全般におけるリスクとしては、財務的側面からのリスク、人事・労務上におけるリスクや違法行為により発生する法的なリスクなどが考えられる。ここでは、「サービス提供行為に起因するリスク」について概観する。

1 良質かつ適切な福祉サービスの提供が前提

　福祉サービスの提供上でのリスク（介護事故）を恐れて完全に危険を回避するとサービス提供そのものが行えなくなる。また、利用者の特定行動を安易に禁止すると、サービスの品質を低下させるおそれがある。リスクマネジメントは、個人の尊厳を保持し、サービス品質の向上につなげなければ、ただの行動の抑制や禁止となってしまうおそれがあり、

「指定介護老人福祉施設の人員、設備及び運営に関する基準」（平成11年厚生省令第39号）等の基準省令でも規定された「身体拘束廃止」と法整備された「虐待防止法」の重要性を理解しつつ、福祉サービス提供時におけるリスクマネジメントの概念を十分に認知しなくてはならない。社会福祉法においては次のとおり規定されている。

> （福祉サービスの基本的理念）
> 第3条　福祉サービスは、個人の尊厳の保持を旨とし、その内容は、福祉サービスの利用者が心身ともに健やかに育成され、又はその有する能力に応じ自立した日常生活を営むことができるように支援するものとし、良質かつ適切なものでなければならない。

　つまり、リスクマネジメントは事故をなくすこと自体が目的でなく、事故は起こり得るものであることを前提として、リスクを予見し「予防的な対策」をして発生頻度を下げる。または「損害規模を小さく（リスクコントロール）」していく。あるいは、万が一事故が発生してしまった場合には、適切な対応を図る。または同じような事故が再び起こらないよう改善策を前向きに重ねることが大切となる。これらの過程を経て行われるマネジメント手法がリスクマネジメントである。

2 リスクマネジメント体制の構築

　「指定介護老人福祉施設の人員、設備及び運営に関する基準」の「事故発生の防止及び発生時の対応」（第35条）を確認してみると、施設や事業所において次のような体制の構築が定められている。

> （事故発生の防止及び発生時の対応）
> 第35条　指定介護老人福祉施設は、事故の発生又はその再発を防止するため、次の各号に定める措置を講じなければならない。
> 　一　事故が発生した場合の対応、次号に規定する報告の方法等が記載された事故発生の防止のための指針を整備すること。
> 　二　事故が発生した場合又はそれに至る危険性がある事態が生じた場合に、当該事実が報告され、その分析を通じた改善策を従業者に周知徹底する体制を整備すること。
> 　三　事故発生の防止のための委員会及び従業者に対する研修を定期的に行うこと。
> 　2　指定介護老人福祉施設は、入所者に対する指定介護福祉施設サービスの提供により事故が発生した場合は、速やかに市町村、入所者の家

族等に連絡を行うとともに、必要な措置を講じなければならない。

3 指定介護老人福祉施設は、前項の事故の状況及び事故に際して採った処置について記録しなければならない。

4 指定介護老人福祉施設は、入所者に対する指定介護福祉施設サービスの提供により賠償すべき事故が発生した場合は、損害賠償を速やかに行わなければならない。

各々の施設、事業所は当該基準に沿った体制を整える必要がある。
① 指針、マニュアルの整備
② 委員会の設置
　＊リスクマネージャーの選任
　＊委員会の設置
　委員会の機能としては、リスクマネージャーを中心として、事故報告書などをもとに、事故が発生した際には「事故要因の特定→分析→是正処置計画」、事故の可能性のあった出来事を発見した場合、つまり事故に至る可能性があったものの、事故に至る前に発見されて防ぐことができた場合には、「ヒヤリハットの特定→分析→予防処置計画」のプロセスを踏んだうえで、フィードバック、すなわち職員に対して周知徹底を図り、是正および予防処置計画どおりに実施したことを評価し、必要に応じて再計画を作成する手順を整える。
③ 職場研修の実施（職員要因のリスクコントロール）の視点
　「人間はエラーを起こすもの（ヒューマンエラー）」ということを前提として、職員個人の事故防止対策、被害の拡大の防止や損害を最小限に抑える視点をもったうえで、日常的な職場研修の実施が必須となる。
　＊リスクマネジメント体制の仕組み……事故発生時の対応、記録の記述の仕方　など
　＊事故発生時の対応、シミュレーションと準備……緊急時の対応（心臓マッサージ・AED操作・吸引器の使用など）
　＊危険予知訓練……リスクを回避（予防）するための訓練
　　・観察能力、危険性の認知能力（リスクの予見、回避）の向上
　　・５S（整理・整頓・清掃・清潔・しつけ）活動の実施
　＊OJTを通した「業務手順」の徹底
　福祉サービスは、職員個々の資質能力に負うこともあるが、特定の者の能力に依存するようでは、サービスの質にばらつきが出やすい

状況になる。業務や作業の標準化は、提供する福祉サービスの必要最低限の「標準」（やらなければならない必要不可欠な業務）が、誰が行っても一定レベルに保ち、サービスの質の維持、向上を図るために不可欠なことである。

「標準化によって型にはめる」→「一人でできるようになる」→「人に教える」（暗黙知・経験知から形式知・知識知）。このように OJT を進めていく体系は人事管理の重要事項であり、強化につなげることが肝要となる。

3 リスクマネジメント体制の構築

❶事故発生のメカニズム

事故発生の背景には未然に防ぎ得たニアミスが存在している。**図3-15 のハインリッヒの法則**は、労働災害の分野で知られていることであり、事故発生についての経験則といわれている。1件の重大事故の背後には、重大事故に至らなかった 29 件の軽微な事故が隠れており、さらにその背後には事故寸前だった 300 件の危険な状態が隠れているといわれている。つまり、ヒヤリとしたりハットしたりする状況である。要するに、これらの情報を「ヒヤリハット報告書」をもって共有することが重要となる。

また、リーズンの軌道モデルも事故発生のメカニズムを説明するもので、リスク管理に関する概念の一つである。完璧な防護壁は存在しないと認識したうえで、個々の防護壁が正しく機能するよう監視することが重要とされており、原因分析や再発防止の検討に使われる。介護における防護壁は建物等の環境、時間帯・天候等の環境、職員の状況、入所者（利用者）の身体等の状況となる。つまり、建物などの死角や段差などの除去、職員の恒常的な研修による知識や技術の向上、利用者本人のアセスメントを適切に実施することにより防護壁が重層的に確保され、大

★ハインリッヒの法則
アメリカのハインリッヒ（Heinrich, H. W.）が事故事例を根拠にして導き出した統計的な経験則。1件の重大事故の背景には 29 件の軽微な事故があり、さらにその背景には 300 件のヒヤリハットが存在するというもの。

★リーズンの軌道モデル
視点の異なる防護策を何重にも組み合わせることで、事故や不祥事が発生する危険性を低減させることができるというリスク管理に関する概念。

図3-15　ハインリッヒの法則

1	1件の重大な事故・災害
29	29件の軽微な事故・災害
300	300件のヒヤリハット

事故を防ぐことになる。

❷リスクマネジメントプロセス

リスクマネジメントを行う際には基本的な流れがある。

① 適切な対応と説明責任

適切な対応とは、受傷した場合に判断できる者の迅速な指示のもと、救急要請や受診の有無など適切な対応が求められる。また、説明責任を果たすため、内部の情報伝達経路を確立し、事故発生時の利害関係者の情報伝達について決定をしておかなくてはならない。

② リスクの要因の特定

「事故報告書」の作成・活用は、単なる記録書類（証拠書類）としての側面だけではなく、再発防止のために活用すべき書類としての位置づけが重要となる。一方、「ヒヤリハット報告書」の作成・活用は、事故には至らなかったが、一歩間違えれば事故に至る可能性が非常に高い出来事を、個人の胸のなかに収めるのではなく、書面という形で報告し、集計・分析することによって事故を未然に回避するものである。ハインリッヒの法則に示されているとおり、事故に至らないニアミスの情報共有が肝要となり、事故に至らないよう事前に予防することに活用する。

③ リスクの分析

事故報告書やインシデントレポートをもとに、内容確認、原因の特定および分析を行い、事故に至る可能性を未然に防ぐ改善が目的であり、「是正処置」「予防処置」計画の立案が重要となる。分析方法は、人間の行動を四つの要因に規定したSHEL(L) モデル[iv]や 4M-4E マトリックス[v]などが活用されているが、福祉現場では次の分析方法が使われていることが多い。

「事故要因分析（三要因）の特定　→　分析」

環境要因……事故発生場所の特定→経営者自らが危機管理の必要性を認
　　　　　　識し、現場職員と連携を取りあいながら経営資源の視点か
　　　　　　ら、リスクの源泉の除去に努める

---

iv　人間の行動を四つの要因に規定（software（ソフトウェア）・hardware（ハードウェア）・environment（環境）・liveware（人間、L 他人・L 当事者））し、それぞれの要因、相関関係において事故発生について分析を行う手法。

v　この手法は NTSB（米国国家運輸安全委員会）の事故調査手法が起源とされ、産業界でもさまざまな分野で使われている。この手法を用いることにより、エラー要因を多面的に捉えるとともに、対策も広い観点から検討できる。
　4M：man（人間）、machine（物）、media（環境）、management（管理）
　4E：education（教育）、engineering（技術）、enforcement（強化）、example（模範）

本人要因……利用者そのものの危険要因の把握→個別の課題分析（アセスメント）→危険要因の把握

職員要因……当事者である職員状態を把握したうえで、介護技術の習熟度、介護に対する態度や考え方の影響がある場合は研修を実施する必要がある。また、人間はエラーを起こすという前提として、業務の標準化を徹底することやシミュレーションの実践、さらには人員配置や業務の見直しによりリスクの源泉を除去する

また、福祉現場では三要因に合わせて RCA 分析を活用することが多くなっている。根本的な原因を分析するための手法（root cause analysis）であり「なぜなぜ分析」とも呼ばれ、抽出された要因原因に対して「なぜ」を数回繰り返し、根本的な原因を追及する方法である。

7 求められるサービスの質の向上

1 福祉サービス経営の目的と顧客価値

マネジメント論で有名なドラッカー（Drucker, P. F.）は、「利益だけが明日の雇用、より多くのよりよい雇用の場に必要な資本を供給する」と利益の重要性を踏まえながら、「利益は目的ではなく結果である」と論じている。そして、組織や事業の目的（purpose）と使命（mission）を明らかにすることが重要であり、そのためには、「顧客にとっての価値」（customer value）を考えなければならないと指摘する[9]。

では、福祉サービス経営の目的と使命は何か。顧客価値とは何か。

社会福祉法第 1 条（目的）では「この法律は、社会福祉を目的とする事業の全分野における共通的基本事項を定め、社会福祉を目的とする他の法律と相まって、福祉サービスの利用者の利益の保護及び地域における社会福祉の推進を図るとともに、社会福祉事業の公明かつ適正な実施の確保及び社会福祉を目的とする事業の健全な発達を図り、もって社会福祉の増進に資することを目的とする」と規定している。

つまり、社会福祉事業の公明かつ適正な実施等により「社会福祉（well-being）の増進」を法の目的としている。その目的の達成は、当該事業を担う組織の経営実態において導かれなければならず、それゆえ、福祉サービス経営の目的は、営利・非営利のいかんを問わず、「社会福祉

（well-being）の増進」であると理解できよう。

　顧客価値については、社会福祉法第3条（福祉サービスの基本的理念）の「福祉サービスは、個人の尊厳の保持を旨とし、その内容は、福祉サービスの利用者が心身ともに健やかに育成され、又はその有する能力に応じ自立した日常生活を営むことができるように支援するものとして、良質かつ適切なものでなければならない」にみることができる。同法の規定を当てはめれば、福祉サービス経営における顧客価値の最大化は「利用者が、個人の尊厳を保持しつつ、自立した生活を地域社会において営むことができるよう支援すること」であり、そこで提供される福祉サービスは「良質で適切なものでなければならない」のである。

▎2 福祉サービスの質の向上

　社会福祉法第3条（基本的理念）で掲げられる良質なサービス提供については、同法第78条（福祉サービスの質の向上のための措置等）において「社会福祉事業の経営者は、自らその提供するサービスの質の評価を行うことその他の措置を講ずることにより、常に福祉サービスを受ける者の立場に立って良質かつ適切な福祉サービスを提供するよう努めなければならない」と規定されており、サービス提供主体による組織的取組によるサービス水準の向上の努力義務を規定している。そして、同条の社会福祉事業の経営者が行う福祉サービスの質の向上のための措置の一環として福祉サービス第三者評価事業が位置づけられている。なお、社会的養護関係施設（児童養護施設、乳児院、児童心理治療施設、児童自立支援施設および母子生活支援施設をいう）については、第三者評価の受審およびその結果の公表が義務づけられている。

　福祉サービス第三者評価事業の目的は、受審する事業者が事業運営における問題点を把握し、サービスの質の向上に結びつけることとされており、同時に第三者評価の結果が公表されることで利用者の適切なサービス選択に資することが期待されている。

　福祉サービス第三者評価事業の推進体制は、全国組織として全国社会福祉協議会を置き、都道府県が適当と認める団体を都道府県における第三者評価事業の推進組織（都道府県推進組織）として設置されている。評価事業の実施については、「福祉サービス第三者評価機関認証ガイドライン」に基づいて都道府県推進組織によって認定された第三者評価機関が「福祉サービス第三者評価基準ガイドライン」に基づいて実施する体制となっている。

　評価結果は、独立行政法人福祉医療機構が運営する「保健福祉医療情報ネットワークシステム（WAM NET）」や都道府県ごとに多様なチャンネルを活用して公表されている。[vi]

③ 介護サービスの質の評価の動向

　福祉サービス第三者評価事業のほかに、介護サービスの質の評価については、指定地域密着型サービスの自己評価・外部評価が義務づけられている。[vii]また、介護サービス情報公表制度も運用されている。[viii]

　他方、これらのサービス評価の仕組みとは別に、介護報酬において各サービスの基本報酬に加えて各事業者のサービス提供体制や利用者の状況等に応じて、金銭的インセンティブをもって評価（加算・減算）する仕組みが導入されている。

　ドナベディアン（Donabedian, A.）が提唱した、ヘルスケアの質の評価モデル[10]に当てはめて、構造（structure）、過程（process）、成果（outcome）の三側面から分類すると、**表 3-4** のとおりとなっている。

　たとえば、ストラクチャー評価に該当する「管理栄養士の配置」については、管理栄養士の配置と入所者ごとの栄養ケア計画の作成をしている場合の栄養マネジメント加算が介護報酬上で評価される仕組みとなっている。

　これらの評価のうち、介護保険制度創設時から一部導入がされてきたストラクチャー評価およびプロセス評価に加え、利用者の状態改善等のアウトカムの観点からの評価も活用することも求められ、2006（平成18）年度に事業所評価加算が導入されて以降、評価可能なものについては加算の見直し・拡充等により順次導入が進められている。[ix]

---

vi 　福祉サービス第三者評価事業の受審（および結果の公表）や、ISO9001 の認証取得施設を有する法人については、「良質かつ適切な福祉サービスを提供するよう努めている」と所轄庁が判断をして、指導監査のうち一般監査を 4 年に 1 回とすることができる。

vii 　認知症高齢者共同生活介護および小規模多機能型居宅介護を経営する事業者については、外部評価を受け、その評価結果と自己評価結果を対比、考察したうえで総括的な評価を行うこととされている。

viii 　介護サービス事業者が現に行っている事柄を指定調査機関が客観的事実に基づき調査し、その結果をインターネット上に公表する。2015（平成 27）年より地域包括支援センターおよび生活支援等サービスについては市町村が公表するよう努めることとなっている。

ix 　アウトカム指標の検討の一環として、科学的手法に基づく分析とエビデンスの蓄積・活用を目的として「介護に関するサービス・状態等を収集するデータベース（CHASE）」の運用が 2020（令和 2）年 5 月より開始されている。

表3-4　介護報酬による介護サービスの質の評価の例

	主な介護報酬の例
ストラクチャー評価	・管理栄養士の配置 ・認知症介護に係る専門的な研修を修了した者の配置 ・介護福祉士、常勤職員、勤続3年以上の職員の占める割合 ・夜勤職員の基準以上の配置　等
プロセス評価	・ターミナルケアに係る計画の作成 ・経管により食事摂取している入所者ごとに経口移行計画を作成し、栄養士が経口食事摂取を進めるための栄養管理を行う ・医師または理学療法士等が入所早期に集中的なリハビリテーションを行う　等
アウトカム評価	・要介護度の維持・改善を評価する ・在宅復帰を評価する ・リハビリテーションによる社会参加を評価する　等

出典：「介護報酬でのサービスの質の評価の導入に関する取組について」（介護給付費分科会第123回資料）2015. をもとに作成

8　求められるサービスマネジメント

　法的に求められる福祉サービスの質の向上を導こうとする動きとは別に、サービス水準の向上を自ら目指す事業者の経営のあり方に注目が集まっている。

　とりわけ、少子高齢化の進展や国民の福祉サービスに対する需要の増大・多様化等により、サービスの根幹である福祉人材の不足が大きな課題となるなかで、専門職の資質や力量によるサービスの質の維持・向上だけでなく、事業者・施設におけるサービスマネジメントのありようが求められている。

　サービスマネジメントとは「サービスという財によって『どのように顧客、従業員、サービス組織にとっての価値を高めるか』という課題を経営活動を通じて実現すること」とされる[11]。その重要な役割は、サービスの特徴から発生する経営課題に応え、解決の道筋を提供することにあるとされる[12]。

　実際のサービスマネジメントにおいては、マーケティング・ミックス（実行戦略）で用いる構成要素を検討することが有効であるとされる。

　たとえば、マッカーシー（McCarthy, E. J.）が提唱した4P（product（製品）、price（価格）、place（立地・販売チャネル）、promotion（販売促進活動））は、マーケティングにおける基本的要素であり、顧客が製

図3-16　サービスマネジメントの対象領域

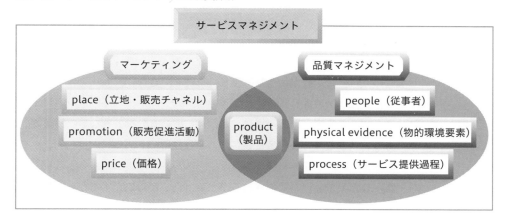

品の購入を決める際の主要な要因になる。[13]

　そして、この四つのPに加え、無形のサービス利用者と直接的な接点をもつ要素として、people（サービス従事者）、physical evidence（サービス提供の場所やサービス提供に使われる機器等）、process（サービス提供過程）を加えた**7P**が重要であるとされる。[14]

　なお、マーケティング・ミックスの4Pに対し、people（サービス従事者）、physical evidence（物的環境要素）、process（サービス提供過程）は顧客満足に直接的に影響を与えることから品質マネジメントの3Pと呼ばれることもある。

　また、コトラー（Kotoler, P.）は、グローバル・マーケティングにおいて重要とされる、politics（政治）とpublic opinion（世論）を四つのPに加えることを提唱しつつ、売り手側の視点からのPの数よりも、顧客側からの視点である四つのCとして、customer value（顧客にとっての価値）、cost to the customer（顧客の負担）、convenience（入手の容易性）、communication（コミュニケーション）を通したマーケティング・ミックスを考えることを指摘している。[15]

1 有形製品と異なるサービスの特徴

　また、有形製品と異なる無形のサービスの特徴として「無形性」「不可

x　マーケティング・マネジメント・プロセスについて、コトラー（Kotler, P.）は、❶調査、❷STP（セグメンテーション、ターゲティング、ポジショニング）、❸マーケティング・ミックス（実行戦略）、❹実施、❺管理、の五つのステップから構成されるとしている（P. コトラー，木村達也訳『コトラーの戦略的マーケティング』ダイヤモンド社，2000.）。

分性」「変動性」「消滅性」があるとされる。[16)]

○無形性（intangibility）
　有形の製品と異なり、サービスは実際に購入したり提供されるまで、実際のサービスを確かめたり、感じることもできない。
○不可分性（同時性）（inseparability）
　サービスの生産と消費（提供）が同時に行われ分割できない。不可逆であり、サービスの提供者と顧客との相互作用でもある。
○変動性（variability）
　誰が、どこで、いつ提供されるかといったことに依存するため多様であり、サービスの品質や顧客満足に差が生まれる。
○消滅性（perishability）
　その場その場でのみ存在し消滅していく。サービスは取り置きできない。

　このような有形製品と異なるサービスの特徴やマーケティングにおける七つのＰの複雑さもあり、対人援助サービスを含む無形サービスでは、その品質を維持することはもとより、その品質を測定し改善することも難しいとされる。たとえば、同一の場所で同一の職員が同一のサービスを提供したとしても、無形サービスの特徴である「変動性」により、その日の顧客の体調や気分によっても顧客の満足度は異なるため、サービスの品質の測定は難しいのである。

　商品に対する顧客の品質評価は、主観的認知であり、その商品の購入時に顧客が抱いていた「期待」によって強い影響を受け、サービスの実績が事前期待よりも低い場合や事前期待が高すぎる場合は、顧客による品質評価は低くなるとされる。[17)]

　このように、顧客の満足度や顧客による品質評価といった主観的認知が「期待」に影響を受けるため、ザイスハムル（Zeithaml, V. A.）、パラスラマン（Parasuraman, A.）、ベリー（Berry, L.）は、顧客期待を左右する11の要因を示している。[18)]

　また、期待と実績からサービスの品質を測定するための10項目からなる指標SERVQUAL（物的要素、信頼性、応答性、コミュニケーション、信用性、安全、能力、礼儀正しさ、顧客理解、アクセス）を開発し、このうち、サービスの品質を測る五つの指標として「物的要素（tangibles）」「信頼性（reliability）」「応答性（responsiveness）」「安心性（assurance）」「共感（empathy）」があることを明らかにしてお

り、このうち「信頼性」が重要としている。[19]

2 サービスの標準化

こうした無形のサービスの特性もあり、福祉サービスの提供のプロセスに直結するマニュアルの整備とそれに基づく人材育成を柱とするサービスの「標準化」をもって品質管理を行うことが求められている。

もとより、品質改善においては「標準なきところに改善なし」と指摘されるとおり、組織としてサービスマネジメントを行うならば、提供するサービスを改善する以前に「徹底した標準化」を行う必要があり、標準の改訂を行うことでサービスの質的向上が導かれる。[20]

周知のとおり福祉サービスは、個々の利用者の心身の状況やニーズに対応した支援が行われるが、同じ施設・事業所において行われるサービスであっても、担当する職員によってサービスの水準が異なることや、提供されるサービス内容が異なる場合も想定できる。そのため、標準的な対応のマニュアル整備とそれに基づいたルール化が要請されているのである。

たとえば、介護老人福祉施設（特別養護老人ホーム）に求められるマニュアルとしては、認知症ケア、権利擁護、プライバシー保護、身体拘束等の排除、入浴方法、排泄方法、服薬管理、感染症の予防、食中毒の予防、ターミナルケア、精神的ケア、苦情等対応、事故対応、非常災害時の対応等があり、マニュアルの整備と研修の実施が求められている。また、その一部については、整備と研修の有無を監査において調査される。

このように、不適切な対応を減らし、標準的な手順の定着をもってサービスの質の確保が求められているのである。また、個々の専門職がもつ有益な知識を暗黙知のままにせず、組織内で知識変換し、❶個人の暗黙知からグループの暗黙知を創造する（共同化）、❷暗黙知から形式知を創造する（表出化）、❸個別の形式知から体系的な形式知を創造する（連結化）、❹形式知から暗黙知を創造する（内面化）の四つのモードからなるSECIモデルを基本とするナレッジ・マネジメントの必要性も指摘されている。[21]

他方、マニュアルの設置がサービスの質と同義ではないことにも留意すべきである。マニュアルはサービス提供過程の手順の均一化と可視化に資するものであるが、サービスエンカウンター[xi]において顧客である利用者と密接にかかわるソーシャルワーカーには、標準化されたサービス

水準に上乗せする専門性と、必要に応じて柔軟に対応することも求められる。そのため、優秀なソーシャルワーカーの行動特性を形式知化したり、個別に対応した事例等をもとにマニュアルを見直す標準の改定作業が重視されるのである。

▌3 サービスの品質改善

重要なことは、サービス水準の向上を常に目指す歩みを止めないことである。現状のサービス水準を確認しつつ、次のステップを見出すことが求められる。問題とは「設定してある目標と現実との、対策して克服する必要のあるギャップ」とされる[22]。つまり、「設定してある目標（目指す状態）」と現実（現在の状態）のギャップが「問題」なのである。

たとえば、多くの都道府県が特別養護老人ホームの設備及び運営の基準に関する条例で「特別養護老人ホームは、1週間に2回以上、入所者を入浴させ、または清しきする」と規定しており、そこで示される最低限度の基準が標準的なサービスとして固着している実態がある。

こうした公的に求められる最低基準を改めて、各々の施設・事業所における最適な基準へとサービス水準の向上を導くことが求められるのである。

朝の更衣、希望に応じた夜間浴の提供、温かくおいしい食事、プライバシーに配慮した環境整備、単調な生活にならないようなクラブ活動の実施など、提供するサービス水準の向上は、常に顧客である利用者の声やニーズにセンシティブであることが求められる。

▌4 標準の改訂

そうした問題や課題の解決に向けた組織的な取り組みについては、「改善・革新活動」の品質マネジメントサイクルである PDCA サイクル

図3-17 「問題」の捉え方

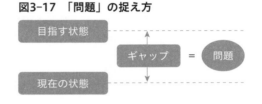

xi　サービスエンカウンターとは、顧客が企業の提供する具体的なサービスに直接に接する場面のことである（近藤隆雄『サービスマーケティング 第2版』生産性出版, 1999.）。

（plan（計画）→ do（実施）→ check（確認）→ act（処置））を実施することで問題や課題の解決に有効とされる。

　そして、解決された問題や課題を標準化して定着させ、次の課題の発見につなげる「維持向上」の品質マネジメントサイクルである **SDCAサイクル**（standardize（標準化）→ do（遵守）→ check（異常への気づき）→ act（是正処置））を重ねることで、サービス品質の向上が導かれる[23]。**TQM**（total quality management：総合的品質管理）においては、PDCA サイクルは「方針管理」に、SDCA は「日常管理」において用いられるとされる。

　「方針管理」とは、方針を全部門・全階層の参画のもとで、ベクトルを合わせて重点指向で達成していく活動と定義される。トップマネジメントによって表明された方針・目標・方策を実施計画に落とし込み、PDCA サイクルを回していくことになる。

　たとえば、特別養護老人ホームにおける入浴回数を週 2 回から、希望者へは毎日浴や夜間浴も提供する方針を決めたり、職員のシフト勤務体制を変更したり、週休 3 日制を導入する等、大きな方針の転換がコスト増を含む改善・改革を導く「方針管理」は、トップダウンで取り組まれる。

　それに対して、「日常管理」とは、組織のそれぞれの部門において、日常的に実施されなければならない分業業務について、その業務目的を効果的に達成するために必要なすべての活動と定義される。

図3-18　維持向上、改善および革新

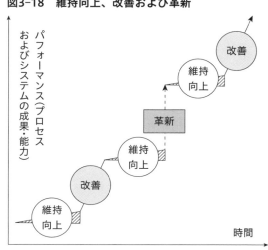

出典：日本品質管理学会「方針管理の指針 JSQC-Std33-001」
2016.

方針管理によって導かれた改善・改革を日常業務に落とし込み、定着を図る取組であり、SDCAサイクルにおいてプロセスとシステムが形づくられていく。

　ポイントとなるのは、方針管理がトップダウンで導かれる取組であるのに対して、日常管理はボトムアップにより業務目的を効率的に達成するための維持向上を行うことにある。

　サービスマネジメントに求められるPDCAサイクル（方針管理：改善・革新）とSDCA（日常管理：維持向上）を循環させるためには、従来型のトップダウン型の組織ではボトムアップによるSDCAサイクルが導けないため、利用者の声に寄り添い、職員一人ひとりの意思決定や意思決定を組織的にサポートしていくバックアップ型組織へと組織を変革していくことも求められる。

◇引用文献
1）Barney, J. B., *Gaining and Sustaining Competitive Advantage, Second Edition*, PRENTICE HALL,INC, 2002.（岡田正大訳『企業戦略論』ダイヤモンド社，2016.）
2）青島矢一・加藤俊彦『競争戦略論 第 2 版』東洋経済新報社，2012.
3）Porter, M., *Competitive Strategy*, Free Press, 1980.（土岐坤ほか訳『競争の戦略』ダイヤモンド社，1982.）
4）伊丹敬之『経営戦略の論理──ダイナミック適合と不均衡のダイナミズム』日本経済新聞出版，2012.
5）Hamel, G. and Prahalad, C. K., *Competing for the Future*, Harvard Business School Press, 1994.（一條和生訳『コア・コンピタンス経営──未来への競争戦略』日本経済新聞出版，2001.）
6）Brandenburger, A. H. and Nalebuff, B. J., *Co-opetition*, Crown Business, 1997.（嶋津祐一・東田啓作訳『コーペティション経営──ゲーム論がビジネスを変える』日本経済新聞社，1997.）
7）野中郁次郎・竹内弘高，梅本勝博訳『知識創造企業』東洋経済新報社，2011.
8）M. ポラントニー，高橋勇夫訳『暗黙知の次元』筑摩書房，2003.
9）P. F. ドラッカー，上田惇生訳『マネジメント──課題、責任、実践（上）』ダイヤモンド社，pp. 87-89，2010.
10）A. ドナベディアン，東尚弘訳『医療の質の定義と評価方法』健康医療評価研究機構，2007.
11）近藤隆雄「サービス・マネジメントとは」『日看管会誌』第 3 巻第 2 号，p. 15，1999.
12）近藤隆雄『サービスマネジメント入門』生産性出版，p. 12，2007.
13）近藤隆雄『サービス・マーケティング 第 2 版』生産性出版，p. 188，1999.
14）同上，p. 190
15）P. コトラー，木村達也訳『コトラーの戦略的マーケティング』ダイヤモンド社，p. 154，2000.
16）P. コトラー・K. ケラー，恩蔵直人監，月谷直紀訳『コトラー＆ケラーのマーケティングマネジメント基本編 第 3 版』丸善出版，pp. 248-249，2014.
17）前出12），pp. 207-208
18）Zeithaml, V. A., Berry, L. L., Parasuraman, A., 'The Nature and Determinants of Customer Expectations of Service', *Journal of the Academy of Marketing Science*, 21 (1), pp. 1-12, 1993.
19）Parasuraman, A., Zeithaml, V. A., Berry, L., 'SERVQUAL : A Multiple-Item Scale for Measuring Consumer Perceptions of Service Quality', *Journal of Retailing*, 64 (1), pp. 12-40, 1988.
20）富野貴弘『生産管理の基本』日本実業出版社，p. 90，2017.
21）前出7），pp. 90-105
22）日本品質管理学会「品質管理用語 JSQC Std 00-001」p. 13，2018.
23）古谷健夫『問題解決の実践』日科技連出版社，pp. 12-13，2018.

◇参考文献
・入山章栄『世界標準の経営理論』ダイヤモンド社，2019.
・琴坂将広『経営戦略原論』東洋経済新報社，2019.
・網倉久永・新宅純二郎『経営戦略入門』日本経済新聞出版，2011.
・野中郁次郎・山口一郎『直観の経営──「共感の哲学」で読み解く動態経営論』KADOKAWA，2019.
・松原由美『介護事業と非営利組織の経営のあり方──利益と内部留保を中心に』医療文化社，2015.
・和田充夫・恩藏直人・三浦俊彦『マーケティング戦略 第 5 版』有斐閣，2016.
・Biestek,S. J., *The Casework Relationship*, Loyola University Press, 1957.（尾崎新ほか訳『ケースワークの原則──援助関係を形成する技法 新訳改訂版』誠信書房，2006.）
・Kotler, P., *Strategic Marketing for Nonprofit Organizations*, 6th Edition, Pearson Education, Inc, 2003.（井関利明訳『非営利組織のマーケティング戦略』第一法規，2005.）
・Kotler, P., & Lee, N., *Up and Out of Poverty: The Social Marketing Solution*, Pearson Education, Inc, 2009.（塚本一郎監訳『コトラー ソーシャル・マーケティング』丸善，2010.）
・March, J. G., 'Exploration and Exploitation in Organizational Learning', *Organization Science*, 2, pp. 71-81, 1991.
・Mintzberg, H., Ahlstrand, B. and Lampel, J., *Strategy Safari*, Free Press, 1988.（斎藤嘉則監訳『戦略サファリ 第 2 版』東洋経済新報社，2012.）
・O' Reilly, C. A.&Tushman, M. L., 'The Ambidextrous Organization', *Harvard Business Review*, 82, pp. 74-78, 2004.

第3章 福祉サービス提供組織の経営と実際

第4節 情報管理

● 福祉改革と情報の担う役割の拡大について学ぶ

● 福祉サービスの三つに分類される情報について学ぶ

● 個人情報保護をはじめとする情報の管理と運営について学ぶ

1 はじめに
──福祉サービスの経営・運営と情報

　福祉サービスは、人々の生活と健康を守り支えるうえで欠くことができない存在であり、サービスの提供と利用を維持し向上させていくため、安定的で効率的な事業経営が求められている。そうした経営を支える柱の一つが情報の活用である。また情報は、福祉サービスの質を保ち向上させていくうえでも重要な役割を果たしている。

　1990年代以降、パソコンやインターネット、携帯電話など、情報通信技術（ICT：Information and Communication Technology）が急速に発展・普及し、社会と生活のあり方を変えてきた。**ICT** の活用（ICT化）により、情報がこれまで以上に重要な役割を果たし大きな価値を生むようになった（情報化）ことが、変化の源であり、福祉サービスの経営や社会福祉士をはじめとするスタッフの働き方にも多大な影響を与え、今後、さらに拡大していくと考えられる。

　しかし、ICT化・情報化は、業務の効率化や省力化、生産性の向上、より高度なサービスの提供などさまざまなメリットをもたらす一方、個人情報の漏洩など、リスクや格差の拡大を招く場合もある。それだけに、福祉サービスを事業として展開する経営者はもちろんのこと、サービスの提供と運営を担うスタッフも、情報のあり方と活用について十分な理解と認識をもち変化に対処していく必要がある。

2 福祉改革と情報の担う役割の拡大

　2000年代初頭、少子高齢化の進行に伴って増大・多様化が見込まれ

る福祉需要に対応するため、社会福祉の共通基盤制度について大幅な見直しが行われた。社会福祉基礎構造改革と呼ばれたこれら一連の制度改正によって、行政処分としてサービス内容が決定される措置制度から、利用者がサービスを選択し事業者との契約に基づいてサービスを利用する利用制度への転換が行われ、我が国の福祉サービスは、「与えられる福祉から選択し利用する福祉」へと大きく姿を変えた。

この改革の柱として社会福祉事業法（1951（昭和 26）年）が社会福祉法へと改正された（2000（平成 12）年）。社会福祉法には、利用者によるサービスの選択を保障するため、「情報の提供」について、「社会福祉事業の経営者は、福祉サービスを利用しようとする者が、適切かつ円滑にこれを利用することができるように、その経営する社会福祉事業に関し情報の提供を行うよう努めなければならない」「国および地方公共団体は、福祉サービスを利用しようとする者が必要な情報を容易に得られるように、必要な措置を講ずるよう努めなければならない」（第 75 条）と定められている。また、「情報の公開等」（第 59 条の 2）として、社会福祉法人に厚生労働省令で定める事項の公表を求め、「社会福祉事業の経営者による苦情の解決」（第 82 条）では、社会福祉事業の経営者に、提供する福祉サービスについて利用者等からの苦情の適切な解決に努めることを定めるなど、事業運営の透明性確保やサービスの質確保のため情報を活用する仕組みも盛り込まれた。

こうした改革が進められた時期は、情報通信技術が急速に発達し、その活用が社会全体に広がっていった時期でもあり、福祉サービスや関連領域においても ICT 化が進んだ。たとえば、2000（平成 12）年に導入された介護保険制度は、要介護認定や介護報酬の請求・審査・支払といった主要な運営業務に情報システムの利用を前提としており、介護サービス計画（ケアプラン）やサービス提供記録の作成・運用・管理など、現場業務におけるパソコンや情報システム（ソフトウェア）の活用も一気に拡大した。また、障害者福祉サービスにおける支援費制度、障害者自立支援法、障害者総合支援法についても、介護保険と同様に制度運営の ICT 化が進められた。

このように、ICT は、福祉サービスにとって欠くことができない役割を担うようになってきており、今や ICT の活用なしには制度の運営やサービス提供が行えないといっても過言ではない。さらに近年では、AI（Artificial Intelligence：人工知能）や IoT（Internet of Things：モノのインターネット）、ビッグデータ、ロボット、5G（第 5 世代移動通信

システム）など、ICT をめぐる技術革新がさらに加速していることを背景に、より高度な ICT 化とデータや情報の積極的な活用に向けた取り組みが推進されている。

　2017（平成 29）年 6 月に閣議決定された政府の「未来投資戦略 2017」には、「新たに講ずべき具体的施策」の柱の一つとして「技術革新を活用し、健康管理と病気・介護予防、自立支援に軸足を置いた、新しい健康・医療・介護システムの構築」が位置づけられ、「データ利活用基盤の構築」「保険者や経営者によるデータを活用した個人の予防・健康づくりの強化」「自立支援・重度化防止に向けた科学的介護の実現」「ロボット・センサー等の技術を活用した介護の質・生産性の向上」などが具体策として示された。

　また、厚生労働省は、2017（平成 29）年 1 月、省内に「データヘルス改革推進本部」を設置し、「国民の健康確保のためのビッグデータ活用推進に関するデータヘルス改革推進計画」（2017 年 7 月）を取りまとめ、「データを有機的に連結可能にする ICT 環境の整備」や「保健医療データプラットフォームの構築」等に向けた体制の整備を図り、データヘルスの推進によって、少子高齢化に伴う重要課題である健康寿命の延伸や社会保障制度の持続可能性を確保する方針を打ち出した。

　このように、技術革新を活かしデータをより積極的に活用することで、効果的で効率的なサービスの実現に取り組む「データの時代」となり、医療・介護、さらには福祉の領域においてもデータの積極的な活用が求められるようになりつつある。

　図 3-19 に示す「科学的裏づけに基づく介護（科学的介護サービス）[ii]」は、その代表的な例である。この取り組みでは、データにより自立支援等の効果が科学的に裏づけられた介護サービスのあり方を確立し普及させていくため、必要なデータを収集・分析するデータベースとして、介護保険制度の要介護認定データを中核に介護保険レセプトデータを統合した「介護保険総合データベース」、通所・訪問リハビリテーションの質の評価データ収集等事業によるデータベース（Monitoring & Evaluation for Rehabilitation Services for Long-term Care、通称

---

[i]　データヘルスは、健康診断結果や公的医療保険のレセプト（診療報酬明細書）などのデジタル化された膨大なデータ（ビッグデータ）を分析することで、効果的で効率的な健康増進や疾病予防の実現を目的としている。

[ii]　科学的に自立支援等の効果が裏づけられた介護サービスの方法論を確立し、普及していくために必要な検討を行うべく、厚生労働省が 2017（平成 29）年 10 月に「科学的裏付けに基づく介護に係る検討会」を設置している。

図3-19 科学的介護サービスのイメージ

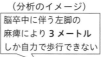

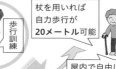

要介護認定情報・介護レセプト等情報

リハビリデータ

高齢者の状態・ケアの内容等データ

介護保険総合データベース（介護 DB）
・要介護認定情報、介護レセプト等情報を格納

通所・訪問リハビリテーションの質の評価データ収集等事業のデータ（VISIT）
・通所リハビリテーション事業所、訪問リハビリテーション事業所からリハビリテーション計画書等の情報を収集

（分析のイメージ）
脳卒中に伴う左脚の麻痺により **3 メートル** しか自力で歩行できない

歩行訓練

杖を用いれば自力歩行が **20メートル可能**

どのようなサービスが有効か科学的に分析、提示

屋内で自由に歩行が可能に

サービス提供前の状態　提供されたサービス　サービス提供後の状態

上記を補完するデータを収集するデータベース（CHASE）を新たに構築。
・「科学的裏付けに基づく介護に係る検討会」において具体的な内容を検討し、2018年 3 月の中間報告で、データベースに用いる初期項目（265項目）を選定。
・2019年 3 月より検討会を再開し、収集項目の整理等について再検討を行い、2019年 7 月に取りまとめを実施。
・2019年度中にデータベースの開発を行い、2020年度から運用を開始する予定。
※ リハビリ以外の加算等で求められる様式のデータ（例：栄養マネジメント加算、口腔機能向上加算等）、事業所の介護記録等のデータ（例：訪問介護で提供された身体介護、生活援助等の内容のデータ）、ケアマネジャー等が行った利用者の状態評価のデータ（例：ADL、服薬状況、認知症の状況等）のうち電子的に取得されている可能性の高い265項目

出典：厚生労働省「医療・介護データ等の解析基盤に関する有識者会議（第10回）参考資料集」（令和元年11月15日）より抜粋

"VISIT"）、VISIT に含まれないデータを補完的に収集・蓄積するデータベース "CHASE"（Care, Health Status & Events）の構築と活用が進められ、2020（令和 2 ）年 5 月より運用が開始された。

3 福祉サービスの情報

福祉サービスは、利用者の生活全般にかかわるだけに、関係する情報も多種多様だが、大きく三つに分類できる。

1 利用者に関する情報

福祉問題の当事者や福祉サービス利用者の状況やニーズに関する情報。氏名、住所、年齢、性別、家族構成、生活歴、健康状態、就労状況、生活状況、問題状況、各種の訴え、サービスや支援に対する意向などが含まれる。個人だけではなく、世帯や地域などの広がりで捉える場合もある。

2 サービスに関する情報

公私の福祉サービスや NPO・ボランティアなどによる支援に関する情報。サービスや支援の所在や内容、利用するための要件や手続き、サー

ビスや支援に対する評価、利用計画、利用内容や経過、結果・効果など
の記録などが含まれる。

3 運営に関する情報

　行政や社会福祉法人、NPO などによる福祉サービスや支援の運営に
関する情報。組織の状況、スタッフや支援者の資格や経歴、研修の履修
状況、勤務や担当の体制や状況、備品や機材の状況、経営や財務の状況、
苦情・事故に関する記録などが含まれる。

　これらの「情報」は、いずれも「データ」を基礎としており、たとえ
ば利用者に関する情報は、利用者の年齢、性別や健康状態、問題状況な
どの項目に関する数値や文字、分類コードなどで記述されたデータがも
とになっている。個々のデータは、利用者の置かれている状況やニーズ
を反映しているが、部分的であり、単独では十分な意味や価値をもたな
い場合が多い。これらのデータを、他のデータと関連づけ、分析や評価、
解釈などの加工や処理を行うことで、サービスの必要性や問題への対応
のあり方などといった価値が付加され、利用者に対する支援を行う際に
判断したり意思決定を行うための情報として活用されるようになる。
　社会福祉士や介護福祉士は、専門職としての知識や経験を活かし、こ
うした情報処理を行うことで、業務にあたっている。あまり意識されて
いないことであるが、福祉サービスの実践においては、多様なデータの
取得、問題の解決や改善のためデータを情報として処理し活用するとい
うプロセスが常に行われており、福祉サービスは、データと情報の活用
に支えられ提供と利用が実現され、運営・維持されているのである。

4 情報の管理と運用

　効果的で効率的な福祉サービスを推進するため情報の積極的な活用が
大きな課題となっており、管理と運用（＝マネジメント）への取り組み
が重要性を増している。

1 情報管理
❶体制の整備
　福祉サービスの現場では、「利用者に関する情報」「サービスに関する

情報」「運営に関する情報」が生み出され、やり取りされ、利用され、保管されている。これらの情報は、保護しなければならない個人的な事柄を含む場合が多く、紛失や盗難、不注意な取り扱い、パソコンやネットワークの不調・トラブル、コンピュータウイルスなどによる漏洩や目的外利用のリスクにさらされている。

こうしたリスクを防止し軽減するには、情報を取り扱う際のルールや仕組みを組織として定め、スタッフ全員の理解や認識を維持し向上させていく必要がある。

具体的には、情報管理規程や取扱規程を定めるとともに、教育・研修や業務マニュアルの整備などを進め、組織の規模にもよるが、各部署を代表するメンバーから構成され、組織の長もしくは指名された者が委員長となってデータや情報の管理と運用に関する意思決定を行う情報管理委員会や、日常的なデータ・情報管理に関するスタッフへの指示や指導、情報漏洩や個人情報に関するトラブルなど緊急時の対応やサポートを行う情報管理責任者の設置・配置が求められる。

❷個人情報保護

2003（平成 15）年 5 月に制定された「個人情報の保護に関する法律」（個人情報保護法）は、「個人情報の有用性に配慮しつつ、個人の権利利益を保護すること[iii]」を目的に、個人情報を取り扱う企業や団体など事業者の遵守すべき義務等を定めている。取り扱う件数にかかわらず、個人情報を取り扱うすべての民間事業者が適用対象となっており、福祉サービスや支援を行う民間事業者や NPO 法人、ボランティア団体、任意団体も、たとえば利用者名簿を紙であれデータであれ管理していれば、すべて「個人情報取扱事業者」として法の対象になる。

この法律の定める「個人情報」とは、生存する個人に関する情報であって、氏名や生年月日、その他の記述等により特定の個人を識別することができるものを指し、他の情報と容易に照合することができ、それにより特定の個人を識別することができることとなるものも含んでいる。さらに、特定の個人の身体の一部の特徴を電子的に利用するために変換した顔、指紋・掌紋、虹彩、手指の静脈、声紋、DNA などの符号、サービス利用や書類において対象者ごとに割り振られるマイナンバー、旅券番号、免許証番号、基礎年金番号、住民票コード、各種保険証の記号番号などの公的な番号を「個人識別符号」として個人情報に含めている。

---

iii　個人情報の保護に関する法律第 1 条（目的）より抜粋。

個人情報保護法には、事業者が守るべき基本ルールが以下のように定められている。

① **個人情報を取得・利用する際のルール**

・個人情報取扱事業者は、個人情報を取り扱うにあたっては、その利用の目的をできる限り特定しなければならない（第15条第1項）。

・個人情報取扱事業者は、利用目的を変更する場合には、変更前の利用目的と関連性を有すると合理的に認められる範囲を超えて行ってはならない（第15条第2項）。

② **個人情報を利用する際のルール**

・個人情報取扱事業者は、あらかじめ本人の同意を得ないで、前条の規定により特定された利用目的の達成に必要な範囲を超えて、個人情報を取り扱ってはならない（第16条第1項）。

③ **個人情報を保管する際のルール**

・個人情報取扱事業者は、その取り扱う個人データの漏洩、滅失またはき損の防止その他の個人データの安全管理のために必要かつ適切な措置を講じなければならない（第20条）。

④ **個人情報を第三者に提供する際のルール**

・個人情報取扱事業者は、あらかじめ本人の同意を得ないで、個人データを第三者に提供してはならない（第23条第1項）。

・ただし、次のような場合は、例外として本人の同意が不要である。

　○法令に基づく場合（例：警察、裁判所、税務署等からの照会）

　○人の生命・身体・財産の保護のために必要があり、本人の同意を得ることが困難な場合（例：災害時の被災者情報の家族・自治体等への提供）

　○公衆衛生の向上・児童の健全育成のために特に必要があり、本人同意を得ることが困難な場合（例：児童生徒の不登校や、児童虐待のおそれのある情報を関係機関で共有）

　○国の機関等の法令の定める事務への協力（例：国や地方公共団体の統計調査等への回答）

・個人情報取扱事業者は、個人データを第三者に提供したときは、提供した年月日、第三者の氏名または名称その他の個人情報保護委員会規則で定める事項に関する記録を作成しなければならない（第25条）。

・個人情報取扱事業者は、第三者から個人データの提供を受けるに際しては、個人情報保護委員会規則で定めるところにより、確認を行

わなければならない（第 26 条）。

⑤　**本人から個人情報の開示を求められた際のルール**

・本人は、個人情報取扱事業者に対し、当該本人が識別される保有個
人データの開示を請求することができる（第 28 条第 1 項）。

・個人情報取扱事業者は、前項の規定による請求を受けたときは、本
人に対し、政令で定める方法により、遅滞なく、当該保有個人デー
タを開示しなければならない（第 28 条第 1 項）。

　なお、医療・介護関係者については、特に取扱いに配慮が必要な要配
慮情報（センシティブ情報）を取り扱うことから、「医療・介護関係事業
者における個人情報の適切な取扱いのためのガイダンス」（2017（平成
29）年 4 月）が個人情報保護委員会[iv]・厚生労働省により定められており、
「個人情報の保護に関する法律についてのガイドライン（通則編）」
（2016（平成 28）年）を基礎に、個人情報保護法の対象となる病院、診
療所、薬局、介護保険法に規定する居宅サービス事業を行う者等の事業
者等が行う個人情報の適正な取扱いの確保に関する活動を支援するため
の具体的な留意点・事例等が示されている。

　このほか、日本産業規格で定める「JIS Q 15001　個人情報保護マネ
ジメントシステム―要求事項」を踏まえ、指定審査機関が事業者の個人
情報を取り扱う仕組みとその運用が適切であるかを評価し、その証とし
て、事業活動においてプライバシーマーク[v]の使用を認める制度がある。

❸守秘義務・倫理綱領

　公務員や専門職については、その業務について「守秘義務」が課せら
れている。守秘義務は、業務上あるいは職務上知り得た秘密を、在職中
はもちろんのこと、退職後においても正当な理由なく他に漏らしてはな
らないという規定であり、公務員については国家公務員法や地方公務員
法、医師や弁護士などの専門職については刑法および関係法に定められ
ている。

---

iv　個人情報保護法および行政手続における特定の個人を識別するための番号の利用等
　　に関する法律（番号法）に基づき、個人情報の有用性に配慮しつつ、その適正な取扱
　　いを確保するために設置された独立性の高い機関。個人情報の保護に関する基本方
　　針の策定・推進、個人情報等の取扱いに関する監督などを行っている。
v　一般財団法人日本情報経済社会推進協会（JIPDEC）が 1998（平成 10）年から運営
　　している。保健医療福祉分野のプライバシーマーク制度は、基本的に一般事業者の
　　プライバシーマーク制度と同様だが、審査は、一般財団法人医療情報システム開発
　　センター（MEDIS-DC）だけが行っている。

社会福祉士についても、社会福祉士及び介護福祉士法において「社会福祉士及び介護福祉士の義務等（誠実義務）」の一環として「秘密保持義務」（第46条）が「社会福祉士又は介護福祉士は、正当な理由がなく、その業務に関して知り得た人の秘密を漏らしてはならない。社会福祉士又は介護福祉士でなくなった後においても、同様とする」と定められている。

　医師、歯科医師、薬剤師、保健師、助産師、看護師などの医療関連資格、介護福祉士、精神保健福祉士、保育士、身体障害者福祉法や知的障害者福祉法、介護保険法などに基づいてサービス提供を行う事業所の従事者についても守秘義務が課せられている。

　また、社会福祉士の職能団体である公益社団法人日本社会福祉士会の定める「社会福祉士の倫理綱領」にも、「倫理基準」のなかの「Ⅰ　クライエントに対する倫理責任」の一環として「プライバシーの尊重と秘密の保持」に関する規定がある。

> 8. （プライバシーの尊重と秘密の保持）社会福祉士は、クライエントのプライバシーを尊重し秘密を保持する。

---

vi　2000年7月の国際ソーシャルワーカー連盟（IFSW）国際会議（モントリオール会議）において「ソーシャルワークの定義（Definition of Social Work）」が採択されたことを受け、日本ソーシャルワーカー協会の呼びかけにより、2000（平成12）年12月19日に日本社会福祉士会との合同作業委員会（後に、日本医療社会事業協会、日本精神保健福祉士協会が加わり、日本のソーシャルワーカー職能四団体からなる「社会福祉専門職団体協議会」による「倫理綱領委員会」となった）が組織され倫理綱領の策定を行い、2005（平成17）年1月27日、「ソーシャルワーカーの倫理綱領」が公表された。

　これを受け、日本社会福祉士会は、2005（平成17）年6月3日に開催した日本社会福祉士会第10回通常総会で、1995（平成7）年1月20日に同会の倫理綱領として採択した「ソーシャルワーカーの倫理綱領」を改訂し、社会福祉専門職団体協議会・倫理綱領委員会による「ソーシャルワーカーの倫理綱領」を「社会福祉士の倫理綱領」として採択した。

　その後、2014年7月、国際ソーシャルワーカー連盟（IFSW）国際会議（メルボルン会議）において、2000年の「ソーシャルワークの定義」の改正案「ソーシャルワーク専門職のグローバル定義（Global Definition of Social Work：新グローバル定義）」が採択されたことを受け、「日本ソーシャルワーカー連盟（旧・社会福祉専門職団体協議会）倫理綱領委員会」により「ソーシャルワーカーの倫理綱領」の改訂が進められ、2020（令和2）年5月19日、日本ソーシャルワーカー連盟代表者会議に「ソーシャルワーカーの倫理綱領（成文）」が報告された。日本社会福祉士会は、これを、2020（令和2）年6月30日に新しい「社会福祉士の倫理綱領」として採択している。

※日本ソーシャルワーカー協会『「ソーシャルワーカーの倫理綱領」の策定及び改定作業の経緯』（http://www.jasw.jp/news/pdf/2020/2020_JFSW-rinri-keii.pdf）および日本社会福祉士会「社会福祉士の倫理綱領」（https://www.jacsw.or.jp/01_csw/05_rinrikoryo/files/rinri_koryo.pdf）を参照。

❹情報セキュリティ対策

　福祉サービスのICT化が進み、パソコンやスマートフォン、タブレット端末、情報システムの導入が一般化し、インターネット、電子メールやソーシャルメディア、WiFi（無線LAN）の利用も当たり前になっている。利便性の向上、効率化への貢献が進む一方、**情報セキュリティリスク**も高まっており、十分な認識と対応が必要である。

　たとえば、利用者に関する情報などを保存したノートパソコンやタブレット端末、USBメモリーなどの記憶媒体を盗まれたり紛失したりする事態、メールを悪用した情報の窃盗やコンピュータウイルス感染、インターネットにつながったパソコンの乗っ取りなど、さまざまなトラブルや攻撃が想定される。情報システムのセキュリティ対策を行うとともに、情報機器の利用ルールや情報取扱いルールを定め、スタッフの理解と認識を高め、トラブル等の発生を防止する必要がある。経済産業省所管の独立行政法人**「情報処理推進機構」**（略称：**IPA**）の提供するコンピュータウイルスやセキュリティに関する情報が参考になるが、万が一、トラブル等に陥った場合は、それなりの知識をもっていないと対策や対応が難しく、個人情報保護対策とも重なるため、費用はかかるがシステムを導入した際の業者などに依頼したほうがよい場合も多い。

◼2 情報の運用

　サービス提供記録や医療受診記録、申し送りや特記事項、出勤簿や勤務記録、物品伝票や請求書・領収書など、福祉サービスを提供している事業所では、日々の業務に伴って大量のデータや情報が作成され、利用者や家族に関する情報も入手・更新される。

　これらのデータや情報は、これまで紙に手書きであることが多く、スタッフ間や事業所間で共有したり、記録内容や類似した事例を検索する際には、多くの手間が必要であるため、積極的な活用を阻む障壁となっていた。情報システムを利用してデータや情報の作成・管理をデジタル化することで、こうした問題の多くは改善され、業務のあり方や働き方を改革し、人手不足に対処する余地も生まれる。

　情報システムの導入にはコストがかかり、スタッフはシステムの操作や入力などに習熟する必要があるなど課題もあるが、デジタル化への対応（**DX：デジタルトランスフォーメーション**）を積極的に進める事業所が増えており、データや情報の運用のあり方が大きく変わりつつある。

3 情報の提供と開示

　社会福祉法は、利用者によるサービスの選択を保障するため、社会福祉事業の経営者に「情報の提供」、社会福祉法人に「情報の公開等」を求めている。

　介護保険法は、「介護サービス情報公表制度」として、介護サービスを利用しようとする際の事業所選択を支援することを目的に、介護サービス事業者に、毎年1回事業所に関するサービス内容等の情報を都道府県に報告することを義務づけており（第115条の35第1項）、2006（平成18）年4月から、都道府県がインターネット等により公表を行っている。

　障害福祉サービスについても、利用者の個々のニーズに応じた良質なサービスの選択や事業者が提供するサービスの質の向上に資することを目的として、2006（平成18）年5月に成立した改正障害者総合支援法（障害者の日常生活及び社会生活を総合的に支援するための法律）および児童福祉法において、事業者に対して障害福祉サービスの内容等を都道府県知事等へ報告することを求めるとともに、都道府県知事等が報告された内容を公表する仕組みが創設され、2018（平成30）年4月から、「障害福祉サービス等情報公表制度」として提供されている。

　社会福祉法人については、2006（平成18）年の公益法人制度改革を踏まえ、「社会福祉法等の一部を改正する法律」（2016（平成28）年）により、経営組織のガバナンスの強化、事業運営の透明性の向上等が図られ、一般財団法人・公益財団法人と同等以上の公益性の高い法人として国民に対する説明責任を十分に果たす観点から、定款、貸借対照表、収支計算書、事業報告書、財産目録、役員報酬基準を閲覧対象書類とし、広く国民一般に開示するとともに、定款、貸借対照表、収支計算書、役員報酬基準、事業概要や役員区分ごとの報酬総額を記載した現況報告書について、インターネットを活用して公表を行うこととされ、「社会福祉法人の財務諸表等電子開示システム」により公表が行われている。

　なお、厚生労働省ホームページ、独立行政法人福祉医療機構が運営するWAM NET（ワムネット）、各都道府県、各市町村ホームページによ

---

vii　介護サービス情報公表システム　https://www.kaigokensaku.mhlw.go.jp/

viii　障害福祉サービス等情報公表検索サイト　https://www.wam.go.jp/sfkohyoout/COP000100E0000.do

ix　社会福祉法人の財務諸表等電子開示システム　https://www.wam.go.jp/wamnet/zaihyoukaiji/pub/PUB0200000E00.do

x　厚生労働省ホームページ　https://www.mhlw.go.jp/

り、公的福祉サービスの詳しい情報が提供されている。民間企業・団体
などによる情報提供サイトも多数存在する。

4 広報（パブリック・リレーションズ）

福祉サービスをめぐる環境は激しく変化しつつあり、サービス提供を
行う側の立場に大きな変化が生じている。特に、社会福祉基礎構造改革
に伴う「措置から選択へ」の歴史的な転換により、利用者がサービスを
選択する仕組みになったこと、時期を同じくして、インターネット、パ
ソコン、携帯電話など、個人が情報を入手し発信することが容易になり、
高齢化の進展により高齢者介護問題が身近になったことなどが重なっ
て、福祉サービスに関する情報が活発にやり取りされるようになった。

情報の提供と開示のための行政によるサービスも、そうした状況を踏
まえたものであり、社会福祉法人をはじめとする福祉サービス提供事業
者は、利用者の獲得や働き手の確保などについて競争を求められている。

今日では、社会福祉法人やNPO法人の多くが、インターネット上に
ホームページをもち、従来から利用者や家族、地域社会などに向けて刊
行されていた広報紙等と併せ、さらなる理解と信頼を得るための活動が
活発化しつつある。SNSなど、ソーシャルメディアの活用も活発化し
ており、多様な取り組みが広がっていくと思われる。また、地域との結
びつきを強めるため、夏祭りなどのイベントの開催や学校などとの連携
も有力な広報手段となる。人手不足に悩む事業所では、担当スタッフの
確保が容易ではなく、コストもかかることから、こうした取り組みを持
続的かつ積極的に取り組んでいくうえでの課題も多いが、福祉サービス
に関する情報を豊富にもつ存在として、情報発信と地域や関係機関、団
体などとのネットワーク化の推進が期待されている。

5 公益通報者保護制度

公益通報者保護制度は、公益通報者保護法（2004（平成16）年）に基
づき、企業等の不祥事を内部告発（＝公益通報）した者を保護すること
で、組織内部からの告発を確保するための制度である。

対象になるのは、同法により、個人の生命または身体の保護、消費者
の利益の擁護、環境の保全、公正な競争の確保その他の国民の生命、身
体、財産その他の利益の保護にかかわると定められた法律において犯罪

Active Learning
福祉事業者が地域とよい関係を構築するために、どのようなパブリック・リレーションズを図ればよいか考えてみましょう。

第3章 福祉サービス提供組織の経営と実際

行為と規定されたものであり、社会福祉法や生活保護法、児童福祉法、老人福祉法、障害者総合支援法、介護保険法など、福祉サービスに関係する法律が含まれていることから、すべての社会福祉施設や事業者が、この制度の対象となる。

同法によれば、「公益通報」した労働者（＝公益通報者）は、❶公益通報をしたことを理由とする解雇の無効、その他不利益な取扱いの禁止、❷（公益通報者が派遣労働者である場合）公益通報をしたことを理由とする労働者派遣契約の解除の無効、その他不利益な取扱いの禁止、が定められている。

つまり、福祉サービスにかかわる事業所に働く者は、すべて公益通報者保護制度の対象であり、サービス提供などに関する不祥事などを内部告発した場合に保護される。

また、この制度の所轄庁である消費者庁により「公益通報者保護法を踏まえた内部通報制度の整備・運用に関する民間事業者向けガイドライン」（2016（平成28）年12月）が公表されており、内部通報制度の整備・運用として、事業者における通報の受付、調査・是正措置、通報者の保護として通報に係る秘密保持の徹底、解雇その他不利益な取り扱いの禁止などを提示している。

5 おわりに

福祉サービスと情報の関係は、非常に間口が広く、内容も多様である。それだけに、福祉サービス提供組織の経営への影響も大きいが、これまであまり注目されてこなかったという経緯がある。ICTや情報の活用に関する関心や理解が、福祉サイドから十分に得られなかったことが理由の一つと考えられるが、近年、急激な少子高齢化の進行、身近で欠くことができない存在になっているICTの展開を受け、福祉・介護の領域においてもICT化・情報化が重要な課題として位置づけられるようになった。

今後、ICTと情報の活用は、福祉サービスを担い、支援を行っていくうえで、不可欠のスキルとなり基盤となって、福祉サービスのあり方をも変えていく可能性を秘めている。福祉サービスにかかわる人々や目指す人々にとって、ICTと情報に関する理解を深め、知識を学び、スキルを高めることが、重要な課題になっているといえる。

　福祉サービスにおける ICT と情報の活用は、技術革新と制度改革、政策の展開に影響を受けながら、今後も激しく変化し影響を増していくであろう。関心の拡大と注視が求められている。

◇参考文献
・厚生労働省『厚生労働白書』(各年版)
・内閣府『高齢社会白書』(各年版)
・内閣府『少子化社会対策白書』(各年版)
・総務省『情報通信白書』(各年版)
・厚生労働統計協会『国民の福祉と介護の動向』(各年版)
・首相官邸ホームページ　http://www.kantei.go.jp/
・内閣府ホームページ　https://www.cao.go.jp/
・厚生労働省ホームページ　https://www.mhlw.go.jp/index.html
・個人情報保護委員会ホームページ　https://www.ppc.go.jp/
・(独立行政法人福祉医療機構 運営) WAM NET ホームページ　https://www.wam.go.jp/
・独立行政法人情報処理推進機構ホームページ　https://www.ipa.go.jp/
・一般財団法人日本情報経済社会推進協会 (JIPDEC) ホームページ　https://www.jipdec.or.jp/
・一般財団法人医療情報システム開発センター (MEDIS-DC) ホームページ　https://www.medis.or.jp/
・公益社団法人日本社会福祉士会ホームページ　https://www.jacsw.or.jp/
・特定非営利活動法人日本ソーシャルワーカー協会ホームページ　http://www.jasw.jp/
・岡村久道『個人情報保護法の知識 第 4 版』日本経済新聞出版, 2017.
・宇賀克也『個人情報保護法の逐条解説』有斐閣, 2018.
・田中浩之・北山昇『令和 2 年改正個人情報保護法 Q&A』中央経済社, 2020.
・飯田修平編著, 宮沢潤・長谷川友紀・森山洋『医療・介護における個人情報保護 Q&A』じほう, 2017.
・消費者庁消費者制度課編『逐条解説 公益通報者保護法』商事法務, 2016.
・東京弁護士会公益通報者保護特別委員会編『窓口担当者のための「消費者庁・内部通報処理新ガイドライン」実務解説 Q&A』法律情報出版, 2018.
・情報処理推進機構『情報セキュリティ読本 五訂版——IT 時代の危機管理入門』実教出版, 2018.
・宮島俊彦監『社会保障と税の一体改革——改革推進の軌跡と要点』第一法規株式会社, 2017.

会計管理と財務管理

- 財務管理とは、組織目的の実現のため財務・収支を管理することを理解する
- 社会福祉法人と企業とでは、財務管理の目的が異なることを理解する
- 福祉サービスの財源の特徴は、多額の公費が用いられることについて学ぶ
- 社会福祉法人の財務諸表は、貸借対照表、事業活動計算書、資金収支計算書があることについて学ぶ

1 財務管理・会計管理とは

1 財務管理・会計管理

　財務管理とは、組織の経営目的を実現するために、「財産や債務の有り高」や「収入・支出」をコントロールする営みである。営利企業では利潤追求という目的のために財務管理が行われる。しかし、公益性の高い非営利法人である社会福祉法人の場合は、企業とは異なり、「利潤追求ではない何か」を目的にコントロールする。社会福祉法人の財務管理を考えるうえでは、収支差額の管理と非営利性との関係をどう考えるかがポイントとなる。

2 福祉サービスにおける財務・会計管理の目的

❶公益性を支える財政基盤の確保

　社会福祉事業は国民のセーフティネットを担う重要な役割がある。その供給については、憲法第 25 条の生存権規定に基づく国の責任が明確にされている。このため、社会福祉事業を実施することを目的に設立された社会福祉法人については、社会福祉事業の適切な実施が求められ、安定的・永続的な財政基盤を確保しなければならない。

❷非営利性を前提とした収支管理

① 「非営利」とは

　社会福祉法人は非営利の法人である。非営利とは「収入から支出を差し引いた余剰について何人にも配分しない」ことを指す。

② 営利企業における利益の意義

この非営利組織の性格を理解するために、まず営利組織の仕組みをみてみよう。株式会社を例にとると、株主がその企業の所有権を有している。株式会社は出資という形で資本を調達する。借入と異なり、出資は返済されることはなく、出資者（株主）には企業が生み出す利益を配当する形で還元する。したがって、出資者は、出資先の企業における利益の状況（経営成績）に関心をもつ。

また、出資者は出資先企業の株価にも関心をもつ。株価は当該企業の業績が大きく影響する。営利企業で利益追求が目的となるのは、このような理由からである。

③ 社会福祉法人における収支差管理の意義

⑴ 配当や株価のための収支差管理ではない

では戻って、社会福祉法人について考えてみると、事業用財産の調達は出資でなく、寄付による。このため、寄付者は社会福祉法人についての持分（所有権）を有することはなく、利益が生じてもその配当を受けるべき請求権も存在しない。また持分がないため、持分を売買することもあり得ない。したがって、寄付者は寄付先の社会福祉法人がどんなに利益を生み出したとしても何らその恩恵を受けることはない。社会福祉法人の収支差管理は資源提供者（寄付者）のためではない。

⑵ 社会福祉法人の収支差管理：社会への配当

社会福祉法人における収支差管理の目的は、福祉サービスの永続性を保証する財政基盤の確保、より質の高い福祉サービスのための投資、より多くの福祉サービスのための新規投資などが目的となる。

事業を赤字で運営してしまうと、事業に投じた元入れの財産を毀損・損耗させ、最終的には枯渇する（経営破綻）。社会福祉法人は、国民のセーフティネットを担う公益性の高い主体であることから、経営の安定を脅かす放漫経営は許されない。

換言すれば、社会福祉法人における収支差管理の目的は、福祉サービスの永続・充実を通じて、社会に対して福祉サービスという成果を還元する「社会への配当」ともいえるだろう。

▋3 社会福祉法人制度改革と財務・会計管理

2017（平成 29）年度の社会福祉法人制度改革において、財務・会計に関係するのは「事業運営の透明性の向上」「財務規律の強化」である。

❶社会福祉法人財務諸表等電子開示システム

事業運営の透明性の向上を図るため、社会福祉法第59条の2第5項および社会福祉法施行規則第9条第3号の規定に基づき、「社会福祉法人の財務諸表等電子開示システム」が構築された。

❷社会福祉法人の財務規律

また、財務規律の強化が図られることとなった。具体的には、❶適正かつ公正な支出管理（適正な役員報酬、利益供与の禁止、会計監査人の設置）、❷余裕財産の明確化（社会福祉充実残額の算定）、❸福祉サービスへの再投下（社会福祉充実計画の策定）、である。

社会福祉法人の運営費の多くは国民の税金や保険料等を原資としており、こうした公費を取り扱うのにふさわしい財務規律の確立が求められたためである。

このため、社会福祉法第55条の2ならびに関連通知において、内部留保等の財産の分類や定義を明確にし、法人が保有する財産から事業継続に必要な最小限の財産を控除して得た残額（社会福祉充実残額）を算定するルールが定められた。社会福祉充実残額が生じた場合は社会福祉充実計画を策定し、地域福祉のために再投下することとなった。

Active Learning

WAM NET 上にある社会福祉法人の財務諸表等電子開示システムを閲覧してみましょう。

図3-20　社会福祉法人の財務諸表等電子開示システムの概要

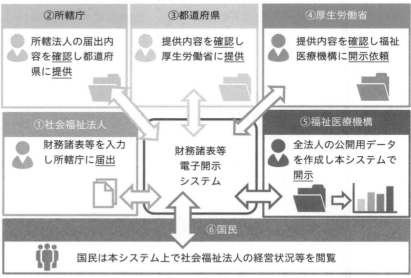

出典：独立行政法人福祉医療機構「社会福祉法人の財務諸表等電子開示システム・操作説明書（社会福祉法人用）」（2019年5月）

図3-21　社会福祉充実残額の算定

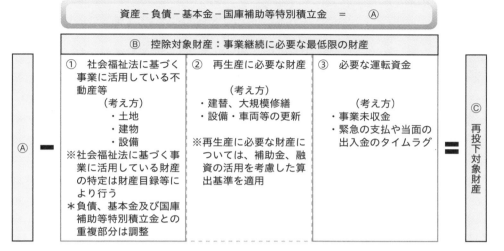

出典：厚生労働省「社会福祉法人制度改革の施行に向けた全国担当者説明会資料」（平成28年11月28日），2016.

2 ▶ 福祉サービスの財源

1 施設整備費に関する財源

❶施設整備費に係る財源の体系

　施設整備費に係る財源としては、大別して公費として支弁されるものと、法人の自主財源によるもの（施設整備のために法人の経営努力として資金を留保・準備するもの）、市民等から提供されるもの、融資に分類できる。

❷公費による財源

　福祉サービスのうち社会福祉事業については、多様な施設種別ごとに公費財源が措置されるのが特徴である。かつては「社会福祉施設等施設整備費補助金」が社会福祉事業全般に係る施設整備等のための補助制度であったが、行政改革により補助金が整理合理化され、介護関係は「地域医療介護総合確保基金」「地域介護・福祉空間整備等施設整備交付金」に、また保育所等においては「保育所等整備交付金」「次世代育成支援対策施設整備交付金」に、それぞれ再編された。

図3-22　社会福祉施設整備に関する財源の体系

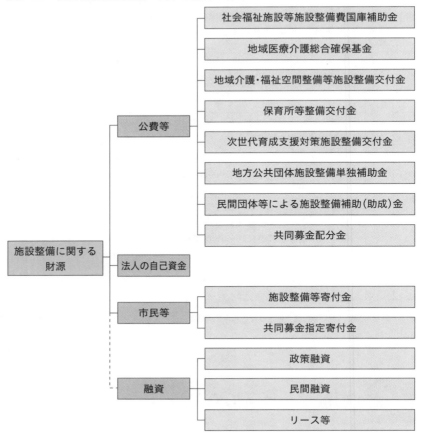

❸市民等からの財源

　社会福祉施設整備に際して、地域住民や企業等が財源を提供する場合がある。施設用地の寄付、施設整備のための寄付などである。市民等から社会福祉法人に対して資金や現物等が寄付・贈与されたときは、その公益性に鑑みて寄付者に対して税制上の恩典（寄付税制）が与えられる

表3-5　寄付税制（主なもの）

●寄付者が個人である場合
・所得税における所得控除・税額控除
・住民税における税額控除
・相続財産の寄付に係る相続税の非課税
・みなし譲渡課税の非課税特例
●寄付者が法人である場合
・通常寄付の損金算入
・特定公益増進法人に対する寄付の別枠損金算入
・共同募金経由の指定寄付の全額損金算入

ことも特徴である。

❹融資

①　独立行政法人福祉医療機構の福祉貸付制度

　社会福祉法人は、その事業運営の安定性を確保するため、原則として土地および建物等の基本財産は法人所有でなければならないとされている。施設を設置するためには多額の資金を準備しなければならない。補助金や交付金等の公費だけでは賄えないとき、法人の自己資金や金融機関等からの融資を充てることが必要となる。社会福祉法人の施設整備等に対する融資については、**独立行政法人福祉医療機構**による**福祉貸付制度**（政策融資制度）がある。

　財務管理の観点からは、借入については、返済確実性が重要になる。そのため、❶事業活動の収支差を用いた返済、❷寄付金による返済、❸返済に対する公的補助金の獲得、などを含め、確実な収入・支出・償還計画を立案・実施していくことが求められる。

図3-23　社会福祉事業・施設等の運営に関する財源の体系

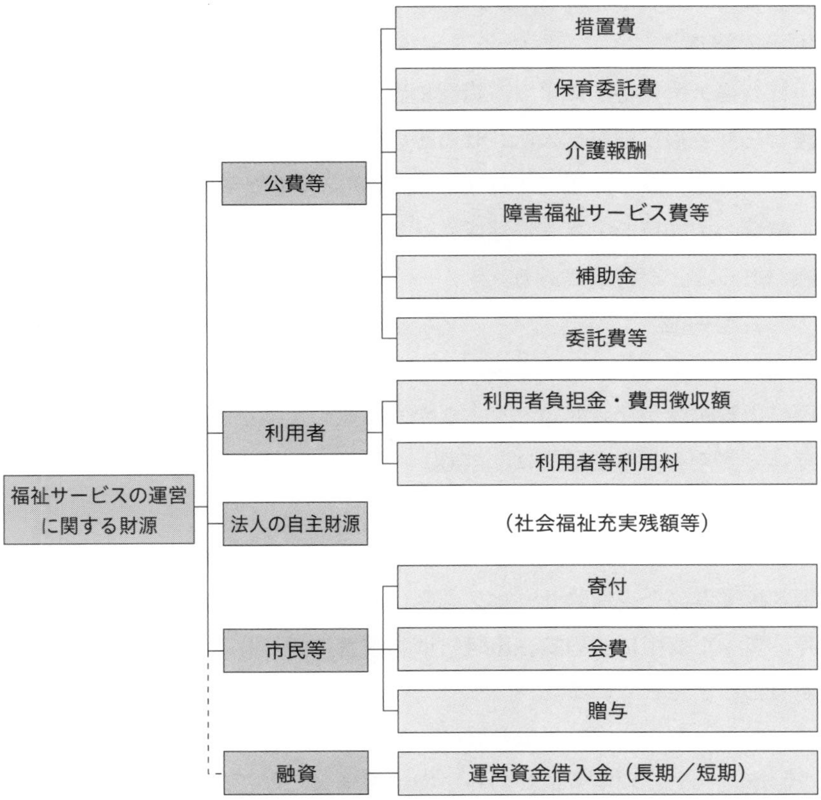

- 福祉サービスの運営に関する財源
  - 公費等
    - 措置費
    - 保育委託費
    - 介護報酬
    - 障害福祉サービス費等
    - 補助金
    - 委託費等
  - 利用者
    - 利用者負担金・費用徴収額
    - 利用者等利用料
  - 法人の自主財源
    - （社会福祉充実残額等）
  - 市民等
    - 寄付
    - 会費
    - 贈与
  - 融資
    - 運営資金借入金（長期／短期）

② 民間金融機関等による融資

　かつて福祉サービス施設等への融資については、政策融資が専らであったが、今日では民間金融機関からの融資も積極的に活用されている。

　その場合、融資対象の範囲、融資限度額、貸付利率、貸付条件（融資期間、返済据置期間の有無、変動金利か固定金利か、担保条件、保証条件、繰上償還条件など）のさまざまな視点から、自法人に適した金融機関を選択していくことが重要である。

③ 協調融資制度

　社会福祉法人が施設整備をする場合に資金調達を円滑に行えるようにするため、独立行政法人福祉医療機構と民間金融機関とが連携して融資を行う協調融資制度がある。

2 福祉サービスの運営費財源

❶福祉サービスの運営に関する財源の体系

　福祉サービスの運営に関する財源としては、大別して公費として支弁されるもの、利用者等が支弁するもの、市民等が提供するものに分類できる。

❷公費による財源

① 措置費

　社会福祉関係各法により、措置権者（援護の実施機関＝行政）が要援護者を社会福祉施設へ入所させる等の措置をとった場合、その措置に要する費用を支弁する規定が設けられており、「措置費」と呼ばれる。

　措置の委託目的を確実に達成させるため、措置費については使途の制限があることが特徴である。

② 介護報酬

　高齢化が進み、介護を必要とする高齢者の増加や核家族化の進行、介護による離職が社会問題となるなか、家族の負担を軽減し、介護を社会全体で支えることを目的に、2000（平成12）年に介護保険制度が創設された。

　介護保険サービスの給付については、要介護被保険者（利用者）が、指定事業者の介護保険サービスを受けたときは、利用した指定サービス等に要した費用について、市町村は利用者に対し介護サービス費を支給することとされている。

　しかしながら、市町村は介護サービス費として利用者に支給すべき額を限度として、利用者に代わって指定事業者に支払える仕組みになって

図3-24　措置制度の仕組み

出典：厚生労働省「社会福祉施設の整備及び運営について」2013.

図3-25　介護保険制度の給付の仕組み

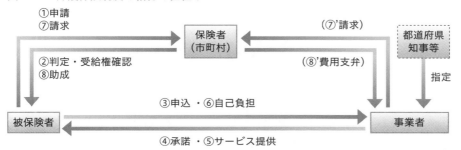

出典：厚生労働省「社会福祉施設の整備及び運営について」2013. を一部改変

いる。その場合、利用者は指定事業者に自己負担額のみを支払い、市町村は利用者に対しては介護サービス費の支給をしたものとみなされる（**法定代理受領**）。

　なお、介護保険の給付対象サービスについては、原則として措置委託制度ではなくなった。しかし、やむを得ない事由で利用者が介護保険サービスに到達できない等の事態については、行政による措置決定の余地を残し、利用者を介護保険サービスにつなげる制度（やむを得ない場合の措置制度）が存在する。

③　障害福祉サービス費

　身体障害者福祉法、知的障害者福祉法、精神保健及び精神障害者福祉に関する法律、児童福祉法その他障害者および障害児の福祉に関する法律と相まって、障害者および障害児がその有する能力および適正に応じ、自立した日常生活および社会生活を営むことができるよう、必要な障害福祉サービスに係る介護給付、訓練給付等を行うものとして、前身の障害者自立支援法を改め、2013（平成25）年４月から障害者の日常生活及び社会生活を総合的に支援するための法律（障害者総合支援法）に基づく制度が施行された。

　障害福祉サービスについては、支給決定を受けた障害者等が決定機関

図3-26　障害福祉サービス費の給付の仕組み

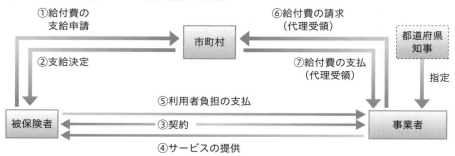

出典：厚生労働省「社会福祉施設の整備及び運営について」2013.

において決定されたサービスを受けた場合、市町村は利用者に対して当該サービスに要した費用について、**介護給付費**または**訓練等給付費**を支給するとされている。

　なお、障害福祉サービスについても、介護保険制度同様に法定代理受領の制度や、やむを得ない場合の措置の制度が存在している。

④　保育委託費

　子ども・子育て支援新制度においても私立保育所については、児童福祉法第24条の規定に基づき市町村により保育が実施される。このため、市町村は保育所に対し保育に要する費用を委託費として支払う。このとき、利用者と市町村とは、保育について契約したことになる。一方、費用徴収については、2019（令和元）年10月から幼児教育・保育の無償化の対象となった。

図3-27　保育委託費等の給付の仕組み

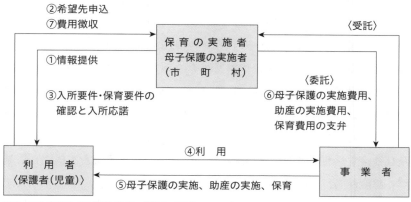

出典：厚生労働省「社会福祉施設の整備及び運営について」2013.

⑤　施設型給付・地域型給付

　子ども・子育て支援新制度においては、就学前の子どもの教育・保育を保障するため、認定こども園、幼稚園、保育所を通じた給付（「施設型給付」）の共通化と、小規模保育等への給付（「地域型保育給付」）の創設がされた。給付対象となる施設・事業を利用した場合、利用に要する経費の一部を国・都道府県・市町村が給付費として支払うこととなった。また、2019（令和元）年 10 月からは幼児教育・保育の無償化の制度が実施されている。さらに、給付が教育・保育に確実に充てられるようにするため、市町村から利用者に支払われるべき給付額を限度として、施設が代理受領することとされた（法定代理受領）。

❸委託費・利用料と経営への影響

　以上のように、措置制度や保育委託制度は行政が民間の主体（社会福祉法人等）に委託し、そこで生じる経費については行政から受託先の事業者に支払われる（委託費）。他方、介護報酬や障害福祉サービス費については、利用者が当該福祉サービスを利用したことに対して行政が利用者に給付する。

　これらの仕組みの違いが経営に対しても影響する。すなわち、措置費や保育委託費による委託契約においては、委託者である行政の意図に沿った形で受託者はサービスを提供しなければならない。このため、適切なサービスが提供されるよう、委託者の意図を委託費における資金の使途制限として定めている。このため、使途制限に従わない費用の支出を行った場合は不正流用になり、行政の指導監査において指導・是正を求められることになる。したがって、措置施設や保育所については、経営の裁量性・自由度は制限される特徴がある。

　他方、介護保険や障害福祉サービスにおいては、利用者に対して公費を助成する形となるので、これら福祉サービスのための公費については使途制限は事実上廃止された。したがって、介護保険サービス事業や障害福祉サービス事業の経営については、経営の裁量性・自由度が広く認められることとなった。

❹利用者等が支弁するもの・市民等が提供するもの

　福祉サービスを利用した際に、利用者等が支弁するものもある。法令等で定められているサービス提供等に要する費用のうち一定割合を利用者が支払うものを「利用者負担金」という。たとえば、介護保険制度における利用者の 1 ～ 3 割負担などがこれにあたる。

　他方、利用者と事業者との契約等により利用者の選択によって利用さ

れたサービスについて利用者が個別に支払うものを「利用者等利用料」という。このほか「施設職員等給食費」(職員に提供される業務でない給食に係る職員が支払う利用料)もある。

一方、社会福祉事業・施設等の運営に充てることを目的に、市民等から受ける寄付金等も存在する(「経常経費寄付金」)。これについても寄付金税制の適用がされるものがある。

■3 福祉サービスの新たな財源

❶地域共生社会における福祉サービスと財源

社会福祉法人制度改革では、すべての社会福祉法人が地域における公益的取り組みを実施することが責務となった。「日常生活や社会生活上支援が必要な者に対して無料低額でサービスを提供する」際には、その活動のためのコストが発生するが、多くの場合、公費による財源は存在しない。

このため、多くの社会福祉法人では、本務である社会福祉事業等のコストを節約し、この責務のための財源を捻出しようとしている。しかし、国の財政状態を踏まえると、こうした社会福祉事業等での節約の余地はほとんどない。

将来に向けて社会福祉法人が、公益的取り組みの責務を果たしていくためには、新たな自主財源の獲得を目指すことも必要となる。

❷クラウドファンディング

今日、福祉サービスの分野では、市民団体による草の根活動や、NPO法人による取り組みなど、公費が届かない活動において活躍する民間のセクターが多くみられる。そこでは会費や寄付などを通じた自主財源を積極的に獲得し、事業につなげているところも多い。

特に最近においては、ネットワーク社会が進展し、SNSなど多様な情報手段を活用して寄付活動を展開するものもみられるようになってきた。クラウドファンディングは、こうした活動の代表的なものであり、クラウド(crowd:群衆)とファンディング(funding:資金調達)とを合わせた造語である。これからの時代において、ソーシャルアクションを展開する際に非常に注目される財源調達活動だといわれている。福祉サービスの分野においても、公的財源がカバーされない地域福祉の諸活動において、今後ますます活用されることが期待される。

❸その他

今後、地域福祉において社会福祉法人等が、自主財源を積極的に獲得

Active Learning

福祉分野や医療分野のクラウドファンディングの事例をインターネットで検索してみましょう。

していこうとする場合、ファンドレイジングは主として資金という経営資源の獲得に関連した活動であるが、それ以外にも、たとえば地域住民の積極的参加を受け入れたボランティア活動など人的資源の獲得も重要な取り組みである。

さらに、特定の専門的なスキル、たとえばデザイナーや SE（システムエンジニア）、マーケティング、税務・会計・法務などの専門知識を有する者のボランティアベースでの活動への参加が進みつつある。このような専門家によるボランティアのことは「プロボノ」とも呼ばれている。また、非営利組織の経営活動等を側面支援する中間支援組織（インターミディアリー）やソーシャルアクションに特化した資金調達の仕組みであるソーシャルインパクトボンド*など多様な仕組みやサービスの積極活用も考えられる。

3 社会福祉法人の財務諸表

社会福祉法人の財務諸表[i]については、各種の規制を適切に遵守しつつ、事業の効率性（限られた経営資源を最大限に活用すること）や有効性（事業が真に地域社会の役に立っていること）を高め、永続的に事業を実施できるように法人の諸活動をバランスよくコントロールしていくことが必要である。こうした諸活動について、組織内外の者に対して貨幣価値の形で組織的・体系的に認識・測定・分類・報告するのが会計である。

1 社会福祉法人の会計制度

❶会計とは

会計とは、組織の活動の状況や経営成績、財政状態などの情報を、利害関係者に伝達し、それらの者が適切な意思決定を行えるようにすることで、一般にはそれらの情報を貨幣価値で認識・測定・分類・報告する一連の活動だといえる。たとえば、企業の場合における利害関係者を挙げるなら、❶企業に出資し、企業活動の結果の利益がどう配当されるかについて関心を寄せる株主など、❷企業に融資し、その返済確実性が確保されているかについて関心を寄せる金融機関などの債権者、❸企業に対して労働役務を提供し企業付加価値から給与等への配分に関心をもつ

★ソーシャルインパクトボンド
官民連携による行政サービスの資金調達のしくみ。特定の社会課題のための行政サービスについて、民間事業者に委託するとともに、そのための資金を民間の資金提供者から募る。あらかじめ合意された行政サービスの成果が達成されたときにのみ資金提供者に報酬が支払われるしくみ。

第3章 福祉サービス提供組織の経営と実際

---

i 社会福祉法においては、「計算書類」という。両者は同義である。

労働者、❹課税所得の算定・申告の適正性に関心をもつ税務官署、など多様な主体と、それぞれの会計に求める機能が存在する。

社会福祉法人の場合も外部の利害関係者に対して情報を提供するという点においては同様である。ただし、その実施する事業の特性などもあり、会計で報告が行われる目的や会計が果たすべき機能が必ずしも企業と同様ではないのが特徴である。

具体的には、措置委託者である行政に対する措置費の支弁顛末を解明する目的、国が介護報酬単価や障害福祉サービス報酬単価などの妥当性を検証する目的などは、福祉サービスの中心的担い手である社会福祉法人に特徴的な会計の目的・機能である。他方、利用者や取引先が当該法人の経営内容に関し判断を誤らせないようにすることや経営者が自法人の経営状況を的確に把握し、経営の意思決定につなげるなどの会計機能・目的については、企業などと同様だといえよう。

❷社会福祉法人の会計制度の役割

社会福祉法人は、国とともに国民のセーフティネットを支える重要な社会的資源である。このため、社会福祉法人に対しては適正な社会福祉事業の遂行が求められ、強い公的関与がなされる。このような公的な関与を適切かつ効率的・効果的に実現するために、社会福祉法人については、行政報告を目的とした財務会計が制定・発展してきた。さらに社会福祉基礎構造改革以降、行政以外の利害関係者等に対する経営の透明性の確保も会計の重要な役割になってきた。

現行の社会福祉法人の会計基準は、2011（平成23）年にその基礎が制定され、社会福祉法人が行うすべての事業に共通に当てはめられるよう会計基準の一元化が図られた。これにより法人全体として会計管理が可能となり、たとえば、地域福祉に不可欠なある事業が不採算だったとしても、法人が行う別の黒字事業で支えれば、実施が可能となる。これからの時代、法人全体での経営の視点をもつことが重要である。

❸社会福祉法人会計基準

社会福祉法上、すべての社会福祉法人は、社会福祉法人会計基準省令に従い、会計処理を行うことが義務づけられている（社会福祉法第45条の23）。

社会福祉法人会計基準は、「会計基準省令」と一般に公正妥当と認められる社会福祉法人会計の慣行を記載した通知（「運用上の取扱い」局長通知、「運用上の留意事項」課長通知）によって構成されている。

社会福祉法人は、原則として、法人全体、事業区分、拠点区分ごとに、

図3-28　社会福祉法人が作成する計算書類等

	資金収支計算書	事業活動計算書	貸借対照表	備考
法人全体	法人単位資金収支計算書	法人単位事業活動計算書	法人単位貸借対照表	左記について注記および付属明細書を作成
法人全体（事業区分別） ↑集計	資金収支内訳表　　○◎	事業活動内訳表　　○◎	貸借対照表内訳表　　○◎	左記様式では事業区分間の内部取引消去を行う
事業区分（拠点区分別） ↑集計	事業区分資金収支内訳表　◎	事業区分事業活動内訳表　◎	事業区分貸借対照表内訳表　◎	左記様式では拠点区分間の内部取引消去を行う
拠点区分（一つの拠点を表示） ↑集計	拠点区分資金収支計算書	拠点区分事業活動計算書	拠点区分貸借対照表	左記について注記および付属明細書を作成
サービス区分	拠点区分資金収支明細書☆	拠点区分事業活動明細書☆		

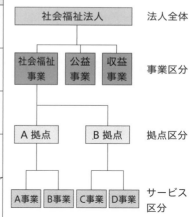

（注）法人の事務負荷軽減のため、以下の場合は財務諸表および基準別紙の作成を省略できるものとする。
1．○印の様式は、事業区分が社会福祉事業のみの法人の場合省略できる。
2．◎印の様式は、拠点が一つの法人の場合省略できる。
3．☆印の様式は、付属明細書として作成するが、その拠点で実施する事業の種類に応じていずれか一つを省略できる。
出典：厚生労働省ホームページより作成

資金収支計算書、事業活動計算書、貸借対照表の三つの計算書類を作成する必要がある。

　これらの計算書類については、注記を付すとともに、附属明細書および財産目録を併せて作成し、毎会計年度終了後３か月以内（６月30日まで）に所轄庁へ提出しなければならない。

2 貸借対照表の見方・使い方

❶貸借対照表の見方

　社会福祉法人会計基準における貸借対照表とは、法人や事業、拠点の会計年度（４月１日〜翌年３月31日）末における財政状態（すべての資産、負債および純資産）を明らかにする財務諸表である（**表3-6**）。

　貸借対照表は、資産の部、負債の部および純資産の部に区分する。さらに資産の部は流動資産および固定資産に、負債の部は流動負債および固定負債に区分する。

　貸借対照表の左側（借方）はすべての資産を表示し、右側（貸方）はすべての負債および純資産を表示する。この負債および純資産は、資産を獲得するための原因（財源）を意味する。さらに、負債は返済義務のある財源を、純資産は返済義務のない財源をそれぞれ意味する。

　したがって、すべての資産は必ず何らかの財源によって取得されるこ

表3-6　社会福祉法人の貸借対照表の様式

法人単位貸借対照表
令和　年　月　日現在

（単位：円）

資　産　の　部				負　債　の　部			
	当年度末	前年度末	増減		当年度末	前年度末	増減
流動資産				流動負債			
現金預金 有価証券 事業未収金 ・・・・ １年以内回収予定長期貸付金 ・・・・ 徴収不能引当金	 △×××	 △×××		短期運営資金借入金 事業未払金 ・・・・ １年以内返済予定設備資金借入金 ・・・・ 賞与引当金			
固定資産				固定負債			
基本財産				設備資金借入金 長期運営資金借入金 ・・・・ 退職給付引当金 役員退職慰労引当金 ・・・・			
土地 建物 建物減価償却累計額 ・・・・	 △×××	 △×××					
その他の固定資産							
土地 建物 ・・・・ 建物減価償却累計額 徴収不能引当金	 △×××	 △×××		負債の部合計			
				純　資　産　の　部			
				基本金 国庫補助金等特別積立金 その他の積立金 次期繰越活動増減差額 （うち当期活動増減差額）			
				純資産の部合計			
資産の部合計				負債及び純資産の部合計			

※　本様式は、勘定科目の大区分及び中区分を記載するが、必要のない中区分の勘定科目は省略することができる。
※　勘定科目の中区分についてはやむを得ない場合、適当な科目を追加できるものとする。

とから、「資産の部の合計」と財源の合計額（「負債及び純資産の部合計」）とは必ず一致する。

　また、純資産の部にある「次期繰越活動増減差額」の額は、事業活動計算書における同じ勘定科目の表示金額と複式簿記の構造上必ず一致する。

❷貸借対照表の使い方

　貸借対照表を用いると、資産と負債や純資産とのバランス（財政状態）を分析できる。

①　資産の増減とその要因を分析できる

　貸借対照表では左側（借方）の増減は右側（貸方）の増減とともに発生する。この関係を用いて、借方の資産の増減要因を貸方の勘定科目の変動から読み取ることで、どのような財政状態の変動が生じたのかを分析できる。

180

表3-7　貸借対照表による安定性指標の算定式・説明

指標名	算式	説明
流動比率	流動資産÷流動負債	・支払期限の到来した債務に対して、支払手段が十分に存在するかを判定する ・経験則として120〜200％以上であることが望ましいとされる　本指標の値が低いほど費用負担は軽くなる
固定長期適合率	固定資産÷（固定負債＋純資産）	・長期にわたって使用し続ける固定資産に長期間の債務（固定負債）や返済を要しない財源（純資産）を充てているかを評価する ・100以下であれば十分に多額な長期財源が充てられていることになるが、100を超えた場合は固定資産のために短期資金も使われ、自転車操業的なバランスの悪い財務状態であることが推定される

② **日々の資金繰りの安定性を分析できる：流動比率**

　日々の経営管理においては、1年以内に返済期日が到来する債務に対して、十分な資金残高（支払手段となる資産）が用意できているか、資金繰りリスクの有無が重要なチェックポイントとなる。具体的には貸借対照表の様式でみると、「流動資産」と「流動負債」とのバランスでチェックするものとして流動比率が古典的な経営分析指標として知られている（**表 3-7**）。

③ **固定資産取得のための財源の適正性を分析できる：固定長期適合率**

　建物設備等の長期間にわたって使用する固定資産については、返済義務のない財源（寄付金、内部留保、補助金等）あるいは長期間にわたって借り続けられる負債等によって賄われることが望ましいとされる。

　このようなバランスをチェックするものとして、固定長期適合率が古典的な経営分析指標としてよく知られている（**表 3-7**）。

3 事業活動計算書の見方・使い方

❶事業活動計算書の見方

　事業活動計算書とは、当該会計年度におけるすべての純資産の増減の内容を表示するものである。

事業活動計算書は「サービス活動増減の部」（サービス活動収益および
サービス活動費用を記載）、「サービス活動外増減の部」（受取利息や支払
利息などサービス活動以外の収益および費用であって経常的に発生する
ものを記載）、「特別増減の部」（臨時的・偶発的に発生する損益を記載）、
「繰越活動増減差額の部」に区分し、区分ごとに収益・費用・増減差額
が段階的に記載・算定（サービス活動増減差額、サービス活動外増減差
額、経常増減差額、特別増減差額、当期活動増減差額、次期繰越活動増
減差額）される（会計学において損益計算で損益の増加をもたらすもの
を収益、減少をもたらすものを費用と呼び、社会福祉法人会計では、こ
れら両者の差額を増減差額と呼ぶ）。

　なお、次期繰越活動増減差額の額は、貸借対照表の純資産の部にある
同じ勘定科目の額と必ず一致する。

❷事業活動計算書の使い方

　事業活動計算書と貸借対照表の次期繰越活動増減差額が必ず一致する
ことから、貸借対照表の純資産の変動要因を事業活動計算書において収
益（プラス要因）と費用（マイナス要因）とに分解して説明するものと
みることができる。事業活動計算書とは純資産の変動要因明細だと捉え
ることができる。

　事業活動計算書で「当期活動増減差額」がプラスになると、その過去
分からの累積である「次期繰越活動増減差額」も積み増される。「次期繰
越活動増減差額」が増加するということは、財務内容が充実することを
意味する。債務によらない資産の充実が進むということは経営の安定性
に寄与することになる。つまり、経営の安定性を脅かす要因の有無を分
析できることになる。

　社会福祉法人会計における事業活動計算書は、会計の計算構造的には
企業会計における損益計算書と同様の位置づけにある。企業の場合は損
益計算書における増減は利益と呼ばれ、株主に対する配当原資が生み出
される顛末を説明するものとなる。

　しかし、社会福祉法人の事業活動計算書については、分配原資として
利益を計算する目的はなく、経営の安定性に影響する要因の分析が目的
となる。

①　当期活動増減差額が財務内容に及ぼす影響を分析できる

　事業活動計算書は貸借対照表の純資産の部の増減内容を示すものであ
る。このため、事業活動計算書の当期活動増減差額（単年度の増減差額）
が貸借対照表の純資産の部に与える影響（財務内容の充実度あるいはそ

表3-8　社会福祉法人の事業活動計算書の様式

第二号第一様式（第二十三条第四項関係）

法人単位事業活動計算書

（自）令和　年　月　日　　（至）令和　年　月　日

（単位：円）

勘定科目			当年度決算(A)	前年度決算(B)	増減(A)−(B)
サービス活動増減の部	収益	介護保険事業収益			
		老人福祉事業収益			
		児童福祉事業収益			
		・・・・			
		サービス活動収益計(1)			
	費用	人件費			
		事業費			
		事務費			
		・・・・			
		サービス活動費用計(2)			
		サービス活動増減差額(3)＝(1)−(2)			
サービス活動外増減の部	収益	借入金利息補助金収益			
		サービス活動外収益計(4)			
	費用	支払利息			
		・・・・			
		サービス活動外費用計(5)			
		サービス活動外増減差額(6)＝(4)−(5)			
		経常増減差額(7)＝(3)＋(6)			
特別増減の部	収益	施設整備等補助金収益			
		施設整備等寄附金収益			
		・・・・			
		特別収益計(8)			
	費用	基本金組入額			
		・・・・			
		特別費用計(9)			
		特別増減差額(10)＝(8)−(9)			
		当期活動増減差額(11)＝(7)＋(10)			
繰越活動増減差額の部		前期繰越活動増減差額(12)			
		当期末繰越活動増減差額(13)＝(11)+(12)			
		基本金取崩額(14)			
		その他の積立金取崩額(15)			
		その他の積立金積立額(16)			
		次期繰越活動増減差額(17)＝(13)＋(14)＋(15)−(16)			

※　本様式は、勘定科目の大区分のみを記載するが、必要のないものは省略することができる。ただし追加・修正はできないものとする。

の逆の債務超過の危険度）に関する要因分析を行うことができる。

　たとえば、開設後間もない法人・施設の場合、当初から黒字の経営は難しい場合がある。赤字とは事業開始当初に用意した財産の一部を毀損し食いつぶした状態である。たとえば、そうした財務上の「傷」を当期活動増減差額で埋めていったとき、何年かかるのかを分析することができる。

　仮に単年度赤字でも直ちに経営破綻にはならない。手持ちの財産ストックがあるからである。しかし、その財産ストックも赤字が続けば食いつぶすことになる。もし赤字が続き、財産ストックが底をついたとき、経営は破綻する。それは財務諸表上では純資産のマイナスとなって現れる（**債務超過**）。社会福祉施設としてのセーフティネットの役割をもはや果たせなくなってしまう。このように、増減差額は財政状態の充実・毀損の方向を測る最も端的なバロメーターなのである。

② 赤字・黒字分析の留意点

当期活動増減差額が赤字となるか黒字となるかは、収益と費用とのバランスがとれているかどうかにかかっている。そこで、収益の状況はどうか、費用の状況はどうかを分析することになる。企業の場合は利益の増大を目指し、さらなる売上増やコストダウンを図るという経営政策がとられることになる。

しかしながら、社会福祉法人の場合は、入所施設だと収益は認可定員（あるいは弾力運用定員の上限）が収益増加の上限となってしまう。また、費用については、設備構造基準や人員配置基準などの規制が存在するため、コストダウンには一定の制限が課されている。

さらに、社会福祉法人の場合、単に増減差額だけでは業績評価はできない。当然「増減差額が赤字でないということ」や「事業継続に必要最低限の増減差額が獲得できていること」は社会福祉法人でも増減差額管理の必要な条件にはなるが、それを超える増減差額の獲得を目指す経営については、地域福祉の充実などといった使途との関係が示されない限り、何ら評価されるものにはならない。

③ 増減差額の要因分析：費用の適正性分析

社会福祉法人の増減差額の要因分析としては、「収益が適正か？」「費用が適正か？」を分析することになる。しかし、それらは何と比較して適正とするのかが問題となる。実際には、他施設や全国の平均値と比較して評価することがよく行われる。この場合、収益や費用の額を規模1単位当たりの額とすることが必要である。

異なる規模間で比較分析を行うためである。このように経営分析のた

表3-9　主な社会福祉施設種別の費用の適正性指標

		特別養護老人ホーム（従来型）	障害福祉サービス（生活介護）	保育所
人件費		65.2	66.0	73.4
経費	給　食　費	6.8	3.5	5.0
	水道光熱費	5.1	3.2	2.1
	業務委託費	5.9	3.7	2.1
	修　繕　費	1.1	1.0	0.8
	地代家賃	0.3	0.6	1.7
減価償却費		3.9	3.5	3.2
サービス活動増減差額		2.7	10.4	4.8

出典：独立行政法人福祉医療機構「経営分析参考指標」（2018（平成30）事業年度決算）

表3-10　費用の適正性指標の算定式・説明

指標名	算式	説明
人件費率	人件費÷サービス活動収益	・サービス活動収益 1 単位を生むために要した人件費の割合 ・本指標の値が低いほど費用負担は軽くなる ・ただし良質なサービスを提供するためには適切な人件費を支弁する必要がある
給食費率	給食費÷サービス活動収益	・サービス活動収益 1 単位を生むために要した給食費の割合
水道光熱費率	水道光熱費÷サービス活動収益	・サービス活動収益 1 単位を生むために要した水道光熱費の割合
業務委託費率	業務委託費÷サービス活動収益	・サービス活動収益 1 単位を生むために要した業務委託費の割合
修繕費率	修繕費÷サービス活動収益	・サービス活動収益 1 単位を生むために要した修繕費の割合
地代家賃費率	地代家賃÷サービス活動収益	・サービス活動収益 1 単位を生むために要した地代家賃の割合
減価償却費率	減価償却費÷サービス活動収益	・サービス活動収益 1 単位を生むために要した減価償却費の割合
サービス活動収益対サービス活動増減差額比率	サービス活動増減差額÷サービス活動収益	・サービス活動収益 1 単位から得られたサービス活動増減差額の割合

めに計算書類の金額数値に一定の加工を施し、指標化したものを経営分析指標という。

　事業活動計算書の費用の数値を用いた経営分析指標としては費用の適正性指標が挙げられる（**表 3-9**、**表 3-10**）。

4 資金収支計算書の見方・使い方

❶資金収支計算書の見方

① 資金収支計算書の意味と支払資金

　資金収支計算書は、当該会計年度におけるすべての支払資金の増加をもたらす収入と、減少をもたらす支出を記載し、それらの差額としての資金収支差額を計算するものである（会計学において資金計算で資金の増加をもたらすものを収入、減少をもたらすものを支出と呼び、両者の差額を収支差額と呼ぶ）。

　支払資金とは、流動資産および流動負債である。ただし、支払資金には次の三つは含まない。❶経常的な取引以外の取引によって生じた債権

表3-11　社会福祉法人の資金収支計算書の様式

第一号第一様式（第十七条第四項関係）

法人単位資金収支計算書
（自）令和　年　月　日　　　（至）令和　年　月　日

（単位：円）

		勘定科目	予算(A)	決算(B)	差異(A)-(B)	備考
事業活動による収支	収入	介護保険事業収入 老人福祉事業収入 児童福祉事業収入 ・・・・				
		事業活動収入計(1)				
	支出	人件費支出 事業費支出 事務費支出 ・・・・				
		事業活動支出計(2)				
		事業活動資金収支差額(3)＝(1)-(2)				
施設整備等による収支	収入	施設整備等補助金収入 ・・・・				
		施設整備等収入計(4)				
	支出	設備資金借入金元金償還支出 ・・・・				
		施設整備等支出計(5)				
		施設整備等資金収支差額(6)＝(4)-(5)				
その他の活動による収支	収入	長期運営資金借入金元金償還寄附金収入 ・・・・				
		その他の活動収入計(7)				
	支出	長期運営資金借入金元金償還支出 ・・・・				
		その他の活動支出計(8)				
		その他の活動資金収支差額(9)＝(7)-(8)				
		予備費支出(10)				
		当期資金収支差額合計(11)＝(3)+(6)+(9)-(10)				

	予算(A)	決算(B)	差異(A)-(B)	備考
前期末支払資金残高(12)				
当期末支払資金残高(11)+(12)				

（注）予備費支出△×××円は（何）支出に充当使用した額である。
※　本様式は、勘定科目の大区分のみを記載するが、必要のないものは省略することができる。ただし追
　加・修正はできないものとする。

または債務のうち、貸借対照表日の翌日から起算して1年以内に入金または支払の期限が到来するものとして固定資産または固定負債から振り替えられた流動資産または流動負債、❷引当金、❸棚卸資産（貯蔵品を除く）。また、支払資金の残高は、当該流動資産と当該流動負債との差額である。

　換言すれば、資金収支計算書の末尾に表示されている「当期末支払資金残高」の金額は、貸借対照表の流動資産（※）から流動負債（※）を差し引いた額と一致する（※上記❶〜❸を除いたもの）。

②　資金収支計算書の区分

　資金収支計算書は、「事業活動による収支」「施設整備等による収支」「その他の活動による収支」に区分され、各区分における支払資金の増加をもたらす収入と減少をもたらす支出とを記載し、資金収支差額を計上する。

　「事業活動による収支」には、経常的な事業活動による収入（受取利息配当金収入を含む）および支出（支払利息支出を含む）を記載し、事業活動資金収支差額を算定する。

「施設整備等による収支」には、固定資産の取得に係る支出および売却に係る収入、施設整備等補助金収入、施設整備等寄附金収入、設備資金借入金収入、設備資金借入金元金償還支出その他施設整備等に係る収入および支出を記載し、施設整備等資金収支差額を算定する。

「その他の活動による収支」には、長期運営資金の借入および返済、積立資産の積立および取崩し、投資有価証券の購入および売却等資金の運用に係る収入（受取利息配当金収入を除く）および支出（支払利息支出を除く）ならびに事業活動による収支や施設整備等による収支の区分に属さない収入および支出を記載し、その他の活動資金収支差額を算定する。

事業活動資金収支差額、施設整備等資金収支差額およびその他の活動資金収支差額を合計した額を「当期資金収支差額合計」として記載し、これに「前期末支払資金残高」を加算した額を「当期末支払資金残高」として算定する。

❷資金収支計算書の使い方

① 非営利組織の事業実績の分析：予算執行状況

資金収支計算書は、決算書類の機能だけでなく、予算書類としての機能も有しており、予算・決算を対比（予実対比）することにより、予算の執行状況を解明することもできる。社会福祉法人等の非営利組織においては、利益の獲得が目的ではなく、組織目的である事業の活動を十分に果たしていくこと（活動量の確保）が求められる。そうした活動を十分に果たせるかどうかの基準尺度は予算において表明され、予算の執行状況を通じて組織目的の達成状況が解明されることとなる。

② 施設整備における資金計画や実際の調達の分析

施設整備や設備投資（以下、施設整備等）については、事業活動計算書では直接的には把握が難しい。しかし、資金収支計算書においては、「施設整備等による収支」の区分で施設整備等の実施状況を把握することができる。通常、施設整備等が発生していない年度では「施設整備等による収支」で「固定資産取得支出」等として大きな額が計上されることはない。逆に同区分で「固定資産取得支出」に大きな金額が計上されていれば、施設整備等の事由が生じたことが推定できる。

この場合、「施設整備等補助金収入」「施設整備等寄附金収入」「設備資金借入金収入」などに金額が計上されていれば、それらが施設整備等における財源だとみることができる。

固定資産取得支出で大きな金額が計上されているのに、施設整備等の

収入金額がない場合は、外部からの資金によらず、法人の有する自己資金だけで施設整備等を行ったと推定される。このときは「施設整備等資金収支差額」や、「当期資金収支差額」が大幅なマイナスになっており、その結果、「当期末支払資金残高」も前年度から大きく減少していることが観察されることになる。

③ 借入金返済における資金繰りの分析：収入・支出・償還計画

分析対象年度において施設整備等の事由が生じていない場合でも、過去において施設整備等のための借入をし、その返済支出が続いている場合、「施設整備等による収支」の区分において「設備資金借入金元金償還支出」が、また「事業活動による収支」の区分において「支払利息支出」が計上されているはずである。ここで分析しなければならないのは、当該返済元金や利払いについて、事業活動等によって生成される資金の範囲に収まっているかという点である。

▌5 付属明細書・注記

財務諸表を用いた経営の分析は、計算書類の分析が基本となる。しかし、そこで記載される情報量では十分には法人の実情をつかめない場合も想定される。このため、社会福祉法人会計基準においては、注記や付属明細書によって計算書類の情報を補完することとされている。

計算書類を用いた分析で解明しきれないことや疑問が生じたことについて、こうした補完情報が有用性をもつ可能性もある。これらの情報の活用も重要である。

◇参考文献
・千葉正展『福祉経営論』ヘルス・システム研究所，2006.
・千葉正展「新・社会福祉法人会計基準の解説」『介護保険情報』第12巻第10号〜第15巻第5号（2012年1月〜2014年8月連載）

第4章

福祉人材の
マネジメント

　福祉サービスは、非営利、営利を問わないさまざまな事業主体により提供されるようになり、多数の専門職が出現し、年々その事業所数や従業員数が増加している。福祉サービスの倫理性・精神性を堅持しつつも、そこに働く職員は、労働者としての位置づけを明確にしなければならない環境である。

　さらに、当面の間、福祉ニーズが拡大し、必要とされる職員はまだ増加し続けていくにもかかわらず、労働力人口比率は徐々に低下しており、将来はさらに確保が困難となる。また、福祉サービスの質的確保も大きな課題である。

　福祉サービスにおける人材のマネジメントをどのように進めるべきか、福祉サービスの専門職として学習しておかなければならない。

福祉人材マネジメント

学習のポイント

● 人材マネジメントの基本的内容を知り、福祉人材マネジメントの特性を理解する
● 福祉人材に関するシステムの概要を知り、各システムの関係を理解する
● 福祉人材の報酬や人事評価のあり方を把握する

1 福祉人材マネジメントの基本

1 人材マネジメントとは

　組織経営における人事・労務管理を人事管理と労務管理とに分けて定義する場合もある。この場合、人事管理とは企業等の組織目標の達成に必要な労働力（従業員）を確保し、その合理的な利用を図る管理活動と定義される。近年では、human resource management の訳として、「人的資源管理、人材マネジメント」といわれている。

　本章では、「人材マネジメント」と表現する。人材マネジメントとは、組織の経営機能であり、そのねらいは、第一に組織戦略や経営目的の実現である。そして、生産性の高い組織をつくることである。第二のねらいは、職員一人ひとりが意欲をもって日々の業務に取り組めるよう、適正な評価と処遇が実現され、ひいてはキャリアを通じて成長し、自己実現できることである。第三に、それら全体を通じての適法性の確保である。労働組合、労使の関係の管理も必要となる。これらすべては、労働三法等の労働関係法令に則って就業規則等の制度を整備し、これらの規定に沿って行われなければならない。

　また、本節では人材マネジメントの一般理論だけを述べるものではなく、福祉サービスにとって必要な具体的視点を明確にしたい。

---

i　労務管理については、第4章第3節を参照。
ii　グロービス・マネジメント・インスティテュート編『MBA 人材マネジメント』ダイヤモンド社, p. 116, 2002. では、以下のように説明している。
　「人的資源管理」（human resource management）が対象とするのは、組織構造や評価制度の「仕組み」のつくり方やその動かし方であり、OB（organizational behavior ＝「組織行動学」）が対象とするのは、リーダーシップやエンパワメントなど、「人の行動」に関係したものである。

2 職員への動機づけ

いかに優秀な能力や高度の技術をもっていても、やる気がなければ、すなわち動機づけられなければ、能力や技術は仕事に活かされない。マネジメントに関する研究のなかでも、このやる気に関する理論＝動機づけ（モチベーション）理論[iii]は重要な位置を占めている。

ハーズバーグ（Herzberg, F.）は、人間の欲求における、不快を回避しようとする欲求と、よりいっそうの成長と自己実現を求める欲求とは異質なものであり、それらの欲求を充足するものも異質のものであるという仮説のもとに調査をし、次のような理論を提唱した。

人間が働く場合、環境に対する欲求と、仕事そのものに対する欲求の二つがあり、前者を不満足要因「衛生要因（ハイジーン・ファクター★）」、後者を満足要因「動機づけ要因（モティベーター★）」と呼んだ。ハーズバーグは、このような動機づけ要因の実現、すなわち職員に対する精神的成長、もしくは自己実現欲求充足の場を与えることの必要性を説いた。[1]

この理論によれば、「給与」は、不足すればマイナス要因となる不満足要因であるが、動機づけ要因として重要なものではない。介護労働安定センターが、毎年行っている「介護労働実態調査」においても、介護労働者がその「仕事を選んだ理由」の 1 位は、近年「働きがいのある仕事だと思ったから」であり、他より抜きん出て多い。しかし一方で、給与が低いために衛生要因が不満足のままで、働く意欲がわくものではない。福祉サービスに携わる職員がやる気をもって仕事をするためには、経営管理者はまず基本的な待遇の改善を行ったうえで、職員と目的を一つにし、職員に自己実現欲求充足の場を与えること、つまり、責任をもたせ、やりたい仕事をやってもらい、目標を達成させ、それを承認していくことが大切だといえる。

3 福祉人材マネジメントの特性とシステム

福祉サービスの大半は職員から利用者に直接提供されるものであることから、職員の質はサービスの質を決定づける重要な要素である。人材は単に経営資源の一つにとどめるものではなく、意思をもったサービス提供主体としてその価値を認め、主体的にサービスの価値を高めなければならない存在として動機づけられ、育成されていくことが必要である。その意味からも、人材マネジメントは他の産業以上に重要な管理機能の

★衛生要因と動機づけ要因

動機づけ要因（満足要因）と衛生要因（不満足要因）は同一線上にはなく、いくら衛生要因の解消に努めても決して満足な状態にはならないこと、したがって、仕事に対して満足感を得るためには、動機づけ要因による動機づけが重要であることを主張している。

Active Learning

福祉サービスにとって、なぜ人材マネジメントが大切なのか、また、そのためにどのようなシステムがあり、その特徴はどんなものか調べてみましょう。

---

iii 第 2 章第 1 節「5 モチベーションと組織の活性化」を参照。

図4-1　人材マネジメントシステム

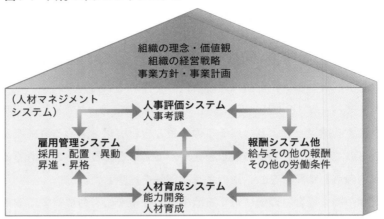

一つであるといえよう。

　また、福祉サービスの大半の職場は法令に定められた最低基準により、最低限配置しなければならない職員数や有資格者数が定められている。したがって、必要人数の確保が最低条件である。

　人材マネジメントに関するさまざまな施策は個々に管理されるのではなく、一連の流れのなかでトータルなシステムとして管理されなければならない。人材マネジメントのシステムは、その組織の文化や風土により形成される。したがって、まず、組織全体にわたる使命、価値観が明確でなければならない。そのもとに経営戦略が形成され、組織そのものの構造化が成立する。この組織を形成する人に関するシステムは**図4-1**のように、雇用管理システム、人事評価システム、報酬システム、人材育成システムのような個々の制度とともに、個々の実施にとどまらず、各々の要素が有機的なつながりをもち、システム全体が一体的に運営されなければならない。

▌4 福祉サービスの変化と人材マネジメント

　社会福祉法成立により措置から契約へと変化し、老人福祉事業の多くが介護保険収入に変わり、障害関連事業は自立支援給付費制度になった。これらの事業分野では、措置費のような人事院勧告★により毎年改定されるのではなく、資金の使途制限が緩和されたこと等から、公務員型の処遇を見直さざるを得ない状況になった。施設も複数化・多様化し、さらに利用者から選ばれる質のよいサービスをより効率的に提供すべきであるという今日の状況では、今までの人材マネジメントから脱皮せざるを得ない環境となった。

★人事院勧告
人事院が国会等の長に行う、国家公務員の「給与その他の勤務条件の改善及び人事行政の改善に関する勧告」の総称。

　また、福祉サービスの分野に社会福祉法人以外の経営主体が参入し、市場原理が浸透してくると、競争力をつけるために何を強化すべきかが経営の重要な判断となる。各種別の平均的な事業所の人件費は支出の半分以上を占めているため、不足する人材を確保するために人件費が上がっても待遇改善を図るのか、逆に人件費を抑えて少しでも支出を減らさなければならないのかといった経営の判断が必要になる。さらに、今後予測される福祉ニーズの増加に加え、労働力人口の減少も明らかとなっている。現状の制度のままでは、福祉サービス最大の資源である人材は、確保しにくくなることからも、福祉サービスにとって人材マジメントはますます大きな課題となる。

　職員の待遇面での課題は、その時期の福祉サービスを取り巻く環境、その事業の種別、法人や組織の歴史的背景、地域的特質、経営状況、職員の構成・質等の状況により一律ではない。経営管理者はこのような状況を的確に判断して、職員の待遇面での課題として、現在すぐ取り組むべきもの、また将来のために準備すべきことを明確にし、改善に取り組んでいく必要がある。

　特に、福祉サービスは女性職員の多い職場であることから、育児・介護休業、セクシャルハラスメント、ワークライフバランス等、近年注目されている女性の勤務管理に対する認識を深め、課題があれば早急に解決していく必要がある。

2　人材の確保と採用、配置と異動

1　人事方針の策定と人材確保

　福祉サービスにおける中期的（3〜5年先）な経営戦略を考える際には、どのようなサービスをどのような利用者に提供するのかについての基本的な考え方を示す必要がある。そして、そのための人材をどのように確保していくかの基本的な方針が重要となる。組織の経営戦略や将来の事業領域に基づいた人事方針を決めなければならない。必要な人材像や、最低限必要な人材はどの職種に何人か、短期的に即戦力として必要なのか、または中長期的に時間をかけて育成していくか等である。

　福祉サービスにかかわる労働市場における求人数は、当面拡大の一途をたどっている。現に、人材が確保できないために事業の開始時期が遅れ、施設の開設時利用定員を減らさざるを得ないというような事例など

★福祉人材確保法
社会福祉事業法及び社会福祉施設職員退職手当共済法の一部を改正する法律（平成4年法律第81号）。

★人材確保指針
社会福祉事業に従事する者の確保を図るための措置に関する基本的な指針（平成5年厚生労働省告示第116号）。

★新人材確保指針
社会福祉事業に従事する者の確保を図るための措置に関する基本的な指針（平成19年厚生労働省告示第289号）。

も起こっている。どの時期にどの地域のどの分野にサービスの展開を図るのかについては、そのために必要な人材が確保されることが重要な鍵となる。

　これらを背景に、1992（平成4）年にいわゆる「福祉人材確保法[★]」が制定され、これを受けて翌年、いわゆる「人材確保指針[★]」が告示された。しかし、その後の変化はさらに厳しく、2007（平成19）年には、さらにこの指針を見直した新しい指針、いわゆる「新人材確保指針[★]」が告示された。ここでは、人材確保の方策として、労働環境の整備の推進等、キャリアアップの仕組みの構築、福祉・介護サービスの周知・理解、潜在的有資格者等の参入の促進等、多様な人材の参入・参画の促進、を挙げている。

　福祉職のキャリアという言葉が使われるようになったのは、この新人材確保指針からである。本来、キャリアとは階層（昇進・昇格）、職能（専門領域の向上）、中心性（同じ職能分野のなかでも信頼や責任が高まること）の3種類を指す[2]といわれている。サービス事業者側が人材を単に数でとらえ、日々の仕事をどうこなすかに終始するような人材マネジメントのあり方を見直し、福祉職場に働く個人が、一生涯にわたる仕事を通じて経験する役割や職務を積み重ねること、その経験を各個人がどのように意味づけるかとの点に着目したものである。

　そして、適切な人材確保のためには、キャリアと能力に見合う給与水準の確保が必要であり、職員のキャリアアップを支援する観点から、専門職資格取得の支援（SDS）、OJTおよびOFF-JTによる教育体制の確保が必要である。そのために、事業者も国や地方公共団体も積極的にこれに取り組んでいかなければならない。また、福祉分野の有資格職者の専門性をより高めるとともに、一方で業務の見直しを行い、専門性の低い業務を、たとえば元気な中高年齢者等のような、従来福祉人材として注目してこなかった新しい人材に担ってもらう、いわゆるタスクシフティングを進めることで、人材のすそ野を大きく広げる試みも始まっている。

▌2 人材確保とその方法

　人材確保の一般的な方法は「採用」である。採用によって労働力を調達し、組織に必要な人材需要を満たし、採用された職員は、法人等事業主体の代表者との雇用契約を結ぶ。しかし、近年人材確保の方法が多様化している。まず、雇用形態による違いは、正規職員、非正規職員、人

材派遣、業務委託・請負・出向、その他がある。

　採用にあたっては、人事方針に基づいて、まず、必要な職員の技術・資質・能力、人数、必要な時期等を決めなければならない。いわゆる要員計画である。正規職員だけでなく、契約職員、パート職員等の採用が可能な組織では、それらの職員も雇用しながら計画的に良質の人材を確保することができるような要員計画に努めたい。パート職員など非正規比率の増加に伴い、2018（平成 30）年 7 月、「短時間労働者及び有期雇用労働者の雇用管理の改善等に関する法律」（パートタイム・有期雇用労働法）の改正が行われ、いわゆる「同一労働同一賃金ガイドライン＊」が告示された。非正規職員の有効活用を推進するためには、単にコスト面と雇用調整の柔軟性というメリットのみに重きを置く施策では限界がある。労働条件の是正を図ると同時に、職員の意欲を高めるためには、透明性の高い処遇制度が求められる。単なる正規職員の補完的人材としてではなく、人材の有効性を認め、積極的に活用していく人事戦略も有用であると考えられる。

★同一労働同一賃金ガイドライン
短時間・有期雇用労働者及び派遣労働者に対する不合理な待遇の禁止等に関する指針（平成 30 年 12 月厚生労働省告示第 430 号）。

　次に、募集である。求人方法は、一般公募、大学・養成校等への募集、福祉人材センターの活用、インターンシップ制の活用、ホームページへの掲載、インターネットによる登録、民間有料職業紹介のサイトへの登録、さらに中途採用についてはハローワークや広告等の媒体があるので、これらを適切に幅広く利用する求人活動を実施することが望ましい。

　次は選考である。選考基準を明確にし、複数の選考方法の結果をもとに総合的な判断をすることが必要である。なかでも、多くの施設で行われている面接試験は、対人サービスである福祉サービスにおいては最も重要な選考方法であり、その手法の確立も必要となる。

　介護における外国人材は、❶経済連携協定（EPA）に加え、2017（平成 29）年に❷在留資格「介護」が創設され、施行された。専門的・技術的分野の外国人の受け入れについて、介護分野においても介護福祉士養成施設を卒業し、介護福祉士の国家試験に合格した外国人に在留資格を認めることとなった。また同年、「外国人の技能実習の適正な実施及び技能実習生の保護に関する法律」が施行され、発展途上地域等の外国人を実習生として日本に受け入れ、国際協力を推進することを目的に、❸介護の技能実習が創設された。さらに、「特定技能の在留資格に係る制度の運用に関する基本方針」が決定され、介護分野における❹特定技能が 2019（平成 31）年に開始された。

★ 経 済 連 携 協 定
（EPA：Economic Partnership Agreement）
二国以上の国または地域の間で、自由貿易協定の要素に加え、貿易以外の分野、たとえば人の移動や投資、政府調達、二国間協力等を含めて締結される包括的な協定。

第 4 章　福祉人材のマネジメント

3 人事異動のあり方

　採用した職員は通常、退職まで同一職場や同一施設にいるわけではなく、職場内で仕事の担当が替わったり、職場間を異動したり、ときには異なった仕事内容や役割に変わることもある。これらを配置換え、または人事異動という。

　この目的は、まず、各職場の業務を遂行するのに必要としている職務や役割に必要な人材を配置していくことである。しかし、働く人の能力や適性に合わせて仕事を割り振ることのほうがむしろ一般的で、職員個々が自分で新たな仕事を開拓することができるという特徴がある。福祉職場では、徐々に専門職化が進んでいることから、職員個々が所有する専門資格と職場が必要としている資格者とのマッチングは、介護報酬の必要職員数の確保等のように、直接収入にも影響する異動となる。

　さらに、人事異動は職員個々のキャリアを開発し、その能力やスキル等の人材の価値を高めることが目的で行われる。キャリア開発とは「組織にとっては、そこで働く個人の意志や希望と組織の戦略とをいかに調和させていくのかという問題であり、組織で働く個人にとっては、組織の中でいかに主体的に自らの働き方をデザインしていくかという問題である」[3]。

　つまり、組織にとっても個人にとっても双方に必要なことである。人事異動も双方に利するものでなくてはならない。企業では**キャリアコンサルティング**★といったシステムも導入されている。

　福祉サービス組織は、一般企業に比べて職員の組織内部での流動性の低い職場である。その理由として、福祉サービスでは専門的な傾向が年々強くなっていることから流動できる業務範囲が限定されること、規模が小さい職場や法人が多いことから組織内の異動先が少ないこと等が挙げられる。「適材適所」な配置を目指すには、専門職職場の特色を活かしながら、必要に応じて柔軟な配置転換、異動の可能な職場を形成していかなければならないが、このような組織ではそれらが制限されてしまい、人事の活性化やキャリア形成が進まない。

　異動は一般に職場の適正な運営を考えて経営管理者主導で進められ

★**キャリアコンサルティング**
個々人のキャリアについて企業内でコンサルテーションを行うことで、企業のニーズと個人の希望をマッチングさせて実現可能なものとするもの。

---

iv 「出入国管理及び難民認定法及び法務省設置法の一部を改正する法律」に基づき「特定技能の在留資格に係る制度の運用に関する基本方針」「特定技能の在留資格に係る制度の運用に関する方針について」が2018（平成30）年に閣議決定され、特定技能により外国人材を受け入れる分野として介護分野を特定するためにこの方針等が決定されている。

る。しかし、職場の都合により職員の能力や希望に合った異動が行われず、職員の生活に大きな負担になるといった問題も生じ、退職してしまうというような結果を招くこともある。そこで、自己申告制度、個人の希望を考慮する方策として大手企業での導入が進んでいる社内公募制度、勤務地限定職員制度等がある。職員個々のライフステージに合わせて選択できるような方法がとられている。このことは、女性の多い福祉職場にとって、子育てや要介護高齢者を抱える職員等の離職防止に役立ち、業務経験のある中堅職員や優秀な職員の確保に役立つ。

　さらに、企業等では同一社内の異動にとどまらず、他社への「出向」という人事異動もある。今後、福祉サービス事業所においても、人材確保に苦慮する地域や業種においては、他法人との出向協力といった方法も、課題解決のための新たな方法として注目されることが考えられる。

3 報酬システム（賃金とその他の待遇）

1 労働費用と賃金

　事業主が労働の対価として負担する全コストを労働費用という。労働費用には、賃金すなわち現金給与として毎月決まって支給する給与と賞与・期末手当とがあり、それ以外には退職金、法定福利費、法定外福利費、その他教育訓練費等がある。

　また、労働費用とりわけ賃金には、職員の世間並みの生活水準を確保する側面と、経営の支払い能力からみた適正水準を確保するという側面がある。したがって、賃金の管理とは、賃金コストを適正に維持しながら、一方で、事業に必要な職員数を確保し、職員の労働意欲の維持・高揚を図り、有効に人材の活用を図り、労使関係の安定を維持することである。福祉サービスにおいては、かつては、職員定数が固定的で、公務員型の給与の決定方式であったことから、職員個々の給与をどのようにするかという個別賃金管理中心に管理がなされる傾向にあった。しかし、社会福祉法、介護保険法の成立後は事業所全体の人件費等を対象にした、総額賃金管理の方式をとらざるを得ない環境にある。

2 報酬システムと賃金制度

　報酬システムの中心は基本給であり、基本給の構成として、「年功給」（属人給ともいう。年齢・勤続・学歴など属人的要素による給与）、「職

★自己申告制度
職員の個人的な事情や希望を本人に自己申告してもらい、それを考慮して配置やキャリア形成を行うことにより、職員の事情と組織の人事政策との調和を図るもの。

★社内公募制度
人事異動の制度の一つで、異動先の部署や役職の担い手を社内で公募して選考し、応募者と担当部署双方で条件が合えば異動が実現する制度。従業員のモチベーションを高めたり組織の活性化を目的とする。

★勤務地限定職員制度
住居の変更を伴う異動や、長距離の通勤を伴う職場への異動は、仕事と生活・家庭の両立に影響する。そのため、給与等の処遇が多少落ちても、異動の範囲を限定することにより上記の問題解決を図ろうという制度。

第4章 福祉人材のマネジメント

能給」（職務遂行能力による給与）、「職務給」（職務の重要度・困難度・責任度などや職種による給与）があり、賃金の形態としては「定額制」（時給、日給、週給、月給、年俸制）と「出来高払い制」がある。

　我が国の賃金構造の特徴は、個々の労働者の賃金が年々上昇する「年功給」にある。年功給中心の賃金は、安定的な生活の保障、帰属意識を高め、労働者の定着を前提とした教育訓練、熟練者の育成等に寄与してきた。しかし、社会構造や産業構造、経営環境も変化し、年功的賃金の問題点が指摘されるようになって、近年では成果や業績に対する賃金部分の拡大や年俸制の導入などの対策がとられるようになっている。

　一般に昇格とは、職能資格制度において昇格基準に基づき資格が上がることをいい、昇進は、一定の能力を保有する者（対応する資格）のなかから適性を加味し、組織上の役職位（職位）を上げることをいう。昇格は現在格付けされている資格から上位の資格に上がるため、昇格（による）昇給が行われるが、職位の上昇とは直接的な関係はないものである。

　昇給とは、個々の労働者の賃金を定められた昇給曲線に従って増加させていく制度であり、賃金水準全体を底上げするベースアップとは異なる。毎年４月などに行われる定期昇給、特別な場合に行われる臨時昇給、能力や業績による考課昇給、年齢勤続で昇給する自動昇給、同一職能（職級）でも昇給する級内昇給、昇格によって昇給する昇格昇給などがある。

　職員の仕事への意欲を高め、業務への積極的な姿勢を育むためには、職員の配置・処遇が客観的なシステムによって公正に行われ、透明性が確保される必要がある。法人内に統一した資格等級制度等の制度を整備するなどにより、職務、職種や役割について、職員が目指すべき技能や専門性の程度、職場で求められる業務のあり方等について、職員の認識も統一されたものとなり、現有職員の意欲や組織への信頼感につながる。さらには、求人において法人への信頼を高める要素などとなるためにも必要な措置である。

---

v　職能資格制度とは、仕事の専門分野別に分類した、その仕事の困難度、責任度などを評価要素にした職能資格区分（階段）を設け、各職能資格区分に該当する職務遂行能力の種類や程度を明確にした職能資格基準を設定し、この基準に基づいて人事処遇を行う制度。この制度においては、役職位と資格とは切り離され、処遇の基本を「資格」とする。

■3 これからの賃金制度の確立

　今後は、年功給のみによる賃金から、職務遂行能力や成果・業績による賃金も導入していくべきであろう。その際には、年功給、職能給、さらには職務給も含めてどのような配分にするか、職能給の導入に必須の人事評価をどのように導入するかが重要な課題となる。具体的な内容は画一的でなく、各法人の実情に合わせた内容でなければならない。

　また、福祉サービス事業所の賞与も、国家公務員の支給基準に合わせた支給方法から、個人の能力や成果・業績と組織の経営実績に応じて支給内容を決定する方法を採用するようになってきた。

　所定内賃金のなかでも、さまざまな資格や特殊な勤務体制にはさまざまな手当で対応してきた。特に、看護師、介護福祉士、社会福祉士、精神保健福祉士、保育士等の福祉サービスに従事する専門資格、介護保険により新たにできた介護支援専門員等の資格に対する手当等である。これらは今後その専門性をさらに高度化する動きもあり、一方、直接ケア職員総数に対して資格取得者が一定比率以上確保されている場合の報酬の支給基準もあり、基本給以外の手当も他事業者との競争力の要素ともなり得る。

　一般に、福祉サービス事業所においては、その収入に占める人件費の割合、つまり人件費率（人件費÷サービス活動収益）が他産業と比較して高いといわれている。独立行政法人福祉医療機構の資料によると、認可保育所の人件費率は平均 73.4%[4]、障害福祉サービス施設の人件費率は平均 65.9%[5]、特別養護老人ホーム（ユニット型）の人件費率は平均 61.9%[6]となっている。なかでも、赤字経営の保育所（1166 施設）の人件費率の平均が 80.8%[7]となっていることからも、経営状況と人件費率とは因果関係がある。このように、福祉サービス事業所では、費用の60〜80% を人件費が占めるので、単に財政面の改善だけを考えると人件費を削減するという人事施策に動く。しかし、一般的に労働市場は景気が上昇すると有効求人倍率が上昇するため、各年齢ごとの賃金が他産業よりやや下回っている福祉サービス分野では、さらに人材確保が難しくなり、特に都市部での介護や保育の人材不足は大きくなる。単純な人件費の削減は、人材確保のさらなるマイナス要因となる。一方、収入全体が伸びないなかで、人件費だけが伸びていくようでは経営の持続性を保つことができない。社会構造や産業構造などの法人外部の要因、および業績などの内部要因の環境変化に対応することができ、職員のモチベーションを高めるための適切な賃金体系の構築が今後の経営管理の重

Active Learning

福祉サービスの仕事に就いて利用者のためによりよい仕事をすることと、その報酬によって生活していくことの意味を考えてみましょう。

第4章

福祉人材のマネジメント

要な要素となる。

　人材確保が厳しくなっていることを背景にして、2012（平成24）年には介護職員の処遇を改善するため「介護職員処遇改善加算」が、次の年には保育士等の処遇を改善するために「保育士処遇改善等加算」が制度化され、職員の給与改善のためだけに限定した目的で報酬等の加算が制度化されている。一方、労働市場では介護職員や保育士等の人材紹介会社の動きが活発となっており、事業者にとっては便利な反面、多額な紹介料等が問題となっている。

■4 職員の福利厚生

　職員の福利厚生に関する費用、特に最近の少子高齢社会を反映して健康保険料等の法定福利費は徐々に増加している。その他の福利厚生に関する施策もでき、充実する一方、事業主負担も増加している。

　退職金については社会福祉施設職員等退職手当金（社会福祉施設職員等退職手当共済法による）があるが、その公的補助の負担増や社会福祉法人以外の介護、障害関係事業者との公平性の観点から制度の見直しが行われ、事業主の負担増もあり施設単位の未加入も進んだ。

★福利厚生センター
社会福祉法第102条に規定される「社会福祉法人福利厚生センター」をいう。

　また、社会福祉施設職員を対象に、福利厚生センター＊が創設されたことにより、特に独自に職員の福利厚生の充実を図っている大規模な法人等を除いては、この福利厚生センターに加入することによって、職員の福利厚生の充実を図ることができるようになった。そのうえに、都道府県によっては都道府県単位の社会福祉施設共済会組織をつくり、さらに福利厚生の充実を図っているところも多い。これらの制度を利用して職員の福利厚生の充実を図るとともに、これらの制度に関する事務処理を適切に行うことも、労務管理業務のポイントである。

4 ▶ 人材の評価（人事考課）

■1 人事評価の目的

　人事評価は、一般に人事考課といわれる。さまざまな人材マネジメントをより効果的に活用するためには、各々の人材を評価する必要がある。人材マネジメントの適切な遂行を目的として、それに必要な職員一人ひとりの人事情報を収集・整理し、決められた基準に基づいて評価することである。環境の変化により、将来の財政状況への不安が増し、年功序

列賃金の賃金増をいかに抑えるかという視点から、近年、急激に人事評価（考課）制度への関心が強まってきた。しかし、人事評価制度は、単に職員処遇に差をつけ、給与総額を抑制するためのものではない。

人事評価は、第一に、自組織が求める職員への期待像を示し、目標を決めることにより、その基準や目標に従って、仕事の取組み姿勢、仕事を遂行する能力、職員個々の仕事の成果等を公正に評価するものである。評価のための基準を設定することで、職員としてどのような行動をとり、どのような成果を上げることを組織が期待しているのかが明確になる。また、第二に、人材育成と能力開発を目的とするものである。評価基準に基づいて評価した結果、個々の職員がどのような能力をもち、どのような仕事ができるのかが明確になる。組織の期待である基準との乖離が明確になれば、その格差を埋めることがモチベーションとなってその人材の成長を促すことができる。

通常、上司は部下を何らかの基準により評価している。その際、客観的な基準がないと、上司の個人的な判断や偏りが出る可能性がある。期待像と現状、目標と結果を明確にすることにより、各職員の育成や能力開発の課題が明確になり、公正な人事処遇（賃金処遇、地位処遇、適正配置等）を行うための材料を得ることができる。これが人事評価の目的である。さらに、職員一人ひとりの能力や成果が明確にできれば、かつての年齢、勤続、学歴等による画一的な年功賃金から、能力や成果も加味した賃金制度に変更していくことも可能になる。

2 評価の対象とその意味

人事評価の対象は、一般的に以下のように分類される。

(1) 保有能力
　　もっている職務遂行能力が評価（原因の評価）対象となる。
　・職務要件に照らした能力レベル
　・習得能力＝知識、技能、技術等
　・習熟技能＝判断力、企画力、分析力、対応力等
(2) 発揮能力
　① 行動
　　　コンピテンシー評価（行動の評価）が代表的。
　　・高業績者の行動特性に照らした評価
　② モチベーション
　　　情意評価（過程の評価）が代表的。

> ・積極性、責任性、規律性、協調性、部下の育成等を対象とする。
> ③ 成果・実績
> 　業績評価（結果の評価）といわれる。
> ・仕事の量＝迅速性等
> ・仕事の質＝正確性等

　まず、どのような職務遂行能力があるか、それはどのような行動（「仕事の取組み姿勢」と表現される）や過程でなされたのか、それはどのようなよい結果（仕事成果）・業績を達成したかである。高い能力の人と低い能力の人の区分けができても、組織の目標が達成されるわけではない。どのような結果に結びつけるかである。その結果に至る過程の仕事の仕方や、取組み姿勢を適切に行うことのできる人が高い成果を上げることができる。したがって、近年では、高業績者に共通してみられる行動特性をコンピテンシーといい、この行動特性を各職務や職位のレベルに応じてモデル化し、それを評価基準として使うという仕組みで評価する方法がある。コンピテンシー評価は、能力評価と成果・実績評価を両立させるものと考えられている。

３ 目標管理制度

　目標管理は「目標による管理」ともいわれるものである。ドラッカー（Drucker, P. F.）のいう「目標と自己管理によるマネジメント」（management by objectives and self-control[8]）である。現在、一般的には目標管理制度（MBO）と呼ばれ、経営管理者が組織全体の目標・方針を示し、部門（チーム）の責任者がそれを達成するための部門としての具体的な達成目標と方針を設定し、職員は自分の職務についてその実現への努力、成果の目標を定め、自己評価を通して動機づけを図る制度である。組織全体、職場、所属する職員が各々目標を明確にすること、組織の目標を職員が理解し、組織と職員一人ひとりが目標を共有すること、そのことにより、組織の業績の向上と職員個々の自己実現を目指すものである。あくまでも、一方的に割り当てられたノルマを押しつけるものではなく、参加と目標による自己統制のマネジメントを目指すものである。

　目標管理では職員の目標設定を上司と当該職員との面接を通して双方納得のうえに目標を設定する。設定した目標がどこまで達成されたかもこの面接を通して評価される。つまり、設定された成果目標が評価基準

として用いられる実績評価であり、1990年代以降各企業でもこの目標管理に基づく評価制度の導入が進展している。

チームで役割分担し、チームで協力関係を密にして、よりよいサービス提供を目指すという福祉サービスの分野において、人事評価として何らかの基準を設け、その結果から個々の職員を相対的に評価し、これに基づいて各職員の月々の給与に差が出るという方法が、この事業分野の人事評価として適切かどうか疑問を投げかける人もいる。これに対して、目標管理制度は、チームとしての目標と個人の目標を連鎖させ、チームに貢献しながら個々人の目標達成を目指すところを成果とすること、さらにこの目標設定を上司と職員との合意で行うこと等から、一般的に実績評価として使用される事例が多く、福祉サービス事業所でも利用されている。

4 人事評価の課題

人事評価の課題は二つある。まず、評価の正確性である。評価は人がするものであり、いかに評価者訓練をしても評価結果の正確性には限界がある。そのためには、評価者に偏向が起きることを認識したうえで、基準の明確化を図ることが重要である。もう一つは、評価結果の納得性である。基準の公開、結果の説明、苦情の申立て等の経過の公平性により、評価の納得性を高めることが必要である。適切でない評価は逆効果で、介護職員の「現在の仕事の満足度」の調査でも、「人事評価・処遇のあり方」は不満足の率が「賃金」に次いで高い。

具体的な取組み例として、人事評価制度のポイントとなるものは、以下が挙げられる。

・経営理念に基づいてつくられた明確な基準がある。
・査定や減点目的ではなく、職員育成を目的にしている。
・評価基準が示されており、結果を本人にフィードバックしている。
・考課の具体的な実施方法を決め、徹底している。
・結果を有効に活用している。
・管理保管された人事評価結果は、人材育成、配置・異動、人事処遇等に有効に活用している。

◇引用文献
1 ）F. ハーズバーグ，北野利信訳『仕事と人間性』東洋経済新報社，pp. 85-86, pp. 89-91, 1968.
2 ）金井壽宏『経営組織』日本経済新聞社，pp. 77-78, 1999.
3 ）中原淳編著『企業内人材育成入門』ダイヤモンド社，p. 258, 2006.
4 ）福祉医療機構「2018年度 保育所および認定こども園の経営状況について」p. 2, 2020.
5 ）福祉医療機構「平成29年度 生活介護（障害福祉サービス）の経営状況について」p. 2, 2019.
6 ）福祉医療機構「2018年度 特別養護老人ホームの経営状況について」p. 2, 2019.
7 ）前出 4 ），p. 4
8 ）P. F. ドラッカー，上田惇生訳『新訳 現代の経営 上』ダイヤモンド社，pp. 180-206, 1996.
9 ）介護労働安定センター「令和元年度介護労働実態調査——介護労働者の就業実態と就業意識調査結果報告書」p. 51

第2節　福祉人材の育成

学習のポイント
● 福祉人材育成の必要性についての理解を深める
● 組織における人材育成の仕組みと方法を理解する
● 福祉人材のキャリアパスの意義と仕組みを理解する

1 福祉人材育成の必要性

福祉人材育成の必要性は、三つの視点で捉えることが大切である。

1 利用者・社会にとっての必要性

第一は、福祉サービスを利用する利用者・社会にとっての必要性である。福祉サービスは、「生活の支援を必要とする人々に対する専門的なサービス」である。サービスの質は、担い手やチームの力量によって決定づけられるという側面がある。したがって、福祉従事者研修は、措置制度の時代には国や地方公共団体等の公的責任として推進されてきたし、利用契約制度下においても福祉サービスの特性から必要な視点である。

❶福祉専門職制度の創設

1987（昭和62）年には「社会福祉士及び介護福祉士法」が制定された。1997（平成9）年には「精神保健福祉士法」が成立、2001（平成13）年には児童福祉法が改正され、名称独占としての保育士の資格制度が法定化された。いずれも、福祉従事者を専門職として公的に位置づけ、良質な人材の確保と育成を促進しようとするものであった。

2007（平成19）年には、「社会福祉士及び介護福祉士法」の改正が行われ、両資格の定義および義務規定、資格取得方法等の見直しが行われた。利用契約制度における福祉専門職像を明確にするものである。

❷福祉人材確保法と人材確保指針

1992（平成4）年には、社会福祉事業法（現・社会福祉法）の改正等、いわゆる福祉人材確保法が成立し、翌年、「社会福祉事業に従事する者の確保を図るための措置に関する基本的な指針（以下、人材確保指針）」が

告示された。人材確保指針は、福祉人材確保の目標として、❶専門的知識・技術と豊かな人間性を備えた資質の高い人材を早急に養成すること、❷魅力ある職場づくりを推進し、必要な人材を確保すること、❸これらの措置により、国民のニーズに対応し、適切なサービスを提供すること、を掲げた。そのうえで、「社会福祉事業を経営する者の行うべき措置」として、①職員処遇の充実、②資質の向上、③就業の促進および定着化、④地域の理解と交流の促進、⑤経営基盤の強化、という五つの領域について取組みの具体的な方向を示した。

　これを受けて、1994（平成6）年に「社会福祉従事者の養成研修体系のあり方に関する調査研究」（全国社会福祉協議会）が行われ「職場研修」や「生涯研修体系」のあり方についてその基本的考え方がまとめられた。『福祉の「職場研修」マニュアル』『福祉職員生涯研修課程』（いずれも全国社会福祉協議会）等は、この考え方を具体化したものである。

❸新人材確保指針とキャリアアップ支援

　2007（平成19）年には、人材確保指針が14年振りに見直され、告示された（以下、新人材確保指針）。近年の福祉人材の就業の動向や将来見通しを踏まえたうえで、「人材確保の方策」として、❶労働環境の整備の推進、❷キャリアアップの仕組みの構築、❸福祉・介護サービスの周知・理解、❹潜在的有資格者等の参入の促進、❺多様な人材の参入・参画の促進、などについての方向を示し、新たな取組みが行われている。

■2 福祉従事者（個人）にとっての必要性

　第二は、福祉従事者（個人）にとっての必要性である。福祉サービスの担い手としての個人は、職業人、組織人として求められる基本的な資質能力を習得し、担当業務や立場・役割に応じて求められる職務遂行能力を身につけなければならない。

❶自己成長は自己実現

　一人ひとりの職員は、自らの職業生涯を充実したものとするためにキャリアアップを目指したいという欲求をもっている。個人として自らの潜在能力や可能性を最大限に伸ばし、活用することは職業人としての自己実現であり、モチベーションの源泉となるものである。

　特に、社会福祉にかかわる人々は、自らの活動に対する明確な使命感や価値観をもっている人々が多い。自己の専門的能力を高めたいという意欲は、他の職業領域以上に高いものがあると認識される。福祉人材の育成（特に専門的な資質能力の向上）は、そうした意欲を原動力として

推進されるものである。その結果として「仕事への心の健康度」（ワークエンゲージメント*）が高まることになる。

❷キャリアアップの促進

福祉専門職としてのキャリアアップは、公的資格としての社会福祉士や介護福祉士等の取得を基礎としながら、さらに上位の公的資格（認定社会福祉士・認定介護福祉士等）を目指すのが一般的である。

介護プロフェッショナルキャリア段位制度などによる実践能力の開発、さらに多様な福祉ニーズへの対応能力やトータルなケアマネジメント能力、組織におけるチームマネジメント力の開発等、それぞれのキャリア・ステージに応じてキャリアアップ目標を設定し、自己研さんに取り組むことが望まれる。

③ 事業主体・経営組織にとっての必要性

第三は、事業主体・経営組織にとっての必要性である。経営組織は、一定の使命や目的・機能をもった目的機能集団である。その目的や機能を効果的・効率的に遂行し、成果を上げるためには、経営資源、とりわけ人的資源の有効活用が不可欠であり、経営組織にとって人材育成は普遍的な課題である。これからは人的資源開発*（HRD：ヒューマン・リソース・ディベロップメント）の考え方が重要である。

❶利用契約制度への転換のなかで

措置制度から利用契約制度に転換するなかで、福祉人材育成もまた経営管理の一環として事業経営者が主導的に推進していかなければならない課題となった。利用契約制度においては、多様なサービス供給主体が競い合いと連携を通じて「サービスの質の向上と効率性の確保」の両面を追求していかなければならない。そのための施策推進として人材育成は重要な課題となる。

また、利用契約制度に移行するなかで情報開示や権利擁護、苦情解決、福祉サービスの第三者評価等、利用契約制度を担保するための新たな仕組みが創設された。利用者との対等な関係を形成し、事業経営を円滑に機能させていくためには、こうした制度の理解を深めるとともに、適切に対応できる人材の育成が必須の課題となっている。

❷専門性と組織性の開発

福祉サービスは、ハンディキャップをもち、生活の支援を必要とする人々に対する専門的サービスである。単に利用者の希望や現象的ニーズに対応するというだけではなく、個人の尊厳を保持し、自立支援や発達

★ワークエンゲージメント（work engagement）
仕事に関連するポジティブで充実した心理状態で、活力・熱意・没頭によって特徴づけられる。バーンアウト（燃え尽き症候群）に対比される仕事への心理状態で、「仕事への心の健康度」ともいわれる。

第4章 福祉人材のマネジメント

★人的資源開発（HRD：human resource development）
企業や組織の構成員としての人間が本来もっている、そして従来見落とされがちであった潜在的可能性を含めた能力を発見し、開発していこうという考え方。

保障等の専門的視点でサービス内容を組み立てなければならない。

　したがって、福祉従事者には、福祉の「専門性」に関する理念や倫理観（価値基準）、知識、技術・技能の習得・開発は必須の課題である。福祉ニーズの多様化、複雑化のなかで今後さらに充実していかなければならない。

　同時に、福祉サービスは、基本的にチームケアで行われるものであり、多様な職種や社会資源の連携・協働を通じて実践されるものである。したがって、サービスの質の向上のためには、個人の力量アップと同時にチーム力（組織力）の開発や連携による相乗（シナジー）効果の向上を追求していかなければならない。チームの一員として役割行動を適切に実践していくための「組織性」の習得と開発が必要である。

　すべての職員が、組織におけるそれぞれの立場や役割を正しく理解したうえで、組織が期待する役割行動を自覚し、コミュニケーションや問題解決を適切に行い、チームワークを促進し、活動の相乗（シナジー）効果の向上に貢献していかなければならない。

　初任者は基礎的役割行動、中堅職員は自律的役割行動の実践が求められるし、チームリーダー等指導的立場になると、チームマネジメントやメンバーを指導育成する役割を遂行していかなければならない。さらに、拠点管理者や部門管理者、施設長等経営管理者の立場になると、トータルなマネジメント能力やリーダーシップの開発が求められることになる。福祉サービスにおいては、リスクマネジメントに関する学びも不可欠な課題となる。

　これらは、個別の経営組織において計画的、組織的に取り組まなければならない人材育成の課題である。

2 ▶ 経営組織と人材育成

■1 職場研修の考え方

　福祉の「職場研修」は、"人材育成の責任単位は職場である"という認識に立って、福祉従事者研修を捉え直し、充実していこうとするための目的意識的な考え方である。

❶「職場研修」体制の整備

　「職場研修」を効果的に推進するためには、推進体制の整備が必要である。経営者や管理者、指導的職員等の責務を明確にするとともに、研修

★相乗（シナジー）効果（synergy effect）
二つ以上の要因が相互に作用しあい、「1＋1＝2」ではなく3以上の結果をもたらすこと。組織活動は、単純な加算合計の成果を出すのではなく、高い相乗効果を期待しての活動であるという考え方。

図4-2　研修管理サイクル

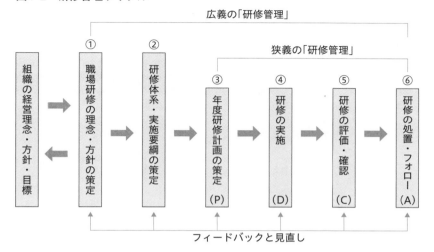

担当者を選任し、担当者としての責任・権限の具体化が必要である。

　経営者は「職場研修」の推進責任者である。「職場研修」の理念や方針を示すとともに「職場研修」の仕組みを整備し、推進体制を整える。

　管理職員や指導的職員は「職場研修」の実践当事者である。職務遂行過程で職員を日常的に指導育成すること（職務を通じての指導＝OJT）が "本来業務（役割）" であると認識し、実践する必要がある。

　研修担当者は「職場研修」の実務担当者（研修管理者）である。研修計画づくり、研修の実施や評価・確認、処置・フォローといった一連の研修管理を推進していくことになる。

　「職場研修」の原動力は、個々の職員が潜在的にもっている啓発意欲と成長の可能性である。人材育成や「職場研修」としての活動は、その意欲と可能性に対する組織としての意識的な働きかけである。

❷研修管理サイクルの徹底

　研修管理には、広義の研修管理と狭義の研修管理がある。前者は、❶職場研修の理念や方針を策定すること、❷研修体系・実施要綱の策定といった「職場研修」の基礎づくりを行うことである。後者は、❸年度研修計画の策定（plan）、❹研修の実施（do）、❺研修の評価・確認（check）、❻研修の処置・フォロー（action）といったステップで具体的に年度研修管理を推進することである。

❸三つの研修形態

　「職場研修」は、次の三つの形態で推進するものである。

表4-1　OJTの機会と方法

〈OJT の基本的方法〉	
・教える ・見習わせる ・経験させる	・動機づける ・特別の機会を設けて指導する 　（個別面談や研究レポートの付与等）
〈日常の OJT〉	〈個別指導〉
・職員と仕事の打ち合わせをするとき ・職員が実際に仕事をしているとき ・仕事の報告、連絡、相談にきたとき ・職員の仕事が完了したとき ・職員が出張や研修に行くとき ・職場外で接触するとき 　（飲みニケーション等）	・業務上の指導、助言 ・個別スーパービジョン ・新人 OJT リーダーの配置 ・職場巡回（ジョブローテーション） ・同行訓練
〈意図的 OJT〉	〈集団指導〉
・指導育成も目標（何を、どのレベルまで、いつまでに）を明確にし、意図的・計画的に指導する	・グループスーパービジョン ・ケースカンファレンス ・職場内勉強会、ミーティング

① OJT（オン・ザ・ジョブ・トレーニング：職務を通じての研修）

OJT は、日常の業務に直結するものであり、実践的能力の向上に役立つもので「職場研修」の基本に位置づける。

OJT は、❶原則として特別な時間や費用を割く必要がない、❷必要に応じた時期と内容で実施できる、❸部下（後輩）の能力の特性に応じた指導ができる、❹個別具体的にきめ細かく指導できる、❺臨機応変に反復指導や指導方法の変更ができる、❻研修成果が業務の推進・向上に直接結びつきやすい、❼上司と部下の信頼関係づくりに役立つ、といった長所をもっている。

OJT には、**表4-1** に示すように多様な機会と方法がある。「教える」「見習わせる」「経験させる」「特別の機会を設けて指導する」等の基本的方法を押さえ、「日常の OJT」と「意図的 OJT」、「個別指導」と「集団指導」を実践していくことが重要である。

「意図的 OJT」は、特定の職員について、現在および将来に向かってどのような能力の開発や行動の改善が必要であるかを明確にし、重点指導項目（目標）を決めて指導育成計画を立て、意図的計画的な指導育成を行うものである。

対人援助の専門職養成については「対人援助者（スーパーバイジー）が指導者（スーパーバイザー）から教育を受ける過程」としての「スーパービジョン」がある。**スーパービジョン**には、❶管理的機能、❷教育的機能、❸支持的機能、の三つの機能が必要であるといわれている。

Active Learning

福祉サービスの職場研修としての三つの形態、特に OJT についてその方法と特徴について調べてみましょう。

OJT とほぼ同一の機能であるといってよい。

② **OFF-JT（オフ・ザ・ジョブ・トレーニング：職務を離れての研修）**

OFF-JT は、職務命令により一定期間（時間）職務を離れて行う研修である。基礎的な学習課題や専門的な知識・技術・技能等を集中的、系統的に修得するのに適した研修形態であり、職場内で実施する集合研修と外部研修への派遣がある。

OFF-JT は、❶同一の研修ニーズ（課題）をもつ者が一堂に会して効率的に研修ができる、❷職務を離れて研修に専念できる、❸基礎的内容、専門的内容を問わず体系的・計画的に研修できる、❹研修内容に最も適した講師や研修技法を設定できる、❺ほかの研修生との交流や情報交換等によって相互啓発や視野の拡大を図ることができる、といった長所をもっている。

職場内の集合研修は、全体研修・職種別・階層別等の研修を実施することになる。経営理念や行動指針、サービス目標の周知・共有化などをテーマとした研修、組織全体の意識改革やチーム力の向上といった観点から組織開発＊（OD：オーガニゼーション・ディベロップメント）を目的とする職場ぐるみの研修、職種別・階層別等の研修がある。

職場内の集合研修では、研修の目的や内容、対象者の成熟度等にマッチする研修技法の活用が望まれる。

研修技法には、❶講義法、❷討議法、❸事例（実例）研究法、❹ロールプレイング、❺研修ゲーム、❻自己診断法、❼理解促進討議法、❽その他、見学や実習等がある。

外部派遣研修としては、行政や研修実施機関が主催する研修会、種別団体や職能団体が実施する研修等、多様な研修プログラムがある。「職場研修」としてこれらを系統的、計画的に活用することが必要である。

③ **SDS（セルフ・ディベロップメント・システム：自己啓発援助制度）**

SDS は、職員の啓発意欲や成長の可能性に対する組織としての働きかけ、支援である。自己啓発は、職員が自らを高めるための「自主的な活動」であり「自己管理」で進めるものであるが、職場（組織）としてその意義を認め、積極的に支援し、促進しようとする制度である。

★組織開発（OD：
organization
development）
組織目的をもっとも効果的に達成できるような組織の状態をつくるための組織変革の取組み。仕組み・人・組織風土・戦略の一体的な推進が必要であるという考え方。

---

i　❶管理的機能：メンバー（スーパーバイジー）の能力を把握し、それに見合う業務を担当させるなかでメンバーが成長を図れるように管理すること。❷教育的機能：メンバー（スーパーバイジー）がすでに獲得している知識、技術の活用を促す方法を示唆したり、不足している知識を指摘し課題を示したりすること。❸支持的機能：メンバー（スーパーバイジー）が業務上でできていることを認めるとともに、できていないことに気づき、取り組もうとする意思を励ますこと。

表4-2　OFF-JT の方法

〈OFF-JT の基本的方法〉	
・講義法	・研修ゲーム
・討議法（課題討議法等）	・自己診断法
・事例（実例）研究法	・理解促進討議法
・ロールプレイング	・その他、見学・実習等
〈職場内 OFF-JT の例〉	〈職場外 OFF-JT の例〉
・外部研修等の報告会（伝達研修） ・課題別勉強会（相互学習会） ・事例研究会 ・文献、資料の輪読会 ・講師を招聘しての研修会	・行政や研修実施機関が主催する研修会への派遣 ・種別団体等の主催する研修会への派遣 ・専門機関等が実施するテーマ別、課題別研修会への派遣 ・他職場との交流、交換研修、見学・実習

表4-3　SDS の方法

〈SDS の基本的方法〉	
・職員の職場内外での自己啓発に対する 　❶経済的援助（費用助成等）、❷時間的援助（職務免除・職務調整や特別休暇の付与）、 　❸施設や設備の貸出し・提供等	
〈職場内 SDS の例〉	〈職場外 SDS の例〉
・個人の研究活動への奨励や助成 ・学習サークルへの活動費助成 ・自主勉強会への施設や設備の貸与 ・福祉関係図書・資料・ビデオの貸出し	・外部研修参加への費用の助成や職務免除 ・公的資格取得のための通信教育受講の奨励やその費用の助成 ・種別、職能団体等の大会、研究会への参加の援助 ・自己啓発資源の PR（広報）活動

　SDS は、❶本人の意思で学ぶので、動機も明確で高い効果が期待できる、❷職員の仕事に対する研究心や改善意欲に結びつく、❸職員の視野の拡大や潜在能力の開発に役立つ、❹職員の自己啓発意欲や自主性・自発性を高められる、❺職員のリフレッシュに役立つ、❻職場の活性化や育成的な風土づくりに役立つ、といった長所をもっている。

　SDS の方法としては、職場内の支援施策と職場外の支援施策を具体的に推進していくことが望まれる。

3　キャリアパスの構築とキャリアアップ支援

　福祉人材の育成において重要課題になっているのが、キャリアパスの構築とキャリアアップ支援である。

1 新人材確保指針が目指す方向

2007（平成 19）年に告示された新人材確保指針は、福祉人材の確保・養成のためには給与水準や労働時間などの「労働環境の整備」と併せて、福祉従事者の資質の向上のための「キャリアアップの仕組みの構築」が必要であると指摘した。働きながら社会福祉士や介護福祉士等の資格が取得できるように配慮するとともに、業務を通じて必要な知識・技術を習得できるような体制の整備や、キャリアパスに対応した生涯を通じた研修体系の構築を図ることを関係者に求めるものであった。

2009（平成 21）年に「介護職員処遇改善交付金」（障害福祉等では「助成金」）が新たに創設され、これを契機に事業体におけるキャリアパスの整備が進められることになった。交付金（助成金）制度は、その後「処遇改善加算」制度として拡充されることになり、取得要件としての「キャリアパス要件」についても具体的に示されることになった。

経営組織における人事管理の仕組みとして「キャリアパス」が整備されれば、一人ひとりの従事者は組織のなかで自らの職業将来を展望しながら自己研さんに励み、キャリアアップを実現していくことが可能になってくるし、経営組織にとっては人材の確保・定着・育成・モチベーションの向上に役立てることになる。

アメリカの組織心理学者であるシャイン（Schein, E. H.）は、「組織は個人の職務遂行に依存し、個人は、仕事およびキャリアの機会を提供する組織に依存している」と述べ、キャリアの概念には職業を追求する個人の「内的キャリア」と、組織における職業ライフの全体にわたって従業員がたどる適切な発達の進路を設けようとする組織の「外的キャリア」があると述べている。

このシャインの考え方を敷衍して言えば、働く一人ひとりの希望や価値観に基づく自律的キャリア開発と経営組織の目指す人材マネジメントニーズとを融合する仕組みとしての「キャリアパス」の整備が重要であるということである。

Active Learning

福祉人材のキャリアパスという視点から、人材の育成は個々の福祉従事者と事業主体双方にどのような必要性があるのか考えてみましょう。

第 **4** 章 福祉人材のマネジメント

---

ii 処遇改善加算の「キャリアパス要件」として、以下の事項がある。
 ❶ 職位・職責・職務内容に応じた任用要件と賃金体系を整備すること。
 ❷ 資質向上のための計画を策定し、研修の実施または機会を確保すること。
 ❸ 経験もしくは資格等に応じて昇給する仕組みまたは一定の基準に基づき定期的に昇給を判定する仕組みを設けること。
 ❹ 「職場環境等要件」として、賃金以外の処遇改善の取り組みを行うこと。

図4-3　福祉人材のキャリアパス（モデル）

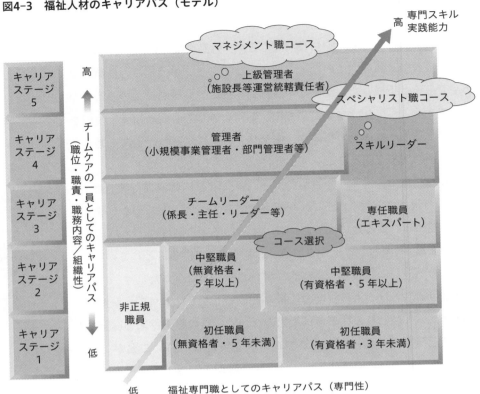

2 福祉人材のキャリアパスとキャリアアップ支援

　福祉人材のキャリアパスとキャリアアップ支援は、「福祉サービスの専門職としてのキャリアパス（専門性）と、チームケアの一員としてのキャリアパス（職位・職責・職務内容／組織性）」の二つの側面から構想し、具体化するとよい。ここではそのモデル例を示しておくことにする。

　キャリアパスを「見える化」（基準や支援・処遇条件の透明性を確保）することによって、職業としての福祉の仕事が魅力あるものとなり、併せて啓発意欲を喚起し、良質な人材の確保と育成が可能になる職場環境等要件が整うことになる。

3 キャリア・アンカーを明確にする

　シャインはまた、キャリアについて「キャリア・アンカー」という考え方を提唱している。「アンカー（anchor）」は船舶が港に碇泊する際に降ろす錨を意味する言葉であるが、シャインが提唱するキャリア・アンカーは、自分の職業人生にとって最も大切で、これだけは犠牲にできないという価値観や欲求、動機、能力などを意味するものである。

シャインは、そうしたキャリア・アンカーには次の八つのパターンがあるとしている。一人ひとりの「内的キャリア」の選択と開発について実証研究に基づいて示したものとして示唆に富むものである。

---

① 技術的／職能能力（technical/functional competence）：特定の分野で能力を発揮し、自分の専門性や技術が高まることを望む。

② 管理能力（general managerial competence）：集団を統率し、権限を行使して、組織のなかで責任ある役割を担うことを望む。

③ 自律／独立（autonomy/independence）：組織のルールや規則に縛られず、自分のやり方で仕事を進めていくことを望む。

④ 保障／安定（security/stability）：一つの組織に忠誠を尽くし、社会的・経済的な安定を得ることを望む。

⑤ 起業家的創造性（entrepreneurial creativity）：リスクを恐れず、クリエイティブに新しいものを創り出すことを望む。

⑥ 奉仕／社会献身（service/dedication to a cause）：社会的に意義のあることを成し遂げること、社会貢献を望む。

⑦ 純粋な挑戦（pure challenge）：解決困難にみえる問題の解決や手ごわいライバルとの競争にやりがいを感じる。

⑧ 生活様式（life style）：個人的な欲求や家族の願望と仕事とのバランスや調和、「ワークライフバランス」を望む。

キャリアは個人と仕事環境との相互作用のなかで形成されていくものであるが、働く一人ひとりの生き方の問題であり、自律的な意識や価値観によって形成されていくものである。経営組織の仕組みとしての「キャリアパス」のなかで、自律的にキャリアデザインを行い、固有のキャリアを形成していくことが望まれる。

シャインは、キャリア・アンカーを明確にするためには、❶「何ができるか」（自覚された才能と能力）、❷「何をやりたいのか」（自覚された動機と欲求）、❸「何をやっている自分が充実しているのか」（自覚された態度と価値）という三つの問いに応えていくことが有効であるとしている。

◇参考文献
・宮崎民雄監，全国社会福祉協議会編『改訂 福祉の「職場研修」マニュアル』全国社会福祉協議会，2016.
・植田寿之『対人援助のスーパービジョン』中央法規出版，2005.
・E. H.シャイン，二村敏子・三善勝代訳『キャリア・ダイナミクス』白桃書房，1991.
・全国社会福祉協議会編『福祉職員キャリアパス対応生涯研修課程テキスト（全4巻）』全国社会福祉協議会，2013.

● 福祉人材にとって働きやすい労働環境とは何かを知る

● 労務管理とその基本となる労働関係法令について概要を理解する

● 個々の職場が働きやすい環境を実現するために何が必要かを理解する

1 労務管理と労使関係管理

1 労務管理と労働関係法令

　労務管理を狭義に捉えると、労使関係を中心とした労働条件を含む施策である。労務管理の主な視点としては、労働関係法令の遵守と就業規則の適切な運用を基本にした以下のような内容に関する管理である。

---

① 就業規則の制定、変更、改廃

② 労働契約

③ 男女雇用の均等

④ 賃金、賞与

⑤ 勤務管理、勤務の割り振り

⑥ 労働時間、休暇

⑦ 懲戒処分

⑧ 安全衛生、福利厚生・社会保険管理

⑨ 適切な労使関係の構築

　実際の労務管理は、法人全体の労務関係の最終責任者である理事長、規模の大きい法人にあっては担当役員、さらに各事業所の責任者である施設長、管理者、日常的に直接職場の勤務管理をする課長・職場長、そして労務関係事務担当者という体制で管理され、各々の役割を明確にしたうえで確実に行い、相互の連携がとれるようにすることが必要である。具体的なポイントとしては、サービス提供に必要でそのサービスの職員体制を規定する法律に適合する適切な労働力が確保されているか、職員の役割分担や指示命令系統などの体制が整っているか、適正な労働時間管理がなされているか、給与、健康管理、福利厚生等の処遇が適切であ

るか、などである。

　特に、上記に示したように、労務管理には多くの法的な基準があり、これらの法令の遵守が最も重要である。労働基準法、労働組合法、労働関係調整法の労働三法を基本として、最低賃金法、職業安定法、労働者派遣事業の適正な運営の確保及び派遣労働者の保護等に関する法律（労働者派遣法）、短時間労働者及び有期雇用労働者の雇用管理の改善等に関する法律（パートタイム・有期雇用労働法）、育児休業、介護休業等育児又は家族介護を行う労働者の福祉に関する法律（育児・介護休業法）、雇用の分野における男女の均等な機会及び待遇の確保等に関する法律（男女雇用機会均等法）、その他として、高年齢者等の雇用の安定等に関する法律（高年齢者雇用安定法）、障害者の雇用の促進等に関する法律（障害者雇用促進法）、個別労働関係紛争の解決の促進に関する法律（個別労働紛争解決促進法）、労働保険および社会保険関係法令、その他などである。なお、公設公営の社会福祉施設等、公務員である職員を抱える組織は一部対象外の法令もある。

　法令の次に優先される規定は、労働組合と使用者の間で合意し書面にした労働協約であり、次に優先するのは就業規則（各事業場において労働者が守らなければならない就業上の規律と職場秩序および労働条件についての具体的な内容を定め、これを使用者が明文化して、労働者に周知し、かつ、事業場に備え付けているもの）である。そして、次に個々人との労働契約である。労働契約締結に際しては使用者が明示すべき14項目の労働条件と採用時文書交付による明示事項として6項目が定められている。

　福祉サービスにおける法令遵守は、福祉サービスを規定する法令はもちろんのこと、特に職員に関する法令遵守が求められる。しかしながら、人材の確保のためには労働環境整備が重要であるにもかかわらず、介護事業を含む社会福祉施設関係事業においては、他産業と比較して労働基準法等の違反の割合が高いことが指摘されている。このため、2011（平

---

i　使用者が明示すべき14項目の労働条件は以下のとおりである（ただし、❼以下は定めている場合のみ）。❶労働契約の期間（労働契約期間の定めのない場合もその旨）、❷期間の定めのある労働契約を更新する場合の基準に関する事項、❸働く場所、従事する仕事、❹始業、終業、時間外、休日労働、休憩、休日、休暇、交替制等に関する事項、❺賃金の決定、計算、支払、締切、昇給等に関する事項、❻退職、解雇に関する事項、❼退職手当の適用の有無、決定、計算、支払等に関する事項、❽臨時の賃金、賞与、その他の手当、最低賃金に関する事項、❾食費、作業用品、その他に関する事項、❿安全、衛生に関する事項、⓫職業訓練に関する事項、⓬災害補償、業務外の傷病扶助に関する事項、⓭表彰、制裁に関する事項、⓮休職に関する事項

第4章 福祉人材のマネジメント

成 23）年6月の介護保険法の改正により、介護保険事業所指定の欠格要件および取消要件に労働基準法等に違反して罰金刑を受けている者等が追加された。

　労働関係法令、社会福祉関係法令に定める基準が守られているか、また、介護保険関係施設では日々の職員の人数が介護報酬の減算に影響することもあり、特に法令上に規定されている必要人員が確保されているかを確認することが重要である。

　また福祉職場では、一般的に各職場の責任者は十分な労働関係法令の知識を教育される機会が少ないために、職員との間に日々の勤務管理に関するトラブルが多いようである。そのことがひいては仕事上の不満となって退職につながるような例も多い。職場長等、直接職場管理者は、職員の勤務状況を把握するため、勤務表、超過勤務命令簿等の書類を整備し、確認を行うなど、活用していることが求められる。施設長も必要に応じて職場長から職員の勤務状況の報告を求める等、直接的および間接的情報等により職員の管理の状況を的確に把握する必要がある。特に、過労死の問題を契機に「賃金不払い残業」の問題がクローズアップされ、「労働時間の適正な把握のために使用者が講ずべき措置に関する基準」（平成13年4月6日基発第339号）、さらに「賃金不払残業の解消を図るために講ずべき措置等に関する指針」（平成15年5月23日基発第0523004号）等が示されている。使用者には労働時間の管理責任があり、特に近年、長時間労働を抑制する制度改正が行われている。2008（平成20）年の労働基準法の改正では、延長して労働させた時間が「1か月について60時間を超えた場合」には、5割以上の率の割増賃金を支払わなければならないなど、3種類の割増賃金を定めるとともに、不払いに対しては一部を除き、懲役または罰金が課せられることとなった。

　勤務状況の把握の具体的な例として、勤務表により日々の職員の勤務状況を確認すること、超過勤務に対して職場長が明確に命令をしているか、客観的記録はあるか、超過勤務削減に取り組んでいるか、賃金不払い残業のない職場風土の形成が進められているかを確認すること等が挙げられる。

　2019（令和元）年より施行の「働き方改革基本法」（働き方改革を推進

ⅱ　「平成30年労働基準監督年報」によると、2018（平成30）年の労働基準法違反事業所の比率は、全産業が68.2％に対して社会福祉施設関係事業所は74.5％であった。

するための関係法律の整備に関する法律（平成30年法律第71号））により、「労働時間法制の見直し」と「雇用形態にかかわらない公正な待遇の確保」に関する改正が行われた。福祉職場の働きやすい労働環境の改善にも大きく影響するものである。

2 労働組合と労使関係管理

労働組合とは「労働者が主体となって自主的に労働条件の維持改善その他経済的地位の向上を図ることを主たる目的として組織する団体又はその連合団体をいう」（労働組合法第2条）ものであり、労使関係管理とは、労働者と使用者、特に労働組合との協議や交渉を通して労使関係制度を運営する管理活動と定義される。

かつての福祉サービス事業所では、収入は安定的で倒産やリストラの例はほとんどなく、給与は行政指導で地元の公務員に近い待遇を目指すよう指導され、人事院勧告に基づいてベースアップするのが一般的であった。したがって、労使の緊張関係が起こりにくい態勢であり、労働組合のない法人が多いのが実情であった。そのため、労働組合や労働運動に対する経験が少ないためか、労働組合や労働運動に対するアレルギーが強いように見受けられる。しかし、労働者には労働基本権が認められている。団結権、団体交渉権、争議権等である。最低限の関係法令を学習し、労使関係の基本的なあり方を知ることが必要である。そのうえで、労使の基本的なルールづくりをする必要がある。

労働組合には本来二つの側面があるといわれている。一つは労働者の労働条件の改善であるが、一方には、労働者を代表する集団的発言という労働者と経営者との意思疎通の手段としての役割もある。労働者個人が事業主と個別に交渉することに代えて、雇用・労働条件について自らが選んだ代表者を通じて経営者と交渉することを団体交渉（集団で交渉することではない）と呼び、労働者の権利として法的に保障されている。

このような交渉の場とは別に、労使が話し合う場として労使協議制がある。使用者と労働者の代表が経営上の問題、特に、労働者の雇用や労働条件にかかわる問題について情報や意見交換することを目的につくられた常設的機関である。その他にも職場懇談会、職員会議等の広義の労使協議制といえる職員と使用者との協議の場も考えられる。労使間の基本的信頼関係を築いたうえで、労働関係法令や集団的労使関係の基本に沿って、労使間での協議方法を含むルールを確立することが、円滑な労使関係を維持するための経営者に求められる取組みといえる。

そもそも現在の日本の労働組合活動自体が大きく様変わりしている。かつての職業別組合、産業別組合、企業別組合という分類のなかでも企業別組合が労働組合の多数を占めてきた。その企業別組合は、組合員のニーズの多様化による労働組合への求心力が低下していること等から、労働組合の組織率が年々低下（2019（令和元）年6月30日現在、雇用者数に占める労働組合員数の割合である推定組織率は16.7%）し、労働組合活動は大きく様変わりしている。

2 ▶ 働きやすい労働環境の整備

■1 働きやすい労働環境とは

介護労働実態調査[1]によると、「労働者が現在の仕事（介護）を選んだ理由（労働者調査）」は、近年1位、2位は変わっておらず「働きがいのある仕事だと思った」「資格・技能が活かせる」の順である。3、4位はほぼ同率で「人や社会の役に立ちたい」「今後もニーズが高まる仕事」を挙げている。つまり、このような期待をもって福祉サービスの事業所に入職するのである。

この調査の設問に挙げている「働きがいがある仕事」とは、「仕事が社会の役に立っている」「資格が活用できる」「自己実現できる」「仕事の達成感がある」等である。仕事内容に対する社会的評価が高いなどの外的な評価と、自分自身が考える仕事の内容や成果とその方法についての自己評価が影響するものと考えられる。つまり、働きやすい労働環境とは今の職場にいればこのような期待が果たせるということである。

この期待が実現できないと考えたとき離職につながる。全産業の3年以内の平均離職率は大卒で30%を超えている[2]。1年間の離職率では産業計15.6%、産業別では、医療・福祉が14.4%であった。また、上記の介護労働実態調査（2019（令和元）年度）では15.4%と大きな差はない。では、その要因は何か。福祉職場で「労働者が前職（介護関係の仕事）をやめた理由（労働者調査）[3]」の1位は、男女合わせると「職場の人間関係に問題があった」（男女別だと各々の2位）で近年変わっていない。女性の1位は「結婚・出産・妊娠・育児」であり、男性の1位は「自分の将来の見込みが立たなかったため」である。男性女性ともに、第3位が「法人や施設・事業所の理念や運営のあり方に不満があった」、第4位「他に良い仕事・職場があった」であり、同じくらいの率で「収入が少

Active Learning

働きやすい労働環境について、自分が仕事に就いたときに、どのような環境が働きやすいのか、どんな要素が離職につながるのかを考えてみましょう。

なかった」と続く。

1位の「職場の人間関係」はどの職場にもある離職理由である。介護労働実態調査では「労働者が抱える職場の人間関係等の悩み（労働者調査）」も聞いているが、職場の上下の人間関係についての言及が多い。職場の人間関係改善のためには上下の意思疎通、特に上司からの成長への支援が重要である。

これらのことから、働きやすい労働環境とは以下のような内容である。

---

① 働いている仕事の質がよく、利用者との関係が適切である
② 所属する法人や事業組織の能力が高く社会的評価が高い
③ 職場の上司や働く仲間に魅力があり、人間関係が良好である
④ 職員の育ちを応援する風土と機会がある
⑤ 働きやすいように職場全体が協力している
⑥ 職場における処遇・評価が適切である

このような働きやすい労働環境であるということは、つまるところ、職場全体で働きやすくするための配慮や処遇の改善が図られており、仕事が面白いし、成長できる機会がある。そして、仕事や所属する組織に誇りがもてる、ということであろう。すべてがうまくいっているという組織はまずない。これらに向けて、組織全体で協力できる体制をつくることが求められる。

2 仕事と生活の調和支援と育児・介護休業

仕事と生活の調和（ワークライフバランス）とは、「国民一人ひとりがやりがいや充実感を感じながら働き、仕事上の責任を果たすとともに、家庭や地域生活などにおいても、子育て期、中高年期といった人生の各段階に応じて多様な生き方が選択・実現できる」（内閣府男女共同参画局）ことであり、その実現のために事業者が果たす責任は大きい。

事業者としては、労働基準法等に定める労働時間や各種休暇について法令遵守を徹底することはもとより、職員が仕事と生活の調和を実現するための支援施策を充実していく必要がある。特に福祉サービス事業所は女性職員が多いという特性から、先にあげた介護労働実態調査においても、前職が介護関係の職員の退職理由で、女性の1位が「結婚・出産・妊娠・育児のため」となっている。そのことからしても、女性職員に対する支援を積極的に行っていくことが求められる。その一つに、少子化対策の観点から近年特に注目されている仕事と子育ての両立支援の課題

がある。

　男女の雇用機会均等を図るという主旨から、育児休業等に関する法律（育児休業法）が1991（平成3）年に成立したが、その後、1995（平成7）年に介護休業制度を折り込む形で見直しが行われ、現在の育児休業、介護休業等育児又は家族介護を行う労働者の福祉に関する法律（育児・介護休業法）となった。2009（平成21）年には、少子化対策の観点から仕事と子育ての両立支援等を一層促進し、男女ともに子育て等をしながら働き続ける雇用環境を整備するという点から改正が行われた。また、2016（平成28）年には、介護離職を防止し、仕事と介護の両立を可能とするための制度の整備、多様な家族形態・雇用形態に対応した育児期の両立支援制度等の整備、妊娠・出産・育児休業・介護休業をしながら継続就労しようとする男女労働者の就業環境の整備を目的に改正が行われた。

　就労人口が減少するなかで、就労者を拡大していかなければならない福祉サービス事業所においては、このような「ワークライフバランス」に配慮した働きやすい職場環境を整備する施策推進を行っていくことが、現在就労している労働者に対してのみならず、これからの人材確保のためにも効果的なメッセージとなる。

■3 職員の心身の健康管理とメンタルヘルス

　職員の心身の健康管理は重要な労務管理の業務である。特に近年では、経済、雇用環境の変化により、働く人たちへの精神的負荷が増大し、心身症や精神疾患を発症する等、身体的な安全・健康配慮義務だけではなく、精神的な側面（メンタルヘルス対策）への支援が注目されるようになっている。また、このことによる労働力の低下や損害賠償の訴訟リスクが大きな社会問題へと発展している。

　労働安全衛生法第3条第1項は、事業者等の責務として「事業者は、単にこの法律で定める労働災害の防止のための最低基準を守るだけでなく、快適な職場環境の実現と労働条件の改善を通じて職場における労働者の安全と健康を確保するようにしなければならない」と規定している。つまり、労働者の健康の保持増進は事業者の責務（安全配慮義務）であり、それを怠ったこと（安全配慮義務違反）により労働災害が起こった場合には、事業者が責任（損害賠償責任）を問われることになる。

　WHO憲章（世界保健機関（WHO：World Health Organization）・1948年）によれば、健康とは「単に病気あるいは、虚弱でないというだ

図4-4　職業性ストレスモデル

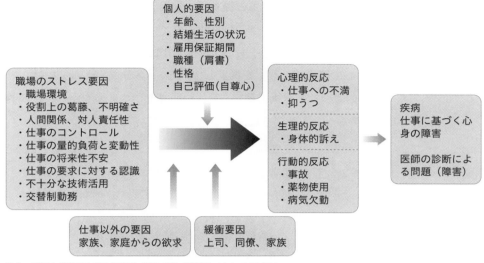

出典：米国立労働安全衛生研究所（NIOSH）「職業性ストレスモデル」

けでなく、身体的、精神的、社会的に完全に良好な状態（well-being）
である」と定義されるものであり、1986年にWHOが提唱した「ヘル
スプロモーションに関するオタワ憲章」において「健康は、社会・経済
そして個人の進歩のための重要な資源であり、生活の質（QOL：
quality of life）の重要な要素である」としている。つまり、健康は、個
人的な問題であることはもちろんのこと、社会、経済の進歩のための重
要な資源であるという認識に立って、心身の健康管理を推進していかな
ければならないものである。

　職業人のメンタルヘルスの不調は、職場の多様なストレスの要因に
よって引き起こされることが多い。職場のストレス要因と、個人的要因、
仕事以外の要因、ストレスを緩和する要因との関連性から、ストレスに
対する心理的、生理的、行動的反応を起こし、これが継続し、放置され
ると疾病につながるといわれている。また、不調の好発時期は、入職後
1～2年以内、昇進、配置転換、職務内容の変化に直面したときから1
年未満とされており、職員の職務環境に変化があった後、1年間は特に
注意が必要である。

　厚生労働省の「平成25年労働安全衛生調査（実態調査）」によると、
「現在の仕事や職業生活に関することで強い不安、悩み、ストレスとなっ
ていると感じる事柄がある」と答えた労働者の割合は52.3%（平成30
年調査では58.0%）であり、「過去1年間にメンタルヘルス不調により
連続1か月以上休業又は退職した労働者がいる」事業所の割合は10.0%

（平成 30 年調査では 6.7%）となっている。

　このような背景もあり厚生労働省は、**労働者の心の健康の保持増進のための指針**（メンタルヘルス指針、平成 18 年 3 月 31 日基発第 0331001 号、平成 27 年 11 月 30 日基発 1130 第 1 号改正現在）に基づいて、「心の健康づくり」を推進している。「メンタルヘルス指針」では、「心の健康づくり計画の策定」等について七つの要素を示し、次の四つのメンタルヘルスケアを推進することとしている。

---

① セルフケア（労働者によるストレスやメンタルヘルスへの正しい理解、ストレスへの気づき、ストレスチェックの受診、ストレスへの対処、自発的な相談）
② ラインによるケア（管理監督者による職場環境等の把握と改善、労働者の個別の相談対応、職場復帰における支援）
③ 事業場内産業保健スタッフ等によるケア（産業医、人事労務管理スタッフ、衛生管理者等によるメンタルヘルスケア実施に関する企画立案、個人の健康情報の取扱い、ラインによるケアへの支援、事業場外資源との連携、労働者への教育・研修、相談体制の整備、職場復帰における支援、メンタルヘルス推進担当者の選任）
④ 事業場外資源によるケア（メンタルヘルスケア支援サービスの活用、メンタルヘルスケアの専門知識や情報の提供、ネットワークの形成）

　また、近年では、このメンタルヘルスにかかわる原因として、パワーハラスメントやセクシャルハラスメントが挙げられている。

4 ハラスメント対策

　職場におけるさまざまなハラスメントが問題になっている。一つは、一般的な職場環境にありがちな、職場内人間関係によるセクシャルハラスメントやパワーハラスメント等である。

　これらとは別に、福祉職員がサービス利用者またはその家族から受けるハラスメントがある。近年次々と新たな名前がついているが、介護サービスで問題になっている「介護ハラスメント」等の利用者から受ける、いわゆるカスタマーハラスメントである。福祉サービスの事業所は他業種の職場と比較して女性の職員が多いため、これらのケースのなかにもセクシャルなハラスメントがある。また、保育所やこども園等の教育的な役割を担っている職場には、学校教育現場で「モンスターペアレント」といわれる保護者が、医療機能をもつ職場には、近年医療機関で

「ペイシェントハラスメント」といわれるハラスメント行為も見受けられる。

これらのハラスメントは、以下に示すような結果を招くことになる。

---

① 刑法等の違反：暴力、脅迫等の悪質な行為があった場合。
② 労働関係法令違反：労働関係法令の明らかな規定違反があった場合はもとより、職員が心身の不調をきたし、それが明らかに職場内の問題に原因があると診断された場合、管理責任者の安全配慮義務違反があったものと認定されることがある。
③ 被害者の心身の健康への悪影響：被害者の就業に問題が起きる。解決が長引くと病気休職、ひいては退職ということになりかねない。
④ 職場全体の就労環境への悪影響：被害者だけでなく、職場環境全体に悪影響を及ぼし、上司の信頼性や職場全体の人間関係に問題が起きる可能性がある。

したがって、この対策として、日頃から職場内研修でこれらの内容を職員に理解してもらう教育が必要となる。そのうえで、当事者間の個別の問題とするのでなく、職場全体の問題として、第三者による相談窓口を設置するなど、管理者を中心に組織をあげて「働きやすい労働環境とは」に示した取組みを進めることが必要である。さらに、具体的な問題が発生したときには、組織として原因結果を明確にして関係法令や就業規則に基づいた厳正な対処をすることが重要である。

❶職場におけるセクシャルハラスメント

職場におけるセクシャルハラスメントとは、職場において相手（労働者）の意思に反して不快や不安な状態に追い込む性的な言動に起因するものであって、職場において行われる性的な言動に対する労働者の対応により、当該労働者がその労働条件につき不利益を受けること、または職場において行われる性的な言動により労働者の就業環境が害されることをいう（男女雇用機会均等法第 11 条第 1 項）。

ここでいう「職場」とは、労働者が業務を遂行する場所を指し、さらには、勤務時間外でも実質上職務の延長と考えられるものは「職場」にあたる。また、事業主、上司、同僚に限らず、取引先、顧客、患者、学校における生徒などもセクハラの行為者になり得る[4]。

❷職場における妊娠・出産・育児休業等に関するハラスメント

職場における妊娠・出産・育児休業等に関するハラスメントとは、男女雇用機会均等法等に規定され、「職場」において行われる上司・同僚か

らの言動（妊娠・出産したこと、育児休業等の利用に関する言動）により、妊娠・出産した「女性労働者」や育児休業等を申出・取得した「男女労働者」の就業環境が害されることである。妊娠等の状態や育児休業制度等の利用等と嫌がらせ等となる行為の間に因果関係があるものがこのハラスメントに該当する。

❸職場のパワーハラスメント

★パワハラ防止法
労働施策の総合的な推進並びに労働者の雇用の安定及び職業生活の充実等に関する法律（労働施策総合推進法）。

いわゆる「パワハラ防止法★」の改正が 2020（令和2）年6月から施行され、ハラスメントへの意識啓蒙の社員研修・講座の実施、相談窓口の設置や就業規則の整備、発生後の調査体制の確立などが事業主の義務として盛り込まれた。厚生労働省の指針[5]では下記をパワーハラスメントの概念としている。

> 職場において行われるもので、①から③をすべて満たすもの
> ①　優越的な関係を背景とした言動
> ②　業務上必要かつ相当な範囲を超えたもの
> ③　労働者の就業環境が害されるもの
> なお、客観的にみて、業務上必要かつ相当な範囲で行われる適正な業務指示や指導については、これに該当しない

職場のパワーハラスメントの典型的な例として、❶身体的な攻撃（暴行・傷害）、❷精神的な攻撃（脅迫・名誉棄損・侮辱・ひどい暴言）、❸人間関係からの切り離し（隔離・仲間外し・無視）、❹過大な要求（業務上明らかに不要なことや遂行不可能なことの強制・仕事の防害）、❺過小な要求（業務上の合理性なく能力や経験とかけ離れた程度の低い仕事を命じることや仕事を与えないこと）、❻個の侵害（私的なことに過度に立ち入ること）、の六つの行為類型に該当する行為が示されている。

❹介護ハラスメント

介護サービスに勤務する職員のうち、今までに、利用者や家族等から、身体的暴力などのハラスメント行為を受けた経験のある職員は、利用者からでは4〜7割、家族等からでは1〜3割になっており、サービス種別により違いはあるが、いずれのサービス種別においてもハラスメントを受けている実態がうかがえる。厚生労働省の「介護現場におけるハラスメント対策マニュアル」[6]では、以下の三つの累計に分類している。

---

iii　男女雇用機会均等法第11条の3、育児・介護休業法第25条。

①　身体的暴力：身体的な力を使って危害を及ぼす行為
②　精神的暴力：個人の尊厳や人格を言葉や態度によって傷つけたりおとしめたりする行為
③　セクシュアルハラスメント：意に添わない性的誘いかけ、好意的態度の要求等、性的ないやがらせ行為

第4章 福祉人材のマネジメント

◇引用文献
1）介護労働安定センター「介護労働実態調査の結果と特徴」2015（平成27）年度から2019（令和元）年度までの 5 年間の各年度
2）「新規学卒就職者の離職状況（平成28年 3 月卒業者の状況）」
3）介護労働安定センター「令和元年度介護労働実態調査の結果と特徴」
4）「事業主が職場における性的な言動に起因する問題に関して雇用管理上講ずべき措置についての指針」（平成18年厚生労働省告示第615号）
5）「事業主が職場における優越的な関係を背景とした言動に起因する問題に関して雇用管理上講ずべき措置等についての指針」（令和 2 年厚生労働省告示第 5 号）
6）三菱総合研究所「介護現場におけるハラスメント対策マニュアル」p. 3, 2019.

索引

233

最新 社会福祉士養成講座

編集

一般社団法人 日本ソーシャルワーク教育学校連盟 （略称：ソ教連）

統括編集委員 （五十音順）

中谷 陽明 （なかたに・ようめい）
ソ教連常務理事、桜美林大学大学院教授

松本 すみ子 （まつもと・すみこ）
ソ教連常務理事、東京国際大学人間社会学部教授

「福祉サービスの組織と経営」編集委員・執筆者

編集委員 （五十音順）

石川 久展 （いしかわ・ひさのり）
元・関西学院大学人間福祉学部教授

武居 敏 （たけい・さとし）
社会福祉法人松渓会理事長

松原 由美 （まつばら・ゆみ）
早稲田大学人間科学学術院准教授

執筆者および執筆分担 （五十音順）

新井 利民 （あらい・としたみ） ──────────────── 第 1 章第 1 節
立正大学社会福祉学部准教授

生田 正幸 （いくた・まさゆき） ──────────────── 第 3 章第 4 節
関西学院大学人間福祉学部教授

石川 久展 （いしかわ・ひさのり） ──────────────── 第 2 章第 1 節
元・関西学院大学人間福祉学部教授

菅田 正明 （すがた・まさあき） ──────────── 第 3 章第 1 節・第 2 節
法律事務所 First Penguin 弁護士・社会保険労務士

菅野 雅子 （すがの・まさこ） ──────────── 第 2 章第 2 節・第 3 節
法政大学大学院 CSR 研究所特任研究員

武居 敏 （たけい・さとし） ──────────── 第 4 章第 1 節・第 3 節
社会福祉法人松渓会理事長

千葉 正展 （ちば・まさのぶ） ──────────────── 第 3 章第 5 節
独立行政法人福祉医療機構経営サポートセンターシニアリサーチャー、法政大学現代福祉学部講師

早坂 聡久 （はやさか・としひさ）————————————————————第3章第3節7・8
東洋大学ライフデザイン学部准教授

藤本 健太郎 （ふじもと・けんたろう）————————————————第1章第2節
静岡県立大学経営情報学部教授

松岡 克尚 （まつおか・かつひさ）————————————————————第1章第3節
関西学院大学人間福祉学部教授

松原 由美 （まつばら・ゆみ）————————————————————第3章第3節1～4
早稲田大学人間科学学術院准教授

宮崎 民雄 （みやざき・たみお）————————————————————第4章第2節
特定非営利活動法人福祉経営ネットワーク代表理事

湯川 智美 （ゆかわ・さとみ）————————————————————第3章第3節5・6
社会福祉法人六親会常務理事、公益社団法人高齢者福祉事業支援協会理事

一般社団法人 日本ソーシャルワーク教育学校連盟 (略称：ソ教連) のご案内

　ソ教連は、全国のソーシャルワーク教育学校 (社会福祉士、精神保健福祉士、社会福祉教育を行っている学校) で組織されています。

　ソーシャルワーク教育学校に課せられた社会的使命に鑑み、ソーシャルワーク教育の内容充実および振興を図るとともに、ソーシャルワークおよび社会福祉に関する研究開発と知識の普及に努め、もって福祉の増進に寄与することを目的としています。

[英文名] Japanese Association for Social Work Education (略称；JASWE)
[設立日] 2017 (平成29) 年4月1日
[ウェブサイト] http://www.jaswe.jp/　http://socialworker.jp/

[業務執行理事]
会　　　長　白澤政和 (国際医療福祉大学)
副 会 長　岩崎晋也 (法政大学)
副 会 長　和気純子 (東京都立大学)
副 会 長　中村和彦 (北星学園大学)
常務理事　中谷陽明 (桜美林大学)
常務理事　松本すみ子 (東京国際大学)　　　　　　　　　2020年10月1日現在

最新 社会福祉士養成講座

1 福祉サービスの組織と経営

2021年2月1日	初 版 発 行
2022年2月1日	初版第2刷発行

編　集　一般社団法人日本ソーシャルワーク教育学校連盟
発行者　荘村明彦
発行所　中央法規出版株式会社
　　　　〒110-0016　東京都台東区台東3-29-1　中央法規ビル
　　　　TEL 03(6387)3196
　　　　https://www.chuohoki.co.jp/

印刷・製本　株式会社太洋社
本文デザイン　株式会社デジカル
装　　　幀　株式会社デジカル
装　　　画　酒井ヒロミツ